LA FRANCE À QUITTE OU DOUBLE

Du même auteur

Maintenant ou jamais, Fayard, 2013 ; J'ai lu, 2014.
Le monde était à nous, Fayard, 2012.
L'Échéance : Français, vous n'avez encore rien vu, avec Irène Inchauspé, Fayard, 2011 ; J'ai lu, 2012.
Zéro faute. L'orthographe, une passion française, Mille et une nuits, 2009 ; J'ai lu, 2011.
Le Divorce français, Fayard, 2007 ; J'ai lu, 2008.
Plus encore !, Fayard/Plon, 2006 ; Le Livre de Poche, 2007.
Une vie en plus, avec Dominique Simonnet, Joël de Rosnay et Jean-Louis Servan-Schreiber, Seuil, 2005.
Ne dites pas à Dieu ce qu'il doit faire, Seuil, 2004 ; coll. « Points Sciences », 2006.
La Dernière Liberté, Fayard, 2001 ; Le Livre de Poche, 2003.
L'Imposture informatique, avec Bruno Lussato, Fayard, 2000 ; Le Livre de Poche, 2001.
Le Compte à rebours, Fayard, 1998 ; Le Livre de Poche, 1999.
Le Bonheur d'apprendre : et comment on l'assassine, Seuil, 1996 ; coll. « Points », 1997.
Tant et plus : comment se gaspille votre argent, Grasset/Seuil, 1992 ; Le Livre de Poche, 1993.
La Grande Manip, Seuil, 1990 ; coll. « Points actuels », 1992.
Le Pari de la responsabilité, Payot, 1989.
Tous ensemble : pour en finir avec la syndicratie, Seuil, 1985 ; coll. « Points actuels », 1987.
Toujours plus !, Grasset, 1982 ; Le Livre de Poche, 1984.
Le Système E.P.M., Grasset, 1980.
Scénarios du futur. Le monde de l'an 2000, Denoël, 1979.
Scénarios du futur. Histoire de l'an 2000, Denoël, 1978.
La France et ses mensonges, Denoël, 1977 ; coll. « Médiations », 1978.
Le Bonheur en plus, Denoël, 1973 ; coll. « Médiations », 1975.
En danger de progrès, Denoël, 1970 ; coll. « Médiations », 1975.
La Lune est à vendre, Denoël, 1969.
L'Espace. Terre des hommes, Tchou, 1969.

François de Closets

La France à quitte ou double

Fayard

Couverture : © un chat au plafond

ISBN : 978-2-21368-650-9

À mon maître Alfred Sauvy qui, dès 1978, avait déjà tout vu et tout compris :

« La France n'avance plus, elle vit sur son passé, sur une sorte de vitesse acquise. Sans un violent sursaut, nous verrons peu à peu se réduire le rythme du progrès intérieur, tant du fait de notre propre sénescence que de la montée des peuples jeunes. »

La Tragédie du pouvoir, Calmann-Lévy, 1978

LA LEÇON DU PEUPLE

J'ai remis ce manuscrit le 5 janvier 2015. Deux jours plus tard, le terrorisme islamiste passait à l'attaque. Il est des coups de feu qui changent le cours de l'histoire, ceux, par exemple, qui abattirent le duc d'Enghien, le président Lincoln, l'archiduc François-Ferdinand. En ira-t-il de même pour les rafales de kalachnikovs qui ont fauché la joyeuse bande de *Charlie Hebdo* ?

L'avenir le dira, mais il est d'ores et déjà acquis que ce crime nous a fait basculer de l'avant à l'après. Et c'est le peuple français, spontanément, qui a donné sa signification véritable, sa portée historique, à cet épisode tragique. C'est lui qui a eu le génie de transformer l'horreur première en une puissante marche de la fierté française. Non pas de l'ivresse nationaliste contre l'Autre, mais de l'attachement à une patrie riche de sa diversité et de son identité. Cette improbable transmutation est en quelque sorte la fable tragique qui vient en contre-point de *La France à quitte ou double.* Le peuple français a choisi dans la ferveur de l'instant, dans l'ambiguïté, dans les contradictions le « double » d'un monde ouvert, d'un avenir difficile autant qu'exaltant. Il a refusé le « quitte » régressif, implosif, d'une société qui se referme sur son passé, sur ses antagonismes, sur ses droits acquis. Sa réponse est d'abord positive, progressiste. Elle constitue un formidable message, une feuille de route envoyée à la France instituée, celle des partis, des idéologies, des égoïsmes, des oligopoles.

Imprévisibles et incompréhensibles Français ! On les disait, on les voyait rongés par le doute, la méfiance, le pessimisme, ne croyant plus ni en eux ni en leur pays, se refermant dans un égoïsme nihiliste et apeuré. Certains craignaient même que notre société bascule dans la haine du chacun pour soi, du tous contre tous, des affrontements communautaires portés par le racisme, l'antisémitisme, l'islamophobie et autres épidémies incontrôlables. Et nous retrouvons un peuple soudé par cette identité partagée que nos beaux esprits s'acharnent depuis des décennies à « déconstruire ».

Il ne s'agit que d'un instant, inspiré, certes, mais d'un instant. La France n'est pas faite pour vivre dans le consensus, la démocratie ne va pas sans divisions, sans oppositions, sans affrontements, ils sont très naturellement réapparus dès le lendemain du drame, mais le signal envoyé est tellement fort qu'il ne saurait se dissoudre dans les manœuvres politiciennes.

Ce 11 janvier, le peuple s'est élevé au-dessus des politiques, à eux maintenant de se mettre à son niveau pour transformer un tsunami émotionnel en une force puis en une action au service de l'intérêt général. Ce sera difficile – le livre que vous allez lire le montre –, mais c'est possible – ce soulèvement républicain le prouve. Cette mise en perspective ne cède pas à la ferveur du moment, il suffit de revivre ces événements avec cette grille de lecture en tête pour voir la route tracée et les obstacles qu'il reste à franchir, ceux que j'analyse dans les pages suivantes.

Le massacre commis le 7 janvier dans les locaux de *Charlie Hebdo* n'est pas un de ces attentats aveugles qui ont déjà frappé la France. Les tueurs ne sont que des exécutants, ils sont commandés depuis le Moyen-Orient, et le crime participe d'un conflit qui ne menace pas notre territoire mais notre âme.

La publication, en 2005, de caricatures du prophète Mahomet dans un journal danois n'émeut pas seulement une petite faction criminelle, ce sont tous les mouvements fondamentalistes dans les pays musulmans qui réagissent violemment, se mobilisent et manifestent. Ils entendent imposer aux pays chrétiens le respect de leurs interdits, le blasphème en l'occurrence, donc remettre en cause notre liberté d'expression. Lorsque *Charlie Hebdo* publie ces dessins en 2006, une fatwa est lancée et l'hebdomadaire satirique doit vivre sous protection policière. L'attentat est hors-normes car, au-delà des caricaturistes, c'est la liberté qu'il assassine et, cela, les Français l'ont tout de suite compris. Le soir même du 7 janvier, sans mot d'ordre, sans directives, ils sont descendus par milliers sur les places de nos villes pour exprimer leur indignation.

Le lendemain, le massacre de l'Hyper Casher de la porte de Vincennes est tout aussi ciblé, mais, cette fois, ce sont les Juifs qui sont visés. Ce n'est, hélas ! pas le premier attentat antisémite, mais, là encore, c'est notre civilisation qui est mise au défi. Comme le dira justement Manuel Valls : « La France sans les Juifs, ce n'est pas la France. » Pas de doute, c'est bien l'identité française qui est en cause. La liberté a été agressée avec le crime de *Charlie Hebdo*, l'égalité avec celui de l'Hyper Casher. La seule réponse possible, c'est celle de la fraternité.

Et l'on arrive ainsi à cet événement unique du 11 janvier. Unique par son caractère totalement populaire. Le pouvoir se contente d'offrir un itinéraire et un service d'ordre. Pour le reste, vienne qui voudra. Et ils sont venus comme jamais. La masse, le nombre, c'est le premier message, celui qui porte la singularité absolue de cet événement. Les manifestants n'étaient ni des syndicalistes, ni des militants, ni des professionnels, ni des catholiques, ni des mécontents, rien que des Français venus individuellement, en familles ou en bandes. Ils étaient au total près de deux millions à Paris. Quand a-t-on vu pareille foule ? Le 1er juin 1885, pour l'enterrement de Victor

Hugo. Un précédent riche de significations quand le peuple unit la République à la Nation par le boulevard Voltaire... D'autant que c'est la France entière qui manifeste. Dans toutes les villes, les places sont envahies, doublant le nombre total des citoyens qui veulent simplement dire : « Je suis Charlie. »

Le caractère populaire de ces rassemblements les distingue de toutes les manifestations habituelles. Une marée humaine déferle sans autre service d'ordre qu'une police à laquelle on ne s'affronte pas, mais que l'on applaudit. La foule peut être dangereuse, exalter les pires sentiments, elle est ici à son meilleur. Même les paroles si violentes de notre *Marseillaise* sont incongrues. On préfère : « *All we need is love.* » Musulmans et Juifs sont fêtés. La France se veut réconciliée. Chacun découvre un voisin semblable et différent avec lequel il partage son indignation, ses espérances, au point que les cortèges ont du mal à se disperser. Et le monde entier regarde avec une sympathie mêlée d'admiration cette image si inattendue de la France. N'était-elle pas l'homme malade de l'Europe, la patrie du pessimisme, de l'incivisme, de la décadence ? Comment peut-elle offrir ce symbole d'une nation mobilisée pour proclamer son attachement à ses valeurs, à sa patrie ? Voilà la leçon que le peuple a donnée à ses dirigeants.

Par chance, François Hollande, discrédité, vilipendé, au plus bas dans les sondages, s'est emparé de l'événement et s'est révélé un grand chef d'État. Le Premier ministre et le ministre de l'Intérieur se sont également montrés irréprochables, chacun dans leur rôle. Mais on a retrouvé dans le même temps toutes les perversions, tous les défauts, toute la lâcheté d'une classe dirigeante qui, depuis trente ans, conduit ce pays à la ruine et cette société à la désagrégation. Je n'en prendrai que deux exemples parmi bien d'autres que j'examine tout au long de ces pages : le déni de réalité et le jeu fourbe des politiques.

En refusant de nommer la réalité ou bien en lui imposant un langage mensonger, nos dirigeants ont transformé le français en un parler correct qui dissout les problèmes dans les circonlocutions, les litotes et les silences du verbe. Dès le début des événements, les mots ont été défaillants. Ce mercredi 7 janvier, à 11 h 30, le crime est signé par la fatwa islamiste et par la revendication des assassins braillant : « le Prophète est vengé » afin que nul ne l'ignore. Or, pendant trois heures, les informations des médias et les déclarations des politiques sont toutes sur le même modèle. Elles condamnent ce carnage, c'est bien le moins, mais sans désigner de responsable. Le public doit attendre 14 h 30 pour apprendre qu'il s'agit « d'un attentat terroriste commis par des fondamentalistes islamistes ». Et c'est Marine Le Pen qui se charge de l'annoncer. « Pourquoi, une fois de plus, le personnel politique, suicidaire, lui laisse-t-il le monopole des mots justes sur des situations que tout le monde comprend[1] ? » s'interroge Michel Onfray. Cette censure des faits supposés être les alliés de Le Pen dure depuis trente ans. Elle a accompagné le Front national tout au long de son ascension. Pourtant, la bien-pensance tient toujours pour assuré que les Français sont des enfants auxquels il est sage de cacher la vérité.

En revanche, ils sont tout de suite mis en garde, avant même qu'ils se soient exprimés, contre l'« amalgame ». Il ne faut surtout pas confondre les assassins et tous les musulmans. Le mot est répété à satiété, donnant à croire que des pogroms antimusulmans sont sur le point de se déclencher. Il y aura certes des réactions criminelles contre des mosquées, mais elles sont le fait d'une infime minorité d'extrémistes. Comment croire

1. Michel Onfray, « Mercredi 7 janvier 2015 : notre 11-Septembre », *Le Point*, 15 janvier 2015.

que les Français feraient la confusion entre les assassins et leur voisine de religion musulmane, mais, à l'inverse, comment croire qu'ils ne s'interrogeraient pas sur le lien entre islam et terroriste islamiste ? Et, là aussi, les mots se dérobent.

L'« élément de langage » retenu par les communicants pour parler de ce drame a pour rôle de nier ce fait. Ainsi, le ministre des Affaires étrangères, Laurent Fabius, explique : « On ne le répétera jamais assez, ça n'a rien à voir avec l'islam, utilisé comme un prétexte par ces héros de pacotille. Vous avez des éléments d'explication sociaux, idéologiques et internationaux[1]. » Tout sauf religieux. Ce sont donc deux hurluberlus qui ont saisi le prétexte islamique pour commettre leur crime ; oublions cette référence absurde. Depuis que s'est développée cette sauvagerie meurtrière qui commet les pires atrocités au nom d'Allah, du Coran et de la charia, nos dirigeants redoutent qu'elle ne provoque un rejet général de l'islam. Plutôt que d'en reconnaître l'origine et de travailler à la combattre, ils se sont installés dans la dénégation. Terrorisme islamiste et islam, aucun rapport. Poussant plus avant dans cet aveuglement, les autorités ont décidé de ne plus utiliser le mot « islamiste » en parlant de Daesh, qui veut pourtant dire en arabe « État islamiste ». Précaution dérisoire quand le Premier ministre parle d'une « guerre contre l'islamisme radical ».

Pour affronter la réalité, il faut d'abord la nommer, sans fard. Ainsi, à force d'épurer le langage jusqu'à nier le fait que le terrorisme islamiste n'est pas l'islam, mais en est bien une perversion, qu'il existe en outre un islamisme non terroriste qui ne s'accommode pas de notre laïcité, toutes choses évidentes aux yeux des Français, on laisse monter dans les esprits une hostilité dramatique à l'égard de la religion musulmane.

---

1. Interview de Laurent Fabius dans *Le Monde*, le 12 janvier 2015.

Hubert Védrine, un des rares sages à garder la tête froide dans cette période de folie, a su dire les choses dans *Le Monde* : « Ce n'est plus possible de faire comme si les nouveaux nihilistes/djihadistes ne se réclamaient pas d'une interprétation de l'islam et non du terrorisme en général ou d'une autre religion révélée (ce qui a pu exister à d'autres époques), interprétation certes délirante et dévoyée, mais qu'aucune autorité religieuse sunnite n'arrive à endiguer et à éradiquer. Le nier par naïveté, ignorance, précaution, peur de l'islam radical… revient à abandonner en pleine bataille l'immense majorité des musulmans et, *a fortiori*, les modernistes musulmans, si courageux[1]. »

Sur ce sujet comme sur bien d'autres, que vous découvrirez dans ces chapitres, la résilience française passe par la réappropriation du langage. Il faut réapprendre à dire les choses et cesser de jouer sur les mots pour esquiver la réalité.

François Hollande a tout de suite compris que de tels événements imposent l'union nationale. Par définition, celle-ci doit être unanime, ponctuelle et temporaire. Unanime, car elle oblige des gens que tout oppose à cohabiter. On ne fait pas l'union entre soi, mais seulement avec ceux qu'on ne veut ordinairement pas fréquenter. Ponctuelle, car un tel rassemblement ne peut porter que sur un sujet bien précis. C'est la mobilisation face à une catastrophe naturelle, pour une grande cause, certainement pas une alliance générale. Temporaire, car elle ne survit pas à la cause qui l'a fait naître. La convergence des contraires est, par définition, un état d'exception. C'est bien en ces termes que le peuple a réagi face à l'attaque islamiste. La mobilisation des Français était civique et nullement partisane. Le chef de l'État, en phase avec l'opinion, a donc reçu à l'Élysée

1. Hubert Védrine, « Les musulmans de France peuvent jouer un rôle historique », *Le Monde*, 13 janvier 2015.

tous les partis politiques, tous, c'est-à-dire Front national compris. Le monde politique aurait pu prendre modèle sur le président. C'était trop en attendre.

Pour les partis, le mieux était évidemment de s'abstenir et de laisser faire ce peuple en marche, mais l'appel de la récupération était irrésistible. Le parti socialiste imaginait déjà une grande manifestation sous sa bannière. Rapidement, il apparaît qu'une instrumentalisation aussi grossière serait malvenue. Qu'à cela ne tienne, faisons l'union politique avec les autres partis pour un grand appel à manifester. Aussitôt se pose la question du Front national. Depuis trente ans, la gauche a choisi la stratégie de la diabolisation, qui a permis au PS de gagner plusieurs élections et au FN de passer de 10 à 25 %, pourquoi ne pas continuer ainsi ? Jean-Christophe Cambadélis fait donc savoir que le Front national ne serait pas le bienvenu dans un tel rassemblement. Marine Le Pen a vu tout l'intérêt pour elle de parfaire son image de « présidentiable » dans ces circonstances exceptionnelles. Elle a donc pris soin de tenir un langage responsable et s'est abstenue de l'amalgame entre terrorisme et immigration qu'elle avait fait lors de l'affaire Mohamed Merah. Elle a misé sur la dédiabolisation, elle a perdu. Va-t-elle prendre les socialistes à leur propre jeu, dénoncer ce sectarisme et, en bonne républicaine, appeler à rejoindre la manifestation ? Finalement, elle préfère la position victimaire. Mais son père, toujours partisan de la diabolisation, reprend son rôle d'affreux trublion en lançant : « Ces gens marchent avec la pancarte "Je suis Charlie" alors qu'en fait ce sont des "charlots" qui sont responsables de la décadence de la France. » Quant à l'extrême gauche, elle se refuse à jouer le jeu de l'union. Le Nouveau Parti anticapitaliste et Lutte ouvrière annoncent qu'ils ne participeront pas à la manifestation. Jean-Luc Mélenchon accepte de marcher, mais ne se résigne pas à l'union nationale, car il « reste un homme de gauche ». Bref, sous couvert d'union nationale, les affaires partisanes continuent.

Et, tandis qu'elle fait la leçon à ces Français toujours suspectés d'islamophobie, la classe politique ne mesure pas la francophobie qui se développe aux marches de notre société. Le gouvernement, ayant décidé que la minute de silence respectée par la France entière serait observée dans toutes les écoles, semble tout surpris de constater que, dans un certain nombre d'établissements, des élèves ont refusé de se plier à cet instant de recueillement tandis que, dans d'autres, les directeurs ont jugé plus prudent de ne pas suivre la consigne. Les professeurs ont été déstabilisés par les réflexions qu'ils ont entendues : « On ne doit pas injurier le Prophète », « Ils l'ont bien cherché », « On ne fait rien pour les enfants de Palestine ». La ministre de l'Éducation nationale doit, de toute urgence, tenir réunion sur réunion pour faire face à cette contestation. Suffira-t-il de lancer une mission d'éducation civique pour que ces terres perdues de la République cessent d'être un terrain de chasse pour les recruteurs du terrorisme islamique ? Ne faudrait-il pas aussi réhabiliter la nation, l'identité française, la patrie, trop souvent abandonnées au Front national ?

Tout est donc en place pour reprendre la guerre civile partisane qui épuise les énergies de cette société en vaines querelles et nous dirige tout droit vers le rendez-vous de tous les dangers qu'annonce *La France à quitte ou double.* Le sursaut populaire ouvre de nouvelles possibilités au pouvoir. Aura-t-il le courage de reconnaître la réalité ? De regarder, au-delà de la menace terroriste, le malaise croissant que crée l'insertion de l'islam dans notre pays ? De négocier avec la deuxième religion de France un concordat qui définisse ses droits et ses devoirs, qui lui donne les moyens de son culte et lui interdise les abus de certaines pratiques ? De reconnaître le danger d'une déviance religieuse qui peut transformer des jeunes déboussolés en machines à tuer et à mourir ? De faire tomber sous le coup de la loi un islamisme dévoyé au même titre que le racisme et l'antisémitisme ? Tout est possible avec le soutien du peuple. À condition de faire prévaloir l'intérêt général sur les intérêts particuliers, de voir l'avenir au-delà des prochaines échéances électorales. La France a gagné dans ce drame de nouveaux atouts, mais la réalité est toujours celle qui est exposée ici, et nous nous dirigeons plus que jamais vers l'instant fatidique du quitte ou double.

Le 15 janvier 2015.

Chapitre I

LES BONNES AFFAIRES DU DIABLE

25 % ! Ce 24 mai 2014, à 20 heures, le chiffre tombe comme un verdict. Lors des élections européennes, le Front national a rassemblé un quart des suffrages. Il est le premier parti de France. Le rituel de la soirée électorale, d'ordinaire si vif, est morose, presque sinistre. Hommes et femmes politiques ont puisé chez leurs communicants respectifs des « éléments de langage », tous semblables, pour Bérézina électorale. Dès 21 heures, la messe est dite.

Tous les intervenants ont en tête les vraies questions : « Le FN a-t-il atteint son apogée ou va-t-il continuer sur sa lancée ? », « Jusqu'où peut-il monter ? », « Quelles seront les conséquences politiques de cette ascension ? », mais ils ne doivent surtout pas les poser. Lorsque Marine Le Pen explique qu'elle n'est pas dans la protestation ni même dans l'opposition, mais dans l'alternative, et qu'elle entend appliquer son programme à la France, ses interlocuteurs sont soudain frappés de mutisme. En cessant, par le résultat obtenu dans les urnes, d'être une simple forfanterie, la prétention lepéniste à exercer le pouvoir devient un sujet tabou. Ces 25 % signifient que le FN est devenu un parti de gouvernement, et que ce grand remue-ménage traduit une décomposition de notre système politique.

Dans les mois suivants, les sondages prospectifs pour la présidentielle de 2017 donnent Marine Le Pen en tête du premier tour, avec des scores allant de 26 % à 30 % des voix[1]. Les experts ont ressorti les anxiolytiques de circonstance : un sondage n'est pas un vote (surtout lorsqu'il ne va pas dans le bon sens), une simulation de la présidentielle à plus de deux années d'avance n'a aucun sens, etc. Mais les catastrophes différées finissent toujours par advenir et sont d'autant plus graves qu'elles ont été reportées.

Les pièges de la diabolisation

Depuis trente ans, une élite soi-disant détentrice des plus hautes valeurs morales a pris en main la lutte contre le FN. À la moindre phrase de travers, au moindre mot inapproprié tombait la sentence : « Vous faites le jeu de Le Pen. » Ce terrorisme moral, ponctué d'oukases inopinés, de proclamations enflammées, d'anathèmes sans recours, participait d'une stratégie, la seule possible, la seule admissible, celle qui viendrait à bout de l'Infâme. Car nos croisés de l'antifascisme nous l'avaient garanti : le FN serait vaincu. Sur cette promesse, la République leur avait signé un chèque en blanc.

Au fil des ans, les Français avaient constaté que cette croisade, outre qu'elle ne gênait en rien le Front, faisait surtout les affaires de ses promoteurs : des partis qui jouaient du billard à trois bandes lors des élections, des jeunes gens qui avaient remplacé l'ascenseur social par la fusée antiraciste pour atteindre les hautes sphères.

C'est tout ce petit monde qui a permis et même préparé le résultat du 24 mai. La victoire de Marine Le Pen signe l'échec

1. Sondage IFOP par questionnaire auto-administré entre le 21 et le 22 juillet 2014, publié dans *Marianne*, n° 902, 1er août 2014.

patent, écrasant, irrémédiable, de ces pseudo-combattants et de la stratégie qu'ils ont imposée depuis trois décennies.

Le choc du 24 mai doit libérer l'esprit critique. J'avais, pour ma part, remis en cause cette politique et dénoncé ses promoteurs dans un livre publié en 1990, *La Grande Manip'*[1]. Mais la sanction des faits pouvait seule dissiper la grande illusion. Voilà qui est fait, et la raison ou simplement le sens commun reprend ses droits. Dans son dernier livre, *Du diable en politique*[2], Pierre-André Taguieff, avec l'implacable lucidité qu'on lui connaît et l'indiscutable autorité qu'on lui reconnaît, met en pièces la stratégie de diabolisation en montrant que la France de 2015 n'est confrontée ni au diable ni au fascisme. Un ouvrage éclairant, qu'on eût aimé lire en 1990.

Souvenez-vous : « CRS = SS ». Dans le Paris convulsif de mai 1968, les jeunes gens en avaient fait un de leurs slogans de prédilection. Le leader braillait : « CRS », la meute répondait : « SS », et cela suffisait à s'inscrire dans le glorieux sillon tracé par les FFI affrontant l'occupant nazi. Face à des forces de l'ordre qui avaient pour consigne, pour obsession, de ne pas tuer, et qui, de fait, ne firent aucun mort, cette rime abjecte donnait à chacun la griserie de l'héroïsme.

Et voilà que cette génération, devenue adulte, suscite à nouveau les horreurs d'avant-hier afin d'en éprouver les frissons et de s'en attribuer la légende. Le XXe siècle a eu son cortège de démons, avec, en tête, Hitler et Staline ; mais aussi sa cohorte de héros, capables de les affronter. Cette mémoire incandescente aurait dû être respectée ; elle est surtout galvaudée, instrumentalisée dans ces simulacres de luttes antifascistes. Car la

---

1. François de Closets, *La Grande Manip'*, Paris, Seuil, 1990.
2. Pierre-André Taguieff, *Du diable en politique : réflexions sur l'antilepénisme ordinaire*, Paris, CNRS Éditions, 2014.

France n'a plus à craindre le fascisme d'autrefois, mais, ce qui n'est pas moins dangereux, la démagogie permanente, au risque de l'implosion.

La diabolisation, reconnaissons-le, est un piège bien attirant. En se donnant le diable comme ennemi, elle recrée la lutte éternelle du bien contre le mal, une lutte à mort dans laquelle tous les coups sont permis, toutes les surenchères autorisées, toutes les attaques glorifiées. *God is on our side !* Et, un ennemi, ça se fabrique. On possède même les secrets de cette fabrication.

Un démon nommé Le Pen

Lorsque Jean-Marie Le Pen surgit au début des années 1980, la diabolisation s'impose comme la seule réponse possible au défi que représentent ses 10 % de voix. Elle doit frapper également le leader et ses troupes, selon une stratégie bien précise.

Le leader n'est pas seulement présenté comme le dangereux démagogue d'extrême droite qu'il est, il devient la réincarnation de Mussolini et de Hitler. C'est à qui lui fera le salut fasciste, lui dessinera une moustache carrée sous le nez et une mèche sur le front. FN : Fascisme et Nazisme. Vous m'avez compris. La bête immonde est de retour, la Patrie est en danger, tous aux barricades ! Le Pen jouant sur la peur d'une immigration appelée à submerger la France, il faut répondre par une autre peur, celle du fascisme renaissant de ses cendres et se préparant à nous dominer. La diabolisation est un jeu des frayeurs réciproques.

Quant à ses militants, ils forment les nouvelles légions fascistes lancées à l'assaut de la République. Et ses électeurs, quelles que soient leurs raisons, sont tous complices de ce dessein. Il n'est fait aucune différence entre le noyau initial autour duquel s'est formé le Front national et les millions de Français qui l'ont rejoint.

La stratégie fut longuement théorisée par le saint Bernard de cette croisade, Bernard-Henri Lévy, en 1990[1]. Pour lui, il ne peut et il ne doit s'agir que d'une guerre « nationale, populaire, totale et prolongée » entre deux France, « celle des néo-fascistes et celle des antifascistes ». Il convient donc de désigner l'ennemi et non pas l'adversaire : « Nommer le fascisme, oui, pour armer les antifascistes. Qualifier clairement l'ennemi pour aider à le haïr. » Un appel à la haine curieux sous la plume d'un homme qui a toujours défendu le primat de la pensée. Car, contrairement au dicton populaire, ce n'est pas la colère, mais la haine, qui est mauvaise conseillère. Elle aveugle l'individu, interdit toute réflexion, et nous fait céder aux émotions premières. Or l'appel à la haine de Le Pen devient le fondement de la diabolisation. Il dispense d'argumenter, de débattre, de réfuter ; il faut combattre, rien que combattre. La controverse est un piège qui profiterait aux fascistes : il ne faut surtout pas se laisser prendre à leur jeu.

C'est ici qu'intervient l'argumentaire ; il se résume en un mot : la dénégation. Il est exclu de discuter avec Le Pen, exclusion étendue à tous les thèmes qu'il aborde. S'interroger sur l'immigration, sur la sécurité, sur la nation, reviendrait à crédibiliser son propos. Les faits mêmes sur lesquels il prétend s'appuyer n'ont pas à être contestés ; ils n'existent pas, il suffit de les ignorer. En parler, c'est parler comme lui, rouler pour lui. Il est donc attribué à ce batteur d'estrade un pouvoir de magicien : il lui suffit de dire les choses pour les faire disparaître.

1. Bernard-Henri Lévy, « Penser Le Pen », *La Règle du jeu*, n° 2, septembre 1990.

Envers et contre tout

Ainsi Jean-Marie Le Pen se verra-t-il opposer tout au long de ces années la plus stupide des contradictions. Quoi qu'il dise, quelque argument qu'il avance, son interlocuteur prendra le parti inverse, au risque de perdre toute crédibilité aux yeux des Français. Mieux vaut dire des imbécillités que pactiser avec le diable. À ce jeu, le leader du Front national prend systématiquement l'avantage sur ses contradicteurs. Ceux-ci, étant aussi mal à l'aise dans la discussion que dans la dispute, préfèrent se dérober. Ils finissent par laisser la place à Bernard Tapie pour un combat de puncheurs qui ne grandit pas la République.

Le Pen se trouve donc en position monopolistique sur ses sujets de prédilection : l'immigration, la délinquance, l'identité nationale, la nationalité, la laïcité et, pour finir, la France. Tout lui est abandonné. En réponse à la montée du Front national, une croisade se lève, fondée, comme toute croisade, sur un dogme, qui dispense de toute analyse, sur des mots d'ordre qui tiennent lieu de réflexion.

La valeur d'une stratégie se mesure à ses résultats. Lorsqu'elle conduit à la défaite, il faut en comprendre les failles. C'est ce que nous pouvons faire aujourd'hui avec un recul de trente ans. Le premier défaut, c'est le manque de crédibilité, qui, certes, n'est guère sensible aux militants antilepénistes, mais qui est devenu évident aux yeux des nouveaux et prochains électeurs du FN.

Pour le personnage, tout d'abord. À l'évidence, Jean-Marie Le Pen n'a pas les épaules assez larges pour porter les habits de Hitler ou de Mussolini. Certains de ses premiers fidèles cultivent une fascination nauséabonde pour le IIIe Reich ; cela suffit à le rendre infréquentable, pas à en faire la réincarnation du Führer. C'est un démagogue populiste d'extrême droite, au parfum d'antisémitisme, comme il se doit dans ces milieux, mais n'a-t-il pas toujours joué le jeu électoral ? Voit-on qu'il ait fomenté des complots contre la République ? Qu'il ait formé des milices armées, comme le firent Hitler en Allemagne ou Mussolini en Italie pour s'emparer du pouvoir ? Qu'il ait tenté un coup d'État comme Franco ? Certes, son mouvement est profondément toxique, sa venue au pouvoir serait un désastre absolu, mais sa stratégie s'est toujours insérée dans le jeu républicain.

Jean-Marie Le Pen ne ressemblait pas aux leaders fascistes que nous avons connus ; Marine Le Pen s'en approche encore moins. Plus qu'aux partis fascistes d'avant-guerre, le FN s'apparente aux différents mouvements nationalistes, populistes, xénophobes, europhobes, d'extrême droite ou d'extrême gauche, que l'on voit, hélas ! apparaître dans la plupart des pays d'Europe. Libre à chacun de penser que sa stratégie n'en est que plus dangereuse puisqu'elle est en passe de réussir, mais il eût mieux valu ne pas agiter de fausses références, qui nuisent à la crédibilité des attaques. Une cible manquée gagne une aura d'invincibilité et jette le discrédit sur le tireur.

La dénégation systématique, les cris d'orfraie poussés devant la moindre parole du FN, ont perdu leur force de conviction, tandis que le silence entretenu sur les thèmes favoris du parti est perçu comme une dérobade qui légitime sa parole. L'absurdité de cette censure ne pouvait échapper à un homme aussi intelligent que Laurent Fabius. Dès 1985, il énonça cette vérité de bon sens : « Monsieur Le Pen apporte de mauvaises réponses à de vraies questions. » Avait-on bien entendu ? Seule sa qualité de Premier ministre socialiste lui évita l'accusation de lepénisme rampant. Mais, face aux réprobations de la gauche et de la bien-pensance, il dut bien vite ravaler sa mauvaise formule.

Pouvait-on faire à Le Pen un meilleur cadeau que refuser la seule bataille qui vaille, celle des idées ? Quelles sont ces « vraies questions » évoquées à juste titre par Laurent Fabius ? Toutes celles que se posent nombre de nos compatriotes, notamment dans les milieux populaires, et auxquelles Le Pen apporte effectivement des réponses détestables. Il fallait donc engager le débat, armés de la conviction tranquille que la République est capable de faire triompher la vérité, et que, si certaines erreurs doivent être reconnues et corrigées au passage, c'est autant de gagné pour le pays. Au lieu de quoi, la classe dirigeante se dérobe et laisse à Jean-Marie Le Pen le soin d'être le maître à mal penser de ces Français à la dérive. Au fil des décennies, les sujets interdits sont subrepticement revenus dans le débat, offrant à Marine Le Pen le cadeau du « je vous l'avais bien dit ».

Il n'y a rien de tel qu'un *a priori* idéologique pour bloquer toute capacité d'adaptation. Ainsi des chevaliers de la diabolisation qui, face à l'évidence de leur échec, sont incapables de se remettre en cause. Ils attribuent les succès lepénistes à la mise en œuvre trop timide de leur stratégie et, quelle que soit la faiblesse de leurs résultats, ils pensent toujours gagner en persévérant dans l'erreur.

Ces critiques ne tiennent que s'il existe une alternative à la diabolisation. Pouvait-on s'y prendre autrement face à la montée du lepénisme ? Sans doute, encore fallait-il avoir la volonté de supprimer ce cancer et pas l'arrière-pensée de l'instrumentaliser.

L'horreur de la préférence nationale

Voici un exemple concret pour comprendre ce que furent les erreurs de la diabolisation et ce qu'aurait pu être une riposte différente, républicaine. Prenons l'image emblématique de l'horreur lepéniste : la préférence nationale.

Jean-Marie Le Pen en ayant fait son produit d'appel pour achalander sa boutique, cette proposition est devenue le point focal de l'antilepénisme. À plusieurs reprises, j'avais été surpris de l'entendre citée comme la preuve même du caractère antirépublicain, fasciste et raciste de son idéologie. Récemment encore, Bernard-Henri Lévy, stigmatisant les électeurs du FN, déclarait : « Ce sont des gens qui pensent réellement que la préférence nationale, c'est bien[1]. » La cause est entendue : qui se réfère à cette horreur ne peut qu'être fascisto-raciste. Une telle proposition doit se traiter à l'égal du travail des enfants ou de l'esclavage : elle ne se débat pas, elle se combat. Osons pourtant nous interroger.

Pour le militant antifasciste de base, il ne fait aucun doute qu'il s'agit d'une mesure raciste. Il est vrai que l'accusation se prête à bien des interprétations. Si la discrimination porte sur la couleur de la peau, elle est parfaitement fondée et cette politique doit être condamnée comme telle par la justice. La nationalité ne fait rien à l'affaire, Martiniquais ou Malien, même sentence. Si elle porte sur la nationalité, il s'agit de xénophobie. Mieux vaut ne pas tout confondre pour ne pas donner aux Le Pen un argument de contre-attaque.

Sur quoi porte cette préférence ? S'il s'agit de protection sociale, la réponse va de soi. Celui qui cotise a droit aux prestations sociales quelle que soit sa nationalité. Le FN ne s'aventurera pas à prétendre que l'on doit faire travailler des étrangers, prélever des cotisations sur leurs salaires, mais leur refuser l'accès aux allocations familiales, à l'assurance-maladie, etc. Reste le cas des sans-papiers, qui n'ont aucune couverture

1. « On n'est pas couché », France 2, 6 septembre 2014.

sociale parce qu'ils n'ont aucun travail régulier. Peut-on admettre que leurs enfants n'aillent pas à l'école, traînent dans les rues, deviennent des sauvageons qui troublent l'ordre public ? Il faut soit expulser la famille, si la justice le décide, soit scolariser les enfants. Le point le plus délicat porte sur les soins médicaux. Faut-il supprimer l'aide médicale d'État, qui permet à des étrangers de se faire soigner aux frais de la collectivité alors même qu'ils ne sont pas affiliés à la Sécurité sociale ? Faut-il laisser des malades sans soins aux portes des hôpitaux, les laisser mourir faute d'affiliation à la Sécurité sociale ? Si Marine Le Pen y est favorable, qu'elle l'assume à visage découvert ; plus vraisemblablement, elle mettra en avant l'augmentation explosive des dépenses liées à l'AME.

Pourquoi le budget de l'AME est-il passé de 233,5 millions d'euros en 2006 à plus de 800 millions en 2013 ? Voilà une vraie question, à laquelle il faut apporter une réponse. À quoi correspond une telle augmentation ? N'a-t-on pas étendu à l'excès ce dispositif ? N'existe-t-il pas des abus ? Tous les contrôles nécessaires sont-ils effectués ? Est-il vrai, comme le prétendent des élus de droite, que ce régime est dans certains cas meilleur que celui des Français ? Est-il vrai que des étrangers effectuent en France des voyages médicaux, qu'ils se font soigner gratuitement alors même qu'ils ne sont nullement dans le besoin ? Ces questions n'ont rien de scandaleux. Des études doivent être menées, des contrôles effectués et des mesures prises s'il existe des failles dans le système. Refuser d'en débattre, c'est donner crédit à l'idée que « la France UMPS » traite mieux les étrangers que les Français, c'est ouvrir un boulevard à la xénophobie. Les Français ne sont que 38 % à soutenir le FN quand il veut réserver les prestations sociales aux nationaux. Un pourcentage qu'un authentique débat à plus de chances de faire diminuer qu'augmenter.

Préférence ou protectionnisme

Mais la préférence nationale s'entend essentiellement sur le marché du travail. Puisque nous manquons d'emplois, réservons en priorité aux Français ceux dont nous disposons. Cette mesure est donc classée à l'extrême droite. C'est assurément ignorer les leçons de l'histoire. Dans notre tradition, la droite est associée au patronat. Or celui-ci a toujours été favorable à la préférence étrangère. Il va chercher au-delà de nos frontières l'« armée de réserve du capital » pour concurrencer la main-d'œuvre locale et faire pression sur les salaires. Ce sont donc traditionnellement les syndicats, voire les partis de gauche, qui ont été tentés par la préférence nationale. Lors de la grande crise des années 1930, le gouvernement de centre gauche fit voter une loi instaurant un quota de travailleurs étrangers à ne pas dépasser dans les entreprises. La SFIO et les communistes préférèrent s'abstenir plutôt que voter contre.

Avant de s'indigner, revenons un instant en arrière. En 1997, le groupe Renault doit fermer une usine. Il choisit celle de Vilvorde, en Belgique. Lionel Jospin promet de s'y opposer et, une fois devenu Premier ministre, doit se résigner à la fermeture. La crise finit par s'apaiser. Imaginons que la direction de Renault ait fait le choix de fermer un établissement en France et de sauvegarder Vilvorde. L'opinion aurait été indignée que 3 000 ouvriers français perdent leur emploi alors que les ouvriers belges gardaient le leur ! S'agissant de choix industriels, la préférence nationale va de soi, et toute décision sacrifiant des salariés français plutôt qu'étrangers est condamnée.

Marine Le Pen, sensible à la mauvaise image attachée à la préférence nationale, a décidé de parler de « priorité ». La raison de ce choix est évidente. Elle se retrouve sur le terrain qu'avait choisi Arnaud Montebourg avec son patriotisme industriel. Ne veut-il pas faire travailler des ouvriers français plutôt qu'étrangers ? Les Français sont 73 % à soutenir sa campagne pour le « *made in France* », et même 90 % à souhaiter que la fiscalité favorise les productions nationales. En vérité, il s'agit moins d'une atteinte aux droits de l'homme que d'une mesure protectionniste. Le thème « les Français d'abord » passe bien à condition qu'il ne désigne pas les individus. Pour ce qui est de favoriser les travailleurs nationaux par des taxes ou des exonérations, tout le monde est d'accord. Mais les Français savent parfaitement faire la différence entre les formes de préférence nationale puisqu'ils sont 72 % à la rejeter en matière d'emploi. Ce en quoi ils ont raison.

Plutôt que s'enfuir en hurlant au racisme, mieux vaut poursuivre la réflexion. Que se passerait-il si l'on mettait en application de telles mesures ? Ce serait un désastre économique, car, sur le marché du travail, c'est la compétence et pas la nationalité qui doit permettre d'accéder à l'emploi. Si l'État instaurait une rente de situation pour les nationaux, alors nous serions assurés que la combine et le piston présideraient au recrutement et que notre compétitivité n'y résisterait pas. Quant à la mise en œuvre du système, elle relèverait du casse-tête. Faut-il fixer un quota de travailleurs étrangers ? Créer une taxe sur les salaires qui leur sont versés ? Que faire dans les secteurs qui emploient en majorité des étrangers ? Dans le BTP, par exemple ? Imagine-t-on l'usine à gaz qu'il faudrait mettre en place pour contrôler le système ? Doubler les effectifs de l'inspection du travail n'y suffirait pas.

La France doit, au contraire, attirer les compétences qui lui manquent, faute d'une formation professionnelle suffisante. Si elle y renonçait, elle serait plus languissante encore et créerait toujours moins d'emplois. La préférence nationale pour l'emploi n'est pas démoniaque, elle est simplement stupide, c'est, pour dire les choses, une « connerie ». Il suffirait de l'expliquer pour achever de décrédibiliser le programme lepéniste, ce qui est autrement plus efficace que d'asperger le diable d'eau bénite.

En vérité, il n'est qu'un secteur dans lequel la préférence nationale puisse s'appliquer sans problème : le secteur public. Et, si l'on ouvrait le débat, Marine Le Pen ne manquerait pas de citer cet exemple. En ce domaine, effectivement, rien n'est plus facile que de réserver les emplois aux nationaux. Mais c'est déjà le cas. Il faut être français pour devenir fonctionnaire. Cinq millions d'emplois dans le secteur public ne sont accessibles que sur présentation d'une carte d'identité nationale. Cette exigence peut se comprendre dans la fonction publique régalienne. Chacun admet que le chef d'état-major, les préfets, les juges, les policiers doivent être français. Mais elle s'est étendue, sans aucune raison valable, à des fonctions banales qui n'ont rien à voir avec la souveraineté nationale. Comble de cynisme, on admet que des étrangers occupent ces emplois lorsque les compétences nationales font défaut, mais, dans ce cas, ils doivent être sous contrat privé et ne peuvent jouir des garanties statutaires dont bénéficient les fonctionnaires. Les non-Français sont reconnus dans leurs capacités, mais les privilèges sont réservés aux nationaux. Le Front national a parfaitement remarqué cette anomalie et, depuis bien longtemps, cite en exemple le statut de la fonction publique, qui est fondé sur le « principe d'exclusivité nationale qui réserve les emplois aux Français ». En 1997, l'un de ses dirigeants, Philippe Olivier, enfonce le clou : « Si demain la Poste est privatisée, votre facteur sera tunisien ou sri-lankais. Enlevez la condition de nationalité à l'embauche à la RATP… vous aurez des Tamouls prêts à conduire les bus parisiens pour 3 000 francs par mois[1]. »

Ce corporatisme national, dépourvu de toute justification, lepéniste avant l'heure, a toujours été défendu bec et ongles par ces confédérations syndicales qui n'eurent jamais de mots assez durs pour fustiger la préférence nationale du FN. Comble d'hypocrisie, on dénonce la priorité revendiquée pour les emplois privés à seule fin de préserver l'exclusivité sur les emplois publics. Voilà pourquoi il est préférable de diaboliser plutôt que de discuter.

Loin de fausser la concurrence, l'État doit, au contraire, en assurer la loyauté. Il doit empêcher que les Français soient écartés au profit d'une main-d'œuvre étrangère sous-payée et surexploitée, mais certainement pas écarter des immigrés sur le seul critère de la nationalité pour des emplois banalisés. Comme tout protectionnisme sans cause, l'injustice vis-à-vis des étrangers instaurée par le programme lepéniste ne pourrait que se retourner contre nous. Qu'il s'agisse d'emplois publics ou privés, la préférence nationale est détestable sur le plan des principes et, plus encore, sur le plan économique. Et les Français sont assez intelligents pour le comprendre. Mais il n'est pas besoin de pousser les hauts cris pour la refuser, il suffit de raisonner. Peut-être faut-il tout simplement faire confiance au débat républicain.

La transparence républicaine

Allons jusqu'au bout de la démonstration en affrontant deux propositions du Front national qui doivent faire se dresser les

1. Valérie Igounet, *Le Front national*, Paris, Seuil, 2014.

cheveux sur la tête : « Fixer un quota d'étrangers à ne pas dépasser dans les classes » et « réserver aux Français les logements sociaux ». Faut-il refuser la discussion ? Certainement pas.

Aujourd'hui, dans les écoles fréquentées par la bourgeoisie éclairée, il n'y a aucun enfant d'immigrés, tandis que, dans des collèges des quartiers sensibles, ils dépassent parfois 80 % des effectifs. Est-ce normal ? Peut-on s'en tenir à la carte scolaire, qui transforme les inégalités géographiques en inégalités scolaires ? Quand ils se sont trouvés confrontés à ce genre de situation, les Américains ont imposé une répartition autoritaire des élèves en prévoyant un système de transport scolaire, le *busing*, pour assurer la mixité entre Noirs et Blancs. Ils ont, de même, pratiqué la discrimination positive à l'université. Il est vrai que ces solutions n'ont pas toujours été couronnées de succès. En France même, les tentatives faites dans certaines communes se sont heurtées à des résistances assez insurmontables. Du moins la réalité avait-elle été regardée en face. Si ces méthodes ne sont pas satisfaisantes, d'autres doivent être recherchées. À Sciences Po, il y a quinze ans, Richard Descoings a créé les conventions éducation prioritaire, qui ouvraient une filière d'accès spécifique pour les élèves en provenance des zones d'éducation prioritaires. L'initiative semblait promise à l'échec ; elle a connu un plein succès.

Il n'y a donc aucune raison de baisser les bras face à la ségrégation qui s'opère dans notre système éducatif. Celle-ci pose un problème dramatique, on ne le résoudra ni en fixant un quota d'immigrés à ne pas dépasser – ne faudrait-il pas, au contraire, imposer un quota minimum d'immigrés à respecter dans les classes ? – ni en refusant d'en discuter. La « mauvaise réponse » du FN est une excellente occasion d'affronter une réalité que notre pays a choisi d'ignorer.

Quant aux logements sociaux, peut-on ignorer que, dans les milieux populaires, il se dit et se répète qu'ils sont attribués prioritairement aux étrangers ? Cette rumeur doit interpeller les autorités. À ces dernières de tout mettre sur la table pour lui tordre le cou. Rien ne serait plus salutaire que de rappeler, et au besoin de modifier, les règles qui fixent les priorités dans l'attribution des HLM, d'imposer plus de transparence dans le choix des locataires. Cette opération vérité permettrait sans doute d'en finir avec le clientélisme qui sévit dans ce domaine et de faire reculer la méfiance qui, ici comme ailleurs, fait le lit du Front national.

Nous pouvons dégonfler cette baudruche de la préférence nationale à condition d'en discuter et d'avoir le courage de nous remettre en cause. Cela s'appelle le débat démocratique ; celui-ci est fondé sur l'intelligence des citoyens. Pourquoi faut-il que la stratégie anti-Le Pen ait misé sur leur stupidité et leur incapacité à surmonter la démagogie populiste ? Mais la République ne peut venir à bout des mensonges lepénistes qu'en s'attaquant à ses propres mensonges, à ses omissions et à ses zones d'ombre, en s'astreignant à la dure loi de la transparence et de la vérité.

La charge antilepéniste

Plutôt que lancer la charge comme les chevaliers français à la bataille d'Azincourt, sans avoir pris aucune mesure de l'ennemi, de l'enjeu et du terrain, il eût fallu, dans les années 1980, porter les regards sur la formidable armée de réserve qui pouvait changer le cours de la bataille. Tous les sondages révélaient que les Français qui pensaient peu ou prou comme le Front national étaient deux fois plus nombreux que ses électeurs. Si les opinions se transformaient en votes, on passerait à 20 % et plus. Toute stratégie anti-Le Pen devait en priorité s'adresser à ce public. Les croisés firent exactement le contraire. Ils ne cherchèrent jamais que l'approbation des troupes de choc antilepénistes et professèrent le plus profond mépris pour ce public hésitant.

Et sans doute la diabolisation, avec sa ligne Maginot, a-t-elle retenu quelque temps ces millions de Français en danger de lepénisation. Mais, outre qu'elle était appelée à s'émousser au fil du temps, elle avait le tort de reposer tout entière sur Jean-Marie Le Pen. Dès lors que son parti s'installait dans la durée, qu'il survivait à son fondateur, la diabolisation n'était plus qu'un expédient temporaire.

Car celui-ci, après avoir propulsé le parti dans les années 1980, s'est mis à le freiner jusqu'à le bloquer dans les années 1990. Le moteur était devenu un boulet formant même un rempart qui interdisait toute nouvelle progression. Mais, en prenant de l'âge, les murs se lézardent et finissent par céder. Cela se savait, mais ne devait pas se dire. J'ai annoncé dès 1998, dans *Le Compte à rebours*[1], que le Front national arriverait au pouvoir, ou, du moins, y participerait, dès lors qu'il se débarrasserait d'un fardeau nommé Jean-Marie Le Pen, et que cela pouvait arriver à tout moment. Il n'était pas nécessaire d'avoir fait un doctorat en politologie pour comprendre que, tôt ou tard, le FN échapperait à son fondateur et volerait de ses propres ailes vers d'autres horizons.

1. François de Closets, *Le Compte à rebours*, Paris, Fayard, 1998.

Une histoire pieuse

Les Français se sont donc vu infliger une fable très simple et très morale. Il était une fois, dans le beau pays de France, un monstre abominable nommé Jean-Marie Le Pen. Mettant à profit l'immigration de populations maghrébines et africaines, dont l'arrivée s'effectuait dans les meilleures conditions, il entreprit de subvertir l'esprit des Français en réactivant un virus terrible pour lequel ils avaient de fortes prédispositions : le racisme. Le mal se répandit, l'infâme Le Pen prospéra au désespoir des républicains sincères.

Cette montée de l'émotion atteignit son paroxysme le 21 avril 2002, lorsque la stupidité de la gauche porta le leader du Front national au second tour de l'élection présidentielle. Un raz de marée mêlant honte et colère souleva 80 % des Français, qui se mobilisèrent en un grand sursaut patriotique pour empêcher ce qui n'avait aucune chance de se produire : l'accession du leader frontiste à l'Élysée.

La France a donc suivi tout au long de ces années une stratégie simple, binaire, infamante pour le FN, valorisante pour ses adversaires, qui prouve aujourd'hui son efficacité avec les 25 % de mai 2014 et trouvera demain son aboutissement dans les regroupements majoritaires qui donneront au Front national les clés du pouvoir. Mais s'agissait-il simplement d'une accumulation d'erreurs, de bêtises, de mensonges et de lâchetés, bref, de basse démagogie, dont Jean-François Kahn s'est plu à dresser l'ahurissant inventaire dans son retentissant *Marine Le Pen vous dit merci !*[1] ? N'y avait-il pas aussi des calculs politi-

1. Jean-François Kahn, *Marine Le Pen vous dit merci !*, Paris, Plon, 2014.

ciens qui, à force de jouer avec le feu, ont fini par enflammer la maison ?

Il est vrai que, à refaire cette histoire, on ne peut qu'être stupéfait par la façon dont les mauvais guides se sont passé le relais. Et chacun a sa liste pour compléter celle du voisin. Ceux qui, dans le dos des Français, ont étendu l'Union européenne à tout le continent et réduit le projet européen à un marché, ceux qui rejetaient le travail, la famille et la patrie comme autant de valeurs pétainistes, ceux qui traquaient le racisme dans les analyses grammaticales et pas dans les conditions de vie, ceux qui ont décuplé leurs rémunérations pendant que stagnaient celles de leurs salariés, ceux qui, sous couvert du modèle social français, ont renforcé la sécurité des protégés et la précarité des exposés, ceux qui ont jeté la suspicion sur le mot « France » et l'ont abandonné au nationalisme rétrograde, ceux qui condamnaient une discrimination dans notre nationalité et faisaient du multiculturalisme notre Terre promise, ceux qui ont joué avec l'extrême droite ou l'antiracisme pour faire une carrière politique, tous ces faux prophètes et les millions de Français qui, de bonne foi, les ont suivis ont donné la France aux Le Pen, père, fille et petite-fille.

À mort Zemmour !

Du moins pouvait-on penser que la leçon aurait servi, que, passé ces trente années désastreuses, notre classe dirigeante ne donnerait plus jamais dans le piège de la diabolisation. C'était trop espérer. N'ayant rien compris ni rien appris, nos croisés de l'antiracisme en tiennent toujours pour une stratégie qui, faute de leur apporter la victoire, leur donne une raison d'être. À trente ans de distance, ils nous ont donc rejoué le mélodrame de la diabolisation. Hier celle de Jean-Marie Le Pen, aujourd'hui celle d'Éric Zemmour. La première a fait passer le FN de 10 % à 25 %, la seconde pourrait faire passer *Le Suicide français*[1] de 400 000 exemplaires vendus à un million. Qu'Éric Zemmour lance des idées polémiques, c'est une évidence, elles sont même faites pour cela. À n'être pas contesté, il se sentirait désavoué. Mais la question est toujours la même : faut-il faire un tel ramdam ? Faut-il, surtout, s'en prendre à la personne plus qu'aux idées ? Quand le ministre de l'Intérieur, le chef du groupe socialiste à l'Assemblée et l'oligopole des associations antiracistes demandent son exclusion des médias et, quasiment, son interdiction professionnelle, c'est, au-delà même de l'atteinte à la liberté d'expression, apporter à la provocation la pire réponse qui soit. Sur le simple plan de l'efficacité, on ne peut rien faire de plus stupide qu'offrir au Front national une victime pour cautionner ses bobards.

Éric Zemmour est résolument réactionnaire. Tous ceux, et ils sont nombreux, qui sont rétifs au changement se reconnaissent dans sa grande déploration « *O tempora ! O mores !* » ou, disons-le plus simplement : « Tout fout le camp ! » Sur chaque point de son réquisitoire, il y a matière à débat, à discussion, à réfutation. En se ruant sur le livre, les Français font savoir qu'ils sont demandeurs de telles confrontations. Et, après tout, que craint-on ? Ses arguments seraient-ils irréfutables ? Les Français seraient-ils trop bêtes pour suivre de telles controverses ? Je n'en crois rien. J'ai vu Éric Zemmour à la télévision, tantôt marquant des points, tantôt mis en présence de ses erreurs ou de ses contradictions. Un tel exercice ne peut qu'éclairer l'esprit du public. Mais l'offensive anti-Zemmour s'est rapidement focalisée sur le thème de l'immigration. Pour résumer son point

1. Éric Zemmour, *Le Suicide français*, Paris, Albin Michel, 2014.

de vue, au-delà des outrances verbales, il pense que la culture islamique n'est pas assimilable par la culture française et que la présence d'une forte communauté musulmane finira par libaniser la société française. Dans une logique de diabolisation, un tel jugement est, en lui-même, scandaleux et doit être censuré. Malheureusement, il ne fait qu'outrer l'opinion publique majoritaire. C'est assurément désolant, mais c'est un fait : une majorité de Français voit avec appréhension se développer l'islam en France et s'interroge à juste titre. La classe politique ne trouve de réponse que dans la dénégation et l'optimisme de commande – « Tout va très bien, mes chers compatriotes. » S'imaginer qu'il suffit de censurer toute information sur les difficultés de la cohabitation franco-musulmane pour dissiper l'incompréhension et les tensions est bien naïf ; ne pas voir que, en ostracisant Zemmour, la classe dirigeante crédibilise toutes les frayeurs populaires est une aberration.

Le débat démocratique doit prendre en charge toutes les questions que se posent les citoyens. Qu'avons-nous à craindre ? Celui-ci est très bien encadré par la loi. Certes, ce passage de l'ombre à la lumière n'est pas sans risques pour le pouvoir, car il fait apparaître ses hypocrisies, ses omissions, ses manquements. Mais c'est en cela précisément qu'il est indispensable. À notre tour de ne pas être naïfs, ce prêchi-prêcha immigrationniste fait partie d'une stratégie électorale. Est-ce par hasard qu'il intervient en même temps que la grande offensive de François Hollande pour reconquérir sa majorité ? Manifestement, le président veut relancer le débat pour mieux cliver la France entre droite et gauche, pour pousser un peu plus d'électeurs vers le Front national et d'immigrés vers les socialistes. Ce jeu politicien a bien réussi à la gauche des années 1980. Aujourd'hui, il pourrait aussi se terminer par une victoire de Marine Le Pen.

Les deux chocs

Ainsi la classe politique reproduit-elle obstinément les fautes politiques, les erreurs stratégiques qui, en trente ans, ont fait du Front national le premier parti de France. Elle ne sait opposer qu'une diabolisation discréditée à la poussée populiste de droite. Il y a tout lieu de penser que, dans ces conditions, l'ascension de Marine Le Pen ne va pas s'arrêter. Jusqu'où montera-t-elle ? On peine à imaginer une soudaine transformation de la politique nationale, qui parviendrait à trouver les mots et les actes pour retenir dans le giron républicain traditionnel les populations en désarroi guettées par les frontistes. Nous devons donc envisager, dans un avenir plus ou moins lointain, un Front national en position de pouvoir. Or ce choc politique va se conjuguer avec un choc financier non moins redoutable.

Au cours des dernières années, la France a donné la preuve de sa totale incapacité, non pas à retrouver l'équilibre budgétaire, mais à freiner la dégradation des comptes publics. Année après année, nos déficits s'accumulent et notre dette s'accroît. Nous sommes aujourd'hui bons derniers de la classe européenne. La cause est entendue : la dégradation va se poursuivre dans l'avenir. Jusqu'où ? La réponse est connue : jusqu'à la cessation de paiement. La seule question qui n'a pas de réponse, c'est : jusqu'à quand ? Cela peut prendre quelques années car nous bénéficions de circonstances extraordinairement favorables qui peuvent durer un certain temps. À l'échéance, la France n'aura de choix qu'entre la faillite ou la mise sous tutelle internationale.

Ces deux événements, le premier possible, le second probable, vont évidemment se conjuguer. Quelles en seront les conséquences au-delà des imprévisibles péripéties ? C'est cela qu'il nous faut examiner. Face à un Front national dominant, à une pression internationale impitoyable, le pouvoir, quel qu'il soit, devra s'en remettre à l'arbitrage des Français. Aucun président, aucun gouvernement, aucun Parlement ne prendra seul la responsabilité d'accepter les conditions drastiques qui nous seront imposées ou bien, au contraire, de se couper du monde en déclarant la France en défaut de paiement. Élections ou référendum, peu importe la forme de la consultation, les électeurs devront trancher entre, d'une part, la faillite, la fermeture et le risque d'implosion que proposeront les fronts populistes d'extrême droite comme d'extrême gauche et, d'autre part, la discipline, l'ouverture et le redressement que défendront les partis de gouvernement. C'est alors que, dans un paysage politique entièrement recomposé, nous tous citoyens aurons entre nos mains la vie et la mort de la France, et qu'il nous faudra jouer notre pays à quitte ou double.

Voilà donc l'avenir que nous allons explorer en partant de cette société que l'on défait, pour en venir à ces finances qui sombrent et arriver enfin à cette épreuve de vérité. Nous découvrirons comment un pays si riche de son peuple, de son histoire, de ses ressources, a pu être ruiné et mis en danger, mais nous découvrirons aussi comment cette extrême urgence sera l'opportunité à saisir pour rompre l'interminable déclin qui nous entraîne depuis trente années. Car l'obstacle peut devenir le mur sur lequel on s'écrase ou la planche sur laquelle on rebondit. Une alternative cruciale qui tiendra à un bulletin de vote. À nous de faire basculer le destin dans le camp de la résilience.

Chapitre II

SOS IMMIGRATION

L'intrigue politique qui se noue au début des années 1980 a été précédée d'une longue mise en place dans les années 1970. La France prépare alors le piège de l'immigration dans lequel elle va tomber. Au cours des cent dernières années, des vagues successives de populations étrangères sont venues s'établir en France : Italiens, Russes, Arméniens, Juifs ashkénazes, Espagnols, Portugais, etc. Ces populations se sont assimilées à la nation française, l'ont enrichie de leur diversité, sans jamais remettre en cause son unité ni son identité. On peut parler à juste titre d'un modèle français d'intégration, fondé sur la laïcité, et conduisant à l'assimilation au sein d'une république unitaire.

Dans les années 1960, le patronat fait venir des travailleurs d'origine maghrébine ou africaine pour disposer d'une main-d'œuvre docile le dispensant de revaloriser la condition ouvrière. Les Français ne sont en rien choqués par ce colonialisme de l'intérieur. Ils trouvent naturel que des hommes venus d'Afrique occupent les emplois les plus pénibles, dont leurs enfants ne veulent plus. Pourquoi s'en indigner quand, en toute bonne conscience, nous avons envoyé leurs pères se faire massacrer à Verdun pendant la Première Guerre mondiale ? Quant à l'altérité plus forte des derniers arrivés, qui ne sont plus de religion chrétienne mais musulmane, elle ne gêne pas dès lors que ceux-ci restent dans leurs « foyers », à l'écart de la société.

Le déni d'immigration

Tout change en 1974, quand la France met fin à l'immigration de travail et autorise le regroupement familial. Nous n'allons plus chercher les nouveaux arrivants, ils se présentent spontanément à nos frontières. Et ce ne sont plus des travailleurs en séjour temporaire, mais des familles qui viennent pour s'établir. Elles prennent place dans les banlieues périurbaines, au sein des cités populaires, dans les pires conditions, au moment où le pays redécouvre le chômage de masse et pratique des politiques de rigueur qui chipotent ses moyens à l'État-providence. Les derniers arrivants, qui s'entassent dans les quartiers les plus pauvres, se trouvent en compétition avec les habitants, bien souvent les immigrés de la précédente vague, sur le marché du travail mais aussi de la protection sociale. Un changement capital non anticipé. Cette concentration est mal vécue par les gens du lieu, soumis à une cohabitation forcée. Elle fait naître des réactions xénophobes, réactions prévisibles des « petits Blancs » confrontés à de nouvelles minorités. Elle provoque surtout leur exode vers des villes plus éloignées, dans lesquelles ils répandent leur irritation contre cette immigration.

Mais tout cela se passe loin, très loin des « beaux quartiers » dans lesquels vivent les hommes politiques, les technocrates et les journalistes. La classe dirigeante est donc bien décidée à ne rien voir, ne rien dire, et ne rien faire. Cette conspiration du silence est brutalement rompue en décembre 1980 par le maire communiste de Vitry, Paul Mercieca, qui envoie les bulldozers municipaux bloquer la construction d'un nouveau foyer pour immigrés sur le territoire de sa commune. Il entend ainsi protester contre la ghettoïsation qui regroupe les nouveaux venus dans les villes les plus pauvres. Son action pourrait avoir une vertu civique et ouvrir enfin le débat sur la nouvelle immigration. Pas du tout ! Les belles consciences étalent à longueur de déclarations leur indignation contre une « dérive doriotiste » ou la « démocratie du bulldozer ». Ce n'est pas la concentration de la misère qui suscite les plus vives protestations, c'est la révolte qu'elle engendre. Seuls les communistes, qui restent liés à la classe ouvrière, approuvent ce coup de force. La gauche boboïsée a rompu les amarres avec le prolétariat et suspecte des arrière-pensées racistes dans cette mise en cause de la cohabitation avec les immigrés. Le mal court, mais nul ne se soucie de le rattraper.

C'est à nouveau un homme de terrain qui relance le débat dans les années suivantes. Christian Delorme est prêtre dans le quartier des Minguettes, à Vénissieux. Il est témoin tous les jours des brimades et des vexations que subit la population maghrébine, des tensions qui montent, des poisons qu'elles instillent. Il prend contact avec les associations maghrébines et, en 1983, lance la Marche pour l'égalité, qui deviendra bientôt la Marche des beurs. La foule des marcheurs partis des Minguettes grossit tout au long du chemin, et ils sont 50 000 à entrer dans Paris. Immense succès d'une entreprise née du terrain, prise en charge par les immigrés. Les marcheurs veulent faire cesser les discriminations dont ils sont l'objet et devenir des Français comme les autres. Ils ne revendiquent pas un quelconque droit à la différence, mais un droit bien réel à la ressemblance, selon la logique de l'intégration républicaine.

Lorsque retentissent les trois coups de la saga lepéniste, l'immigration est devenue un problème, tant pour les immigrés, Français ou étrangers, que pour les populations qui vivent à leur contact, mais certainement pas pour une élite qui n'a jamais fait la queue avec les familles africaines au service social de la mairie, qui n'a jamais été prise de panique en constatant que la moitié des enfants ne sont pas de familles francophones dans la classe de son fils ou de sa fille. Ni la droite ni la gauche ne veulent se confronter à l'immigration. Elles se contentent de l'asperger à l'eau bénite républicaine. Le temps de Jean-Marie Le Pen est arrivé, un temps qu'il désespérait de jamais voir venir.

L'occasion de Jean-Marie Le Pen

L'heure de la gauche a sonné en 1981, grâce à l'alliance des socialistes et des communistes sous l'égide de François Mitterrand. L'euphorie est de courte durée. Dès 1983, l'opinion se retourne, d'autant que la gauche lance une politique de rigueur courageuse mais impopulaire. Une fois de plus, les socialistes n'auront gagné le pouvoir que le temps de le perdre. Les législatives sont d'ores et déjà ingagnables, et la présidentielle de 1988 fort compromise.

À l'époque, l'extrême droite ne représente à peu près rien. Quelques tribus nostalgiques, squelettiques et partout en régression. Il y a les fidèles du maréchal Pétain et ceux de l'OAS, les anciens de l'Action française et les nouveaux fascistes, le tout baignant dans le vieil antisémitisme de la bourgeoisie catholique, voire le négationnisme de Faurisson. Un homme voudrait émerger : Jean-Marie Le Pen. Il est peu connu, mais les autres leaders ne le sont pas du tout. Il tente de s'imposer au début des années 1970 en rassemblant ces groupuscules dans le Front national. Mais les dissensions sectaires ne permettent même pas de maintenir l'unité. Le FN finit par imploser : 1 % des voix aux législatives de 1974, et 0,5 % à celles de 1978. En 1981, Jean-Marie Le Pen ne parvient pas à réunir les 500 parrainages pour concourir à l'élection présidentielle, et son parti ne réunit que 50 000 voix aux législatives, 0,12 % des suffrages exprimés. Au tournant de la décennie, l'extrême droite n'existe plus.

À partir de 1982, le Front national, moribond, trouve enfin le thème mobilisateur qui lui manquait. Il va dénoncer l'« invasion » de la France par les Noirs et les Arabes, et prendre la défense des « petits Blancs », c'est-à-dire de la minorité populaire au contact des nouveaux immigrés. Bonne pioche. Il remporte ses premiers succès locaux. Succès confirmé en juin 1984 aux élections européennes, où le Front national recueille 11,2 % des voix. L'extrême droite a multiplié par dix son score et s'est installée dans la vie politique française.

Bénédiction ou malédiction ?

C'est à ce moment qu'il aurait fallu mettre en place une politique fondée sur une approche pragmatique et sans *a priori* de la réalité. Il n'était pas nécessaire de lancer de grandes enquêtes pour découvrir que les électeurs du FN se plaignaient de l'insécurité croissante dans leur quartier, de la baisse de niveau des écoles suite au phénomène de ghettoïsation et, pour la même raison, de la perte de valeur de leur patrimoine. N'importe quel étudiant en sociologie aurait pu faire ces constatations. Mais on avait déjà basculé dans le combat idéologique avec la question de l'immigration, qui représentait une bénédiction pour les uns et une malédiction pour les autres. Revenir à la réalité, c'était reconnaître, simple vérité d'évidence, que, en période de crise économique, de fort chômage, de grande précarisation, dans un État dont la population bénéficie d'une protection sociale généreuse, l'arrivée non préparée, non organisée, d'immigrés très différents, crée des problèmes de cohabitation, fait naître des appréhensions et des incompréhensions, et que les bonnes paroles ne suffisent pas à rétablir la concorde et l'harmonie.

Il fallait aller plus loin et remonter jusqu'aux principes généraux de notre République. Et d'abord rappeler que les Français sont propriétaires de la France, qu'ils peuvent choisir ceux qu'ils veulent accueillir. Forts de cette assurance, ils pourraient se donner une politique migratoire généreuse pour les arrivants, utile pour le pays, une politique choisie et non subie. Que cette souveraineté ait été abandonnée dans le cadre d'une Union européenne restreinte peut se comprendre, qu'elle se soit diluée dans le cadre de l'élargissement était plus problématique. Mais que l'on en vienne à ne plus reconnaître ces droits des Français sur leur propre sol par crainte de « parler comme Le Pen » est aberrant. Ce silence gêné ouvre la porte à tous les fantasmes, donne à croire que la France n'est plus la France, mais un espace ouvert à tous les arrivants, à toutes les cultures et que, surtout, nous avons l'obligation d'accueillir tous ceux qui entendent profiter de notre État-providence. Face à l'incertitude qui naissait de la mondialisation et de cette nouvelle immigration, il était urgent de poser des valeurs, de préciser les règles, de faire respecter les obligations. Mais ces vérités fondatrices de notre République furent abandonnées au nationalisme rétrograde. Les citoyens ne retrouvaient plus leurs idées et leurs valeurs dans le discours de leurs soi-disant représentants. D'autant que l'action publique devait s'exercer en direction des nouveaux arrivants et ignorait les doléances des autochtones qui se sentaient abandonnés par l'État. Comment, dans ces conditions, ramener dans le giron de la République ceux qui cédaient aux forces centrifuges ?

Cet arrogant déni de réalité était assurément la pire des politiques, mais on serait bien en peine d'en définir la meilleure. Des populations différentes peuvent vivre en bonne harmonie, de nombreuses villes cosmopolites en sont la preuve vivante. Malheureusement, on peine à créer cette bonne entente lorsqu'elle n'existe pas. Il faut donc faire preuve de modestie et de pragmatisme, fuir les idéologies, leurs certitudes et leurs solutions passe-partout.

Les concordances PS-FN

La poussée lepéniste des années 1980 constitue pour François Mitterrand une « divine surprise », un moyen efficace de bloquer l'opposition de droite. Mais ce scénario ne peut se réaliser qu'à deux conditions. Tout d'abord, le Front national doit devenir une véritable force électorale, ensuite, il faut qu'en aucun cas il ne puisse apporter ses voix à la droite de gouvernement.

Le chef de l'État n'hésite pas à user de son influence pour que Jean-Marie Le Pen ait un plein accès à la télévision. Dès 1982, ce dernier obtient un premier passage au journal télévisé de 20 heures. En février 1984, c'est la consécration de « L'Heure de vérité », où ses talents de tribun font merveille.

Mitterrand et Le Pen, deux politiciens de la IVe République, n'ont pas besoin de se parler pour se comprendre. Chacun lit dans le jeu de l'autre. Jean-Marie Le Pen sait que, s'il se contente d'incarner une droite affirmée, traditionnelle, réactionnaire, qui ramasse au premier tour et recycle au second tour, alors il élargit la base électorale de l'opposition et devient un danger pour le PS. Si, au contraire, il attire à lui des voix de droite et les fige dans une opposition radicale, alors il joue pour la gauche. Mais, pour cela, le leader de l'extrême droite doit jouer son rôle de personnage raciste, antisémite, nostalgique du IIIe Reich, etc., totalement infréquentable. C'est seulement à cette condition qu'il devient utile à la gauche. Il suffit alors de faire jouer les trompettes de la diabolisation pour conforter son emprise électorale et interdire toute alliance avec la droite modérée.

Jean-Marie Le Pen a hésité sur la tactique à suivre. Avant 1985, il est tenté par une alliance à droite, et c'est bien un accord de ce type qui apporte au FN son premier succès à Dreux, en 1984. Mais il préfère jouer le diable de la République que le supplétif de la droite. Il renonce ainsi à l'espoir d'un secrétariat d'État dans un gouvernement d'union des droites, mais il est conforté par les vociférations de la gauche dans son leadership de l'extrême droite et sur de nouveaux électeurs qui le rejoignent.

Pour le chef de l'État, le profit est double. D'une part, il n'a pas à prendre en charge les problèmes de l'immigration qui relèvent des fantasmes lepénistes ; d'autre part, il voit l'opposition affaiblie par les razzias qu'effectue désormais l'extrême droite dans sa basse-cour. Il ne s'agit pas d'une alliance objective, car il n'y aura jamais ni négociations ni accord, mais d'intérêts parfaitement convergents, d'autant que la droite se trouve doublement coincée puisqu'elle est tout à la fois interdite d'alliance et suspectée de complaisance, voire de collusion, avec le FN.

François Mitterrand entend donc traiter la dissidence d'extrême droite par l'exclusion, à l'époque même où il traite celle d'extrême gauche par l'inclusion. Après la Seconde Guerre mondiale, le parti communiste s'était en quelque sorte mis en réserve de la République par son projet collectiviste et son asservissement à l'URSS. Une telle formation, qui affichait haut et fort sa volonté de rompre avec les valeurs démocratiques de liberté, de propriété, de pluralisme, qui se donnait comme référence la dictature stalinienne, était « infréquentable ». Les 25 % de Français qui votaient pour lui se trouvaient donc à l'écart de la communauté nationale, une confortable marginalité cautionnée par le souvenir de la Résistance et l'appui du monde intellectuel.

Pour la droite, suivie sur ce point par les socialistes, toute alliance de gouvernement avec une telle formation était interdite, inconcevable. Au début des années 1970, François Mitterrand comprend que, dans le nouveau contexte politique, il devient possible de prendre le parti inverse. Il décrète le PC fréquentable. Pour les conservateurs, il avait fait entrer le cheval de Troie dans la République, et les communistes, une fois dans la place, prendraient progressivement tous les leviers de commande.

Or, en 1985, cette stratégie se révèle gagnante. La « dédiabolisation » a été fatale au PC. De nombreux électeurs n'y voient plus qu'« un parti comme les autres » et lui préfèrent le parti socialiste. Cet exemple, dont nul ne sait s'il est transposable, montre qu'un parti contestataire gagne plus qu'il ne perd à être ostracisé par la classe politique et se met en danger s'il accepte d'« entrer dans le jeu ». On pouvait toujours soutenir que, dans le cas du Front national, la diabolisation était la stratégie la plus efficace pour le réduire, mais il était impossible d'affirmer péremptoirement qu'elle était la seule option possible.

L'antisémitisme de Le Pen

Ce n'est pas un jeu de rôle cynique et artificiel qui se joue entre la gauche et le Front national. Le Pen pense ce qu'il dit, ses ennemis aussi. Mais, dans le théâtre politique, les convictions, réelles ou simulées, sont toujours instrumentalisées au service de l'intérêt partisan. On n'exprime jamais une colère, une indignation ou une approbation que dans l'espoir d'en tirer quelque bénéfice. On peut discuter à l'infini sur l'antisémitisme ou le fascisme de Le Pen, la question n'a, en définitive, aucun intérêt. Nous parlons du personnage public, pas du personnage privé. Eût-il tenu secret et refoulé des convictions antisémites que nul ne s'en serait soucié. Il aurait pu se taire, il a choisi de parler.

Pourquoi ces propos inacceptables ? Pourquoi devenir l'homme du « point de détail », auquel aucun parti républicain ne peut s'allier ? En politicien averti, le président du Front national connaissait le poids des mots, la force des symboles dans la société française, et n'a jamais rien dit sans en prévoir les conséquences. Il savait parfaitement ce que signifie la « *reductio ad hitlerum* » dans nos sociétés, que « si nous nous accrochons tant au souvenir de la solution finale, c'est parce que nous n'avons rien d'autre en stock qui soit susceptible de faire l'unanimité[1] », comme le constate François de Smet. Le fait que toute référence, toute allusion à la Shoah, susciterait une réprobation générale ne suffit pas à le retenir. Tous ces « dérapages » étaient délibérés et participaient d'une stratégie parfaitement calculée. Ne soyons pas dupes de la surprise qu'il affichait face aux réactions horrifiées qu'il suscitait.

Ces dérapages lui étaient-ils profitables sur le plan électoral ? Probablement pas. La vieille clientèle du FN appréciait l'antisémitisme, la nostalgie vichyste. C'est vrai. Mais elle ne représentait que 1 % du corps électoral. Car l'antisémitisme traditionnel est en perte de vitesse dans la France des années 1980, tous les sondages le prouvent. Il existe toujours, mais comme un préjugé que l'on garde pour soi. « On sait ce qu'on

1. François de Smet, *Reductio ad hitlerum*, Paris, PUF, 2014.

en pense », mais sans pour autant afficher ses opinions. La nouvelle clientèle que vise Le Pen n'a que faire de ces remugles de l'avant-guerre. Elle s'intéresse aux Noirs et aux Maghrébins, très peu aux Juifs. En septembre 1987, avant qu'il parle du « point de détail » à propos des chambres à gaz au « Grand Jury RTL-*Le Monde* », les sondages lui donnent 17 à 18 % des voix à la prochaine présidentielle. Neuf mois plus tard, il tombe à 14,3 % des voix. Tout le monde, y compris au FN, voit dans ce recul la conséquence directe du scandale qu'il a provoqué. Tirera-t-il les conséquences de cette déconvenue à laquelle s'ajoute une lourde condamnation par la justice ? Pas du tout. En 1997, à Munich, en plein procès Papon, il reprend exactement le même mot. Il sait parfaitement que l'antisémitisme fait perdre beaucoup plus de voix qu'il ne pourrait en faire gagner. Il n'en a cure et persévère.

Rien ne lui était plus facile que de cacher son opinion, d'autant que le sujet n'était pas à l'ordre du jour. Son cheval de bataille, c'était l'immigration, les Juifs de France ne sont en rien concernés. Et, pourtant, il fait le choix délibéré de multiplier les provocations qui le marginalisent dans la classe politique et donnent du grain à moudre aux exorcistes de la diabolisation. Car celle-ci le met constamment en pleine lumière, au devant de la scène, et attire à lui tous les déçus du système. Il tient absolument à être diabolisé et impose cette ligne contre la tentative de putsch mégretiste en 1998. Il essaie même une dernière provocation en 2014 pour fragiliser la dédiabolisation conduite par sa fille, et choisit d'utiliser l'immonde mot de « fournée » en évoquant Patrick Bruel. Mais la nouvelle présidente le désavoue. Son heure est passée.

Ainsi, le leader historique a obstinément joué, contre l'intérêt électoral de son parti, le jeu qui correspondait tout à la fois à son intérêt personnel et à celui de François Mitterrand.

Pouvait-il faire autrement ? Certainement pas. Le choix initial d'une tonalité antisémite, qui donnait à la gauche l'assurance d'un cloisonnement entre la droite et l'extrême droite, était pour lui sans retour. On ne peut pas relativiser la Shoah un jour pour la reconnaître dans toute son abomination le lendemain. Le FN ne pouvait se « respectabiliser » qu'en tuant le père. Tout était donc joué dès le départ, dès les années 1980, dans ce fonctionnement FN-PS, bientôt concrétisé par l'opération SOS Racisme.

Les gardes rouges du président

À la fin de 1984, les Français, tourneboulés par une gauche qui plonge et un Front national qui monte, découvrent SOS Racisme. Le lancement restera comme un modèle du genre. Les jeunes croisés de l'antiracisme sont sympathiques en diable, leur cause est au-dessus de toute contestation, l'élite médiatico-culturelle, de Coluche à Simone Signoret et de BHL à Mourousi, se bouscule pour figurer dans leur comité de parrainage, et les « outils de communication », depuis le badge avec la petite main jusqu'au slogan « Touche pas à mon pote », ont été minutieusement pensés. La jeunesse, comme prévu, se mobilise sous le regard attendri des adultes. En quelques jours, Harlem Désir s'impose comme une vedette dans tous les médias. Voilà assurément le coup de com' le plus réussi de la décennie.

L'opération a été dirigée de main de maître par un homme rompu à toutes les manœuvres, toutes les intrigues de l'agitation juvénile gauchiste : Julien Dray. Le caractère politique de l'entreprise est soigneusement dissimulé sous une apparence civique. C'est ainsi que Julien Dray, au profil politique trop repérable, cède la place à Harlem Désir, plus neutre et plus consensuel.

Le mouvement a parfaitement épousé l'air du temps : en dénonçant le racisme, notre magnifique jeunesse va résoudre le casse-tête de l'immigration et chasser l'affreux Jean-Marie Le Pen. Cette réduction au racisme arrange tout le monde. Elle apporte une réponse simple et confortable au casse-tête sociologique de la cohabitation multiethnique. Sans autre examen, les potes deviennent les experts de la question.

Retenons la leçon. Les personnes les plus intelligentes sur le plan personnel peuvent adopter collectivement les attitudes les plus stupides lorsque l'émotion collective subvertit la pensée rationnelle. Nulle équivoque, ma critique n'a jamais été motivée que par ma détestation de l'idéologie lepéniste. Il va sans dire, je le souligne donc, que la lutte contre le racisme est d'une saine et indispensable hygiène sociale, qu'elle doit commencer à l'école et que tout ce qui contribue à faire reculer ces préjugés et, à plus forte raison, ces comportements, est bien venu. Quand SOS Racisme ou d'autres associations font des opérations de *testing* pour mettre en lumière et combattre des cas flagrants de discrimination raciale, on ne peut qu'applaudir. Mais c'est une chose de dénoncer le racisme et une autre d'en faire l'explication passe-partout de nos dysfonctionnements sociaux, d'ignorer les mécanismes de l'intégration et de prôner le droit à la différence plutôt qu'à la ressemblance.

Dans le petit monde des gens connus, qui n'étaient pas encore des « people », SOS Racisme réussit la mobilisation générale. Comment se dérober à une guerre en dentelle qui offrait l'autovalorisation en prime ? La secrète gêne que provoquaient en moi ces tartarins de l'antiracisme se glorifiant de porter le badge devant les caméras se transforma en colère un jour où, sur un plateau de télévision, j'entendis un artiste à la mode annoncer que, face à Le Pen, il « entrait en résistance ». Le mot n'était pas choisi par hasard, il se référait au souvenir le plus glorieux de notre histoire contemporaine. Pouvait-on faire une telle comparaison alors qu'on ne risquait rien ?

Le seul qui osa, dès le départ, sortir le carton jaune, c'est Christian Delorme, le curé des Minguettes. Dans une lettre rendue publique par *Le Monde* du 30 avril 1985, il met en doute « l'indépendance et la spontanéité du mouvement ». Fort de son expérience, il subodore l'opération politicienne. Mais que peut une lettre, même publiée dans *Le Monde,* contre ce carnaval de la bonne conscience ?

La couleur partisane du mouvement ne s'affiche jamais comme telle, mais lorsque, en 1986, Harlem Désir ne condamne que mollement le rétablissement d'une proportionnelle qui ouvre toutes grandes les travées de l'Assemblée nationale aux troupes de Jean-Marie Le Pen, lorsqu'il apporte son soutien à la gauche pour les élections législatives, qu'il va jusqu'à condamner en 1988 un Jacques Chirac qui a tous les défauts du monde sauf celui d'être raciste, la droite découvre, mais trop tard, qu'elle s'est bien fait rouler.

Dans les années suivantes, SOS Racisme fonctionne comme un relais, une filiale du PS dans la jeunesse. Son emprise sur le monde étudiant lui permet de bloquer toutes les réformes universitaires de la droite. Ses leaders successifs deviennent tout naturellement des notables socialistes, députés nationaux ou européens, conseillers généraux. Ces récompenses pour services rendus ne choquent personne. L'antiracisme, tout comme l'écologie, d'ailleurs, est une si belle cause qu'elle devient le plus efficace des *cursus honorum.*

Que l'opération ait répondu à des fins politiciennes ne signifie nullement qu'elle n'a pas eu d'autres motivations, et ce n'est d'ailleurs certainement pas ainsi qu'elle a été perçue par des millions de jeunes, qui vivent le métissage des cultures comme une évidence heureuse. Ainsi Serge Malik, qui, tout au long de ces années, fit partie de l'équipe dirigeante de l'association, tire-t-il une leçon amère de son engagement : « Les militants qui ont donné leurs jours et leurs nuits à l'assoc' [...] ont été utilisés, abusés, manipulés au service exclusif de la carrière de Julien Dray et de la ligne politique du PS[1]. »

Évitons le conspirationnisme, tant pour l'ascension de Jean-Marie Le Pen que pour SOS Racisme. Tout peut très bien se faire sans donner lieu à des tractations, des rencontres confidentielles, des accords secrets et autres intermédiaires masqués et messages cryptés. Pour les protagonistes, le jeu politique allait de soi. L'indignation et la colère du monde étudiant face à la progression du Front national étaient une réalité parfaitement perçue par Julien Dray et ses « potes ». Les possibilités offertes par ce bouillonnement juvénile ne pouvaient échapper à un pouvoir socialiste encalminé. La dénonciation du racisme étant d'utilité publique, il suffisait d'un rien pour qu'elle soit aussi d'intérêt particulier. Pourquoi s'en priver ?

1. Serge Malik, *Histoire secrète de SOS Racisme*, Paris, Albin Michel, 1990.

Chapitre III

« LE RACISME, VOUS DIS-JE »

À ce stade, on serait tenté de s'écrier « bien joué ». La politique n'est pas faite pour les enfants de chœur. Les coups tordus, les manœuvres sournoises, les entourloupes font partie du jeu. L'opposition n'a-t-elle pas monté un semblable turbin contre François Hollande à propos du mariage homosexuel ?

L'histoire aurait pu s'écrire en sens contraire sans rien perdre de sa vraisemblance. Imaginons que la droite ait été au pouvoir dans les années 1983-1986. Elle aurait eu toutes les raisons d'exploiter la montée du Front à son profit. Il suffisait pour cela que le leader de l'extrême droite s'abstienne de tout dérapage à connotation antisémite. Rien de bien difficile, on en conviendra. Jean-Marie Le Pen aurait donc rassemblé sur son nom cette frange radicale que toute majorité perd en exerçant le pouvoir. Les déçus de la droite, ceux qui réclament une politique plus ferme en matière d'immigration ou de sécurité, auraient voté FN au premier tour. Puis l'union des droites se serait faite entre les deux tours, permettant un ratissage plus large que celui des partis traditionnels. Pour prix de ce service, le FN aurait gagné quelques strapontins ministériels. Nous aurions eu un scénario de la « droite plurielle », reproduisant symétriquement le scénario de la « gauche plurielle », avec une possible métabolisation du FN en prime.

Racisme, mode d'emploi

L'opération SOS Racisme n'a pas seulement limité la défaite socialiste de 1986 et assuré la réélection de Mitterrand en 1988. Elle a laissé dans la société française des traces beaucoup plus profondes. Disons qu'elle a imposé la diabolisation comme seule stratégie possible face à Jean-Marie Le Pen et ses partisans.

Les Français sont-ils racistes ? Pour le savoir, il faut déterminer qui parle et de quoi on parle. Première question : qui a compétence pour infliger la flétrissure du racisme ou décerner la médaille de l'antiracisme ? Aujourd'hui, cette autorité a été accaparée par des associations ou des personnalités qui en ont fait leur raison d'être, voire leur fonds de commerce. Si certaines, comme la Ligue des droits de l'homme, peuvent se prévaloir d'une légitimité centenaire, d'autres sont plus proches de l'auto-proclamation, le comble ayant été atteint avec SOS Racisme.

Chaque utilisateur donne au mot une valeur différente. Les uns le dévalorisent en le lançant à tout bout de champ, les autres lui donnent tout son poids en ne l'utilisant qu'à bon escient. Car, et c'est bien la difficulté, la notion même est difficile à cerner et ses manifestations plus encore. Pour faire simple, le racialiste croit au déterminisme génétique, à la race, et pense qu'il suffit à caractériser l'individu. Le raciste va plus loin et hiérarchise les races ainsi définies. Les deux propositions sont aussi fausses, et même aussi criminelles, l'une que l'autre. Sur cette base, on pourrait aisément distinguer ce qui est raciste de ce qui ne l'est pas. Mais il n'en est rien car l'expression même est illégale. Personne ne dira publiquement : « Les Arabes sont une sale race », puisque c'est interdit par la loi.

Hélas, l'inexprimable n'en existe pas moins. Le racisme qui ne se dit plus doit se traquer dans les attitudes, les comportements, les malentendus, les sous-entendus, les représentations, les classifications, les qualifications et les discriminations. L'interprétation est reine, elle exige la plus grande prudence.

Or ce mot possède une telle force que la tentation est grande de le lancer à tout bout de champ et hors de propos. Alain Finkielkraut[1] rappelle justement cet exemple que donnait Claude Lévi-Strauss. Imaginant qu'il soit proche d'une communauté ethnique à ses oreilles trop bruyante, le sociologue concluait : « Je préférerais ne pas vivre trop près, et n'apprécierais pas que, sous ce méchant prétexte, on cherche à me culpabiliser. » Imaginez maintenant une habitante de cité métissée disant : « Mes voisins noirs, ils font beaucoup de bruit. » Les « potes » y verraient sans hésiter un propos raciste. Or cette dame ne supporterait pas davantage la musique trop forte de voisins européens. Racisme, vous avez dit racisme ? Oui, et vous avez marqué le point. Là est toute la difficulté. Seule la raison devrait permettre de prononcer ce mot terrible, or il jaillit le plus souvent sous l'empire de l'émotion avant toute information, toute recherche, toute réflexion. Ainsi la prudence commande-t-elle d'économiser une telle accusation. Non pas pour la minimiser, mais, au contraire, pour la sacraliser, ou, plutôt, la diaboliser.

Que les Français soient racistes, on peut toujours le dire si l'on ajoute « ni plus ni moins que les autres peuples ». Du reste, les premiers intéressés, les musulmans vivant en France, en 1990, quatre ans après le grand tapage de SOS Racisme, ne sont toujours que 26 % à trouver que les Français sont racistes contre 53 % qui sont d'avis contraire. Rien ne permet donc

1. Alain Finkielkraut, *L'Identité malheureuse*, Paris, Stock, 2013.

d'affirmer que le pays soit infesté par ce mal détestable ; en revanche, il est toujours nécessaire de le combattre.

Le concert multiethnique

Tant que SOS Racisme prêchait la fraternité vis-à-vis de l'Autre, il y avait tout à applaudir et rien à contester. Mais l'idéologie des « potes » va bien au-delà. Tout est dit en une phrase dans le fameux débat télévisé qui oppose en 1985 l'ancien ministre de l'Intérieur Alain Peyrefitte à Harlem Désir. Pour le premier : « Le racisme est la conséquence d'une immigration incontrôlée. » Le président de SOS Racisme le contre sévèrement : « Le problème n'est pas l'immigration mais le racisme. » Slogan qui sera répété *ad nauseam* par la nouvelle génération de racistologues.

Pour ceux-ci, la cohabitation multiethnique est naturellement heureuse et ne se complique que lorsque le racisme vient la pervertir. Ils en sont d'autant plus convaincus qu'ils vivent cette expérience au quotidien. Pour eux, l'altérité pimente les relations, apporte le charme de la découverte, la saveur de l'inattendu : moins on se ressemble et plus on s'assemble.

La réalité est assez éloignée de ce schéma idyllique. Entre gens différents, on s'observe, on se soupèse, on se compare, on se jauge, puis on se juge. Pour peu que les conditions soient défavorables, que la pauvreté, le chômage, l'insuffisance de la protection sociale et des services publics tendent les rapports sociaux, les populations passent à la suspicion, à la méfiance, à la mésentente. Avec vingt ans de recul, Jean Daniel reconnaît que, à l'époque, ces réactions sociologiques ont été largement ignorées : « [...] il est facile de constater qu'une diversité subie suscite des allergies puis des préventions, enfin des préjugés qui peuvent se transformer en une intolérance radicale... N'avons-nous pas péché par trop d'optimisme ces deux dernières décennies[1] ? » Déclarer racistes ceux qui n'entrent pas dans la sociologie heureuse des « potes » n'est pas sans conséquences, car ce jugement peut être autoréalisateur. Celui qui est à tort stigmatisé tend à considérer que, cette accusation étant sans fondement, le chef d'accusation l'est également. Si c'est ça le racisme, une injure sans plus, alors pourquoi s'interdire de voter pour Le Pen ? Pourquoi ne pas se laisser aller à des façons de penser, de parler et de se conduire authentiquement racistes ? Tout ce qui est outré devient insignifiant. Et rien n'est plus dangereux que de rendre insignifiant un pareil fléau.

L'universelle explication

Ramener la question de la cohabitation autochtones-immigrés – lesquels autochtones ne sont le plus souvent que les immigrés de la vague précédente – à la question du racisme, c'est en somme reproduire l'attitude de la bourgeoisie qui réduisait la question ouvrière au communisme. Le PC était censé créer et entretenir le mécontentement à des fins politiques. En le combattant et en le faisant reculer, on réintégrerait la classe ouvrière dans la société. Heureusement, le progrès économique et social, au fil des décennies 1950 à 1970, a progressivement démenti l'inévitable paupérisation du prolétariat. De la même façon, c'est en réduisant les frictions entre les « natifs » et les nouveaux arrivants que, peu à peu, le discours apocalyptique de Jean-Marie Le Pen pouvait être démenti, non par des leçons de

1. Jean Daniel, *Demain la nation*, Paris, Seuil, 2012.

morale mais par un véritable travail prophylactique, une prise en charge de populations taraudées par leurs diversités.

Rien n'est plus révélateur du parti pris idéologique que l'attitude de la gauche vis-à-vis des deux chevaux de bataille choisis par Jean-Marie Le Pen : la sécurité et l'immigration. Concernant le premier, les socialistes refusent la solution simpliste qui consiste à privilégier la répression. Face au Front national, qui voit dans la noirceur des voyous la cause de l'insécurité et dans leur mise hors d'état de nuire son remède, les socialistes défendent une approche préventive fondée sur un traitement social. Ils pensent, à juste titre, que la criminalité n'est pas seulement une perversion de l'esprit, qu'elle se développe lorsque les conditions la favorisent : dissolution de la famille, insuffisance des services publics, extension de la misère et du chômage, échec de l'école, etc. Qu'on la réduira en luttant contre ces fléaux et pas seulement en mettant en prison tous les individus présumés dangereux. Je ne saurais qu'applaudir à ce discours.

Mais, s'agissant de l'immigration, le raisonnement bascule dans le système Le Pen. Celle-ci ne pose, par elle-même et par postulat, aucun problème. Les difficultés que l'on rencontre sont provoquées par le racisme. C'est en luttant contre les individus qui propagent ce mal qu'on pourra en venir à bout. Les racistes tiennent donc ici le même rôle que les voyous et les gangsters dans la vision lepéniste de la sécurité.

Comment ne pas être atterré de voir un parti adopter sur la question de l'immigration une position aussi sommaire, aussi absurde, aussi contre-productive que celle de Jean-Marie Le Pen sur la sécurité ?

Tel est le prix à payer pour « s'opposer » à Jean-Marie Le Pen. Au reste, SOS Racisme et son leader vont progressivement infléchir leur discours à mesure qu'ils découvrent la réalité. La dénonciation du seul racisme s'enrichit d'une réflexion sur les conditions sociales qui le provoquent. Alors que les premières prises de position mettent en avant l'avènement d'une société « multiraciale », « multiculturelle », « multiconfessionnelle » et « multicolore », à partir de 1987, Harlem Désir met l'accent sur des mesures sociales propres à faciliter l'intégration des immigrés. En 1989, une fois la réélection de François Mitterrand passée, il demande une loi-cadre sur l'intégration et la création d'un secrétariat d'État à l'Intégration. Toute la presse salue ce changement. Malheureusement, le mal est fait.

L'insécurité culturelle

Rien n'est plus concret, plus quotidien que la cohabitation multiculturelle, pour ne pas dire multiethnique. Pour en parler, il faut d'abord voir ce qui se passe. Il a fallu attendre les années 2010 pour lire enfin une sociologie postlepéniste de la cohabitation multiethnique, c'est-à-dire libérée des tabous de la diabolisation. Le géographe Christophe Guilluy, dans un ouvrage qui a créé l'événement, *La France périphérique*[1], nous apporte une grille de lecture qui permet d'échapper à cette absurde problématique, de regarder tout simplement ce qui se passe lorsque des Français se trouvent confrontés dans leur environnement à un afflux important d'immigrés en provenance du Maghreb ou de l'Afrique subsaharienne.

Souvenons-nous un instant de la fameuse affiche électorale de François Mitterrand en 1981. Le candidat affichait son slogan, « La force tranquille », en se détachant sur un village regroupé

1. Christophe Guilluy, *La France périphérique. Comment on a sacrifié les classes populaires*, Paris, Flammarion, 2014.

autour de son église. Les Français, qui pouvaient s'inquiéter d'une gauche alliée aux communistes, furent rassurés par cette image emblématique de la tranquillité, de la sécurité. Pour Guilluy, cet archétype est fondamental. À la différence des plus forts, des plus riches, des plus entreprenants, qui voient dans la mondialisation une occasion de réussir, de s'enrichir, ceux qui ne disposent d'aucun de ces atouts voient dans les déstabilisations qu'elle provoque une source d'anxiété, une perte de repères, un basculement dans l'inconnu. Pour simplifier, disons que la mondialisation est heureuse pour l'élite, malheureuse pour le peuple. À quoi se raccrocher face à un changement dont on a tout à craindre et rien à espérer ? Au village, précisément. Ce lieu immuable où l'environnement est connu, rassurant, et l'avenir prévisible. « La résurgence du "village" apparaît comme une réponse concrète des catégories modestes à l'insécurité sociale et culturelle, » explique Guilluy. Mais cette sécurité suppose que l'on reste entre soi, que sa façon d'être soit la référence commune. Ce rêve villageois est évidemment perturbé par l'arrivée de migrants porteurs d'une forte altérité. Si l'afflux est tel que le « petit Blanc » risque de perdre sa position majoritaire, alors il passe du trouble à la gêne, puis de la gêne à la crainte. Lorsque, localement, le changement démographique s'ajoute aux changements sociaux, économiques et culturels, les habitants sentent monter un sentiment d'insécurité culturelle. C'est la perte du « chez soi », du village.

Or l'immigrant, de son côté, obéit au « qui se ressemble s'assemble ». Lui aussi voudrait reconstituer son « village » et se fixe en priorité auprès des gens de sa communauté. C'est alors que la cité est abandonnée par les Français. Les uns la quittent, les autres n'y viennent pas. Et ceux qui partent vont répandre l'insécurité culturelle dans les villes voisines où ils s'établissent. « La question universelle du "village" raconte, à l'heure de la mondialisation, la nécessité pour les plus modestes de préserver un capital social et culturel à l'heure où l'État ne protège plus », conclut Christophe Guilluy.

Le séparatisme

Il ne s'agit pas là de supputations mais d'observations. Car ces déplacements de populations sont à l'œuvre depuis des décennies. « Réponse directe à l'instabilité démographique, le séparatisme au sein des milieux populaires n'est plus une hypothèse, mais une réalité : les catégories populaires d'origine française et d'immigration ancienne ne vivent plus sur les mêmes territoires que les catégories populaires d'immigration récente. » Un constat que le géographe avait établi dans son précédent ouvrage, *Fractures françaises*[1]. Confrontés à l'impératif de mixité, les Français ont voté avec leurs pieds. Ils ont pratiqué le séparatisme. Mais cela s'est fait dans la totale ignorance de nos idéologues. Christophe Guilluy s'interdit d'imputer à une réaction xénophobe ce refus de la cohabitation. Il a beau jeu de constater que les classes dominantes, qui prétendent imposer aux catégories populaires un devoir de mixité, cultivent jalousement l'entre-soi du « village » dans les beaux quartiers et, surtout, dans les écoles.

Nous avons donc là un fait : les catégories populaires fuient autant qu'elles le peuvent la coexistence avec les récentes vagues d'immigration. Et une explication : ce comportement n'est pas provoqué par le racisme, mais par l'insécurité culturelle qui pousse les plus faibles à retrouver dans un « village » l'entre-soi protecteur. Deux énormes pavés dans le jardin de la diabolisation et qui furent reçus comme tels.

1. Christophe Guilluy, *Fractures françaises*, Paris, François Bourin, 2010.

Libération, ayant consacré un dossier à l'ouvrage, fit réagir des sociologues et géographes. Oublions le pinaillage de spécialiste pour savoir si telle ville est périurbaine ou périphérique et retenons l'essentiel. Ce travail suscite les plus grandes réserves des « chers collègues » regardant d'un mauvais œil ce mouton noir non inséré dans la hiérarchie universitaire. Son propos est « politiquement problématique », « politiquement dangereux », et « reprend les discours qui, avec un succès certain, s'emploient à faire de l'immigration la source de tous nos maux ». Preuve de cette déviance, Christophe Guilluy cite des auteurs aussi mal-pensants qu'Alain Finkielkraut ou Michèle Tribalat, une démographe qui n'a jamais plié devant le politiquement correct. Comprenez donc qu'un tel ouvrage n'aurait jamais dû être publié, que son auteur roule pour Marine Le Pen. L'accusation n'est pas clairement formulée, car le parcours atypique de Guilluy le situe clairement à gauche et son travail est d'abord et avant tout un plaidoyer pour une France populaire qu'il connaît mieux que personne et que la classe politique en général, et les socialistes en particulier, ont abandonnée. Mais cette réaction met en évidence l'autocensure que l'idéologie a imposée dans le monde intellectuel. Car, enfin, le propos de Christophe Guilluy ne relève pas du coup de génie, il est le résultat d'un travail rigoureux de compilation et d'analyse de données destiné à produire une nouvelle géographie. Pourquoi n'a-t-il pas pu se faire plus tôt ?

La réponse est apportée par un éminent politologue et homme de gauche, Laurent Bouvet, qui met à nu les dérives du sociologiquement correct dans son ouvrage dédié précisément à *L'Insécurité culturelle*[1]. Il analyse les schémas alambiqués qui ont conditionné la démarche des chercheurs et les ont incités à

1. Laurent Bouvet, *L'Insécurité culturelle*, Paris, Fayard, 2015.

penser que les minorités, ethniques, sexuelles ou autres, étaient les seules à connaître des problèmes culturels. Par opposition, le Français blanc, mâle, hétérosexuel, était assuré de son identité et se définissait sur le seul plan économique et social. « Ce qui a conduit à une forme d'aveuglement sur l'évolution politique des milieux populaires depuis une trentaine d'années », explique Laurent Bouvet. Ainsi, ces sociologues professionnels s'interdisaient de voir qu'« une partie de cette population "autochtone" [...] puisse éprouver une quelconque préoccupation identitaire (pour ne pas dire une "peur" ou une "insécurité") autrement qu'à travers le racisme ou la xénophobie ». De cette démonstration ahurissante, retenons que les chercheurs, sociologues, démographes, géographes, en charge d'examiner la société française, peuvent être à ce point conditionnés par l'idéologiquement correct qu'ils ne voient simplement plus la réalité qu'ils ont sous les yeux, surtout lorsqu'elle est perçue comme « une intolérable concession au langage de l'extrême droite ». Retenons de leurs réactions à *La France périphérique*[1] qu'ils ne sont toujours pas revenus de leur aveuglement.

Nos maîtres penseurs ont donc abusé des schémas antifascistes, antiracistes et anticapitalistes sans en mesurer toute la nocivité. Lorsqu'on assène aux autochtones qu'ils n'ont le choix qu'entre l'hospitalité et le racisme et que l'on suggère aux immigrants que les habitants n'ont que de la haine à leur égard, on est assuré de transformer l'irritation en infection et la blessure en gangrène.

Tel est l'inévitable résultat d'une approche qui nie la réalité sociologique pour ne voir que des victimes et des coupables. Malheureusement, cette idéologisation a conditionné toute la politique. Un Martien suivant cette histoire à travers les décla-

1. Christophe Guilluy, *La France périphérique*, *op. cit.*

rations et prises de position de nos antiracistes ne se serait jamais douté que les victimes pouvaient être dans les deux camps, que les autochtones avaient aussi des doléances à présenter. Il aurait imaginé que nous étions dans une situation de ségrégation, voire d'esclavagisme, avec d'ignobles racistes et un apartheid qui ne dit pas son nom.

Les précédentes vagues

La France n'est ni plus ni moins raciste aujourd'hui qu'hier, et ce n'est pas l'histoire des précédentes immigrations qui dira le contraire. Il est vrai que la France n'a cessé d'assimiler des populations diverses, elle fut même le seul pays d'Europe qui, pendant un siècle, entre 1850 et 1950, a constamment accueilli de nouveaux arrivants, alors que ses voisins étaient le plus souvent des terres d'émigration. Mais, en vérité, elle n'a « accueilli » personne ; elle a laissé venir, c'est tout différent. Qu'ils soient polonais, arméniens ou juifs, les nouveaux arrivants n'ont jamais bénéficié d'aucune aide. C'était à eux de se débrouiller. Or une société ne s'ouvre jamais qu'au niveau le plus bas. Les derniers arrivants sont les plus mal traités. Ignorants de la langue, de la culture, des coutumes, ils se replient sur eux-mêmes. Pour survivre, ils doivent accepter des travaux manuels, généralement les plus durs et les plus mal payés. C'est ainsi que des professeurs, des médecins, des avocats, fuyant les persécutions, ont dû survivre comme cantonniers, ouvriers agricoles ou personnel domestique. Heureux encore lorsque les travailleurs français ne s'opposaient pas rudement aux travailleurs étrangers.

Pourtant, l'assimilation s'est faite, c'est vrai, mais, outre qu'elle portait sur des populations européennes, elle fut tout entière à la charge de l'immigré. Elle passait par l'école et prenait, le plus souvent, une génération. Les familles se concentraient sur les études des enfants, elles voyaient dans le diplôme le visa d'entrée dans la société, le seul qui permettait de devenir l'égal des Français. La première génération acceptait son état d'infériorité, car la seconde pourrait conquérir l'égalité. Telle était la règle du jeu, en France comme dans toute terre d'immigration, et les arrivants, qui fuyaient des conditions de vie difficiles, n'en imaginaient pas d'autres. On peut lancer les grandes orgues de l'indignation contre cet état de fait, mais les mécanismes sociologiques ne sont solubles ni dans les bons sentiments ni dans la pensée correcte. Ils ne sont amendables qu'à condition d'être reconnus comme tels.

La parfaite assimilation des étrangers au fil des générations semble cautionner l'histoire édifiante d'une France ouverte et accueillante. Par comparaison, notre société semble cruelle et raciste. Mais il s'agit d'une imposture historique. Les immigrés disposent aujourd'hui dans notre pays d'une protection juridique, de services sociaux que leurs devanciers n'auraient même pas pu imaginer. Je n'en déduis pas que leur condition est satisfaisante. Elle est mauvaise, parfois pathétique et, d'une façon générale, inférieure à celle des Français. Ils subissent d'intolérables discriminations, tout cela est vrai, mais cessons de juger la France à l'aune d'une société idéale qui n'a jamais existé. Acceptons la leçon de l'histoire : le dernier arrivant reste le plus mal loti, la règle n'a jamais varié. Il faut donc tout à la fois dénoncer le fantasme lepéniste d'une société qui privilégie les étrangers au détriment des Français et, à l'inverse, refuser l'absurde procès en racisme intenté à la France par SOS Racisme et toutes les organisations similaires.

Ce cri de guerre : « Le problème, ce n'est pas l'intégration, c'est le racisme », s'est révélé délétère des deux côtés. Pour les habitants qui vivent au jour le jour les difficultés de la cohabitation, il ajoute l'injure à l'indifférence. Mais les dégâts ne sont pas moindres chez les immigrés, notamment chez les jeunes. Comment pourraient-ils consentir les efforts de l'intégration, accepter les inconvénients de leur altérité si les difficultés qu'ils rencontrent tiennent au racisme ? Dès lors que l'intégration n'est qu'un jeu pipé, ils n'ont pas à se construire une place dans la société française, ils doivent combattre le cancer du racisme pour obtenir les droits dont ils sont injustement privés. Une attitude qui ne manque pas de conforter tous les préjugés xénophobes.

L'invisible « petit Blanc »

Un instant, arrêtons le film. Le temps de regarder cette faille qui s'ouvre dans la société française et qui va la faire basculer. Notre République s'est structurée autour de l'idée simple et satisfaisante d'une droite représentant la bourgeoisie et d'une gauche représentant le peuple. Ce schéma, très approximatif, assurait à tous les Français une expression démocratique. La condition ouvrière était inacceptable, mais elle trouvait dans le parti communiste une voix pour se faire entendre.

Si notre système politique et médiatique avait normalement fonctionné, le mal-vivre des quartiers et banlieues bousculés par la nouvelle immigration se serait fait entendre dès les années 1970. Il n'en fut rien. Dans ses 101 propositions, le Programme commun de gouvernement de la gauche prévoit de nouveaux droits pour les immigrés, mais n'envisage rien pour les Français confrontés à l'immigration. Le texte s'apitoie sur le sort des plus fragiles, des moins fortunés, et prévoit une foule de mesures en leur faveur. Mais rien pour les « petits Blancs ».

Ils tombent dans l'angle mort des leaders socialistes, qui n'ont pas la moindre expérience des incommodités qu'ils vivent au quotidien. La gauche s'en tient à ses schémas théoriques de la pauvreté et de la misère, et rien ne pourra lui ouvrir les yeux sur la nouvelle réalité qui se met en place.

Chapitre IV

LE PIÈGE DE L'ALTÉRITÉ

Une fois l'opération SOS Racisme réussie et la stratégie de diabolisation imposée, la gauche a continué à transformer le chantier de l'immigration en un champ de bataille idéologique pour le plus grand profit du FN. Pour couper toujours davantage la France entre les « immigrationnistes » et les « anti-immigrationnistes », la classe politique entretient de véritables feuilletons autour de la naturalisation, des sans-papiers, des expulsions, des statistiques ethniques, des signes religieux ostensibles et, surtout, du droit de vote. Autant d'épisodes qui ont fait monter la fièvre sans jamais apporter la moindre solution concrète.

Le bulletin pour tous

Exemple emblématique, voici bientôt trente ans que la gauche tente de faire passer son bulletin de vote cosmopolite pour le grand marqueur idéologique de la société française. Ces débats donnent à penser que la France se divise entre ceux qui veulent accorder le droit de vote aux étrangers non communautaires dans les élections locales et ceux qui s'y opposent. À la veille de chaque élection, les partis de gauche agitent ce chiffon rouge, à charge pour les débatteurs de faire passer ceux qui s'y opposent pour des racistes et à charge symétrique pour leurs opposants de faire passer ceux qui le proposent pour anti-français. L'affaire est présentée sur le mode dramatique majeur. Vraiment ?

Le débat ne va généralement pas au-delà du « pour » ou « contre », avec la dose de passion et d'émotion qui fait les bonnes empoignades médiatiques. Comment ne pas être indigné quand la droite discrimine nos frères étrangers à seule fin de flatter des préjugés racistes ? Comment ne pas être scandalisé lorsque la gauche brade le droit de vote à seule fin de se constituer une clientèle électorale ? Il suffit de lancer la proposition à quelques mois d'une échéance électorale pour voir la campagne s'enflammer. Des électeurs de droite épouvantés vont rejoindre le Front national, des électeurs socialistes trouvent une nouvelle raison de ne pas s'abstenir, et des immigrés récemment naturalisés redoublent de sympathie pour la gauche. Il sera toujours temps d'enterrer cette proposition au lendemain du scrutin.

Voilà comment nos partis politiques instrumentalisent les immigrés au service de leurs intérêts électoraux. Un jeu politicien aussi dangereux au niveau des idées que dérisoire au niveau des faits. Que l'interdiction de voter crée une discrimination entre nationaux et étrangers, c'est une évidence. Que celle-ci soit scandaleuse, cela reste à démontrer. La nationalité est de nature discriminante ; si elle ne crée pas de différence entre ceux qui l'ont et ceux qui ne l'ont pas, alors elle n'a pas lieu d'être. Est-il anormal qu'elle conditionne l'acquisition d'une carte d'électeur à celle d'une carte d'identité nationale ? Faut-il assouplir la règle pour les élections locales ? Les avocats de la réforme font valoir que, ayant été admise pour les ressortissants de l'Union européenne, cette mesure devrait être étendue à tous les étrangers. C'est tenir pour rien la construction européenne. Nos pays essaient, pas à pas, difficilement, de faire émerger une conscience européenne. À ce titre, mais à ce titre seulement, il est raisonnable de faire voter les Européens aux élections locales dans tous les pays de l'Union. Mais cela ne vaut pas pour des non-Européens, et l'on ne peut distribuer le droit de vote à tout-va sans dévaluer la nationalité. Un excellent argument pour les nationalistes. Est-il bien nécessaire de le leur offrir ?

Les étrangers non communautaires attendent-ils passionnément cette mesure ? Imaginons une famille étrangère vivant depuis cinq à dix ans en France. Les parents parlent français, paient des impôts, des cotisations, bénéficient de la Sécurité sociale, les enfants vont à l'école, ces personnes se passionnent pour la vie de la cité et rêvent de pouvoir mettre un bulletin dans l'urne. Il existe une façon très simple de satisfaire cette envie si légitime, c'est d'acquérir la nationalité française. Si notre législation refuse de l'accorder dans une situation aussi convaincante, alors c'est sur ce point, et pas sur le droit de vote, qu'elle doit être modifiée. Prévoyant l'objection, les défenseurs de cette mesure mettent en avant la situation d'étrangers qui, bien que répondant à toutes ces exigences, ne veulent pas acquérir notre nationalité.

Tel est donc le très improbable bénéficiaire de cette mesure. Combien sont-ils en France, ces objecteurs de nationalité frustrés d'élections ? Si peu que l'on se garde bien de mener une quelconque étude à ce sujet. Ajoutons que les exemples de pays comparables montrent que, dans de telles conditions, les étrangers sont peu nombreux à se faire inscrire sur les listes électorales. Tout ça pour ça ! Une querelle qui traîne depuis trente ans, ressurgit tous les cinq ans au moment des élections, des appels pathétiques à la conscience républicaine au service d'un non-sujet qui n'existe qu'à des fins électoralistes. Voilà comment on crée délibérément l'affrontement là où il faudrait tout au contraire chercher la concertation et le consensus.

L'épreuve de l'altérité

L'immigration est un fait, les problèmes qu'elle pose aussi. Le Pen en ayant outré les conséquences, la réplique anti-FN a entrepris d'en contester les données mêmes. Ce n'est jamais qu'une affaire de point de vue. Celui de la comptabilité démographique ou celui de la perception populaire donnent des visions différentes. Mais pas moins vraies l'une que l'autre. Ici, l'on compte les nationaux et les étrangers ; là, on observe les semblables et les différents. Deux vérités qui ont divergé jusqu'à créer un fossé d'incompréhension et de suspicion entre le peuple et les élites. Jusqu'à faire progresser le FN de 10 à 15 % des voix dans la décennie 1990. Jean-Marie Le Pen prétendant que les immigrés étaient toujours plus nombreux, la démographie répliqua que leur pourcentage dans la population est stable depuis 1930, entre 6 et 7 %. D'après les plus récents chiffres de l'Insee, on serait tout de même au-dessus : 8,8 %, soit 5,8 millions d'immigrés en France. Tout dépend de la façon de compter, mais, même en ajoutant « à la louche » les clandestins non répertoriés, on reste bien en dessous de 10 %. Pas de quoi parler d'une « invasion ». Il se trouve que ces données statistiques, pour indiscutables qu'elles soient, contredisent l'expérience quotidienne des Français qui comptent une immigrée pour chaque foulard, quand les démographes trouvent une Française même sous une burqa. Comment se comprendre ?

Car la vérité ne se niche pas dans les seuls décomptes administratifs, elle doit aussi trouver sa correspondance dans l'expérience quotidienne. Lorsque le décalage est trop grand entre le point de vue des spécialistes et celui du peuple, alors la confiance dans les institutions commence à s'éroder. Or, pour l'opinion, le critère de l'immigration est moins la nationalité que l'altérité. L'immigré, c'est d'abord le différent. La religion en général, l'islam tout particulièrement, est un marqueur de diversité. Et si le nombre des immigrés n'a pas augmenté depuis des décennies, celui de musulmans, lui, s'est considérablement accru. Le plus sûr moyen de rendre inquiétante cette évolution est de ne pas en parler. Pour la France, remarque Pascal Perrineau, « l'altérité est vécue comme une menace contre son identité même[1] ». Avec un quart de Belges, de Suisses, d'Allemands, d'Espagnols dans la population, le Français n'a pas le sentiment que son environnement est chamboulé. Au contraire, il ressent le changement lorsque arrive un même contingent en provenance d'Afrique, d'Asie ou du Moyen-Orient. Cette altérité ne tient pas seulement à l'apparence physique, mais, plus encore, à la langue, la religion, la culture, les traditions, les mœurs, les comportements.

Les Français observent à travers tous ces critères que, au fil des décennies, la population change. Ils constatent qu'il y a de plus en plus de non-chrétiens, de plus en plus de non-francophones, de plus en plus de personnes qui observent des coutumes différentes – voile, polygamie, règles alimentaires, etc. –, que les façons de vivre « à la française » sont de plus en plus contestées, que la laïcité, qui semblait à tout jamais admise, est progressivement remise en question. Le sentiment d'altérité était évidemment moins fort avec les vagues précédentes d'immigration, qui n'introduisaient de diversités ni visibles, ni religieuses, ni civilisationnelles, qui, surtout, n'aspiraient qu'à se fondre dans la société d'accueil. Or ces différences, loin d'être gommées, sont affirmées. Toutes les démonstrations savantes ne peuvent nier cette évidence vécue, et pas davantage

1. Pascal Perrineau, *La France au Front*, Paris, Fayard, 2014.

le malaise, la sourde inquiétude qu'elle peut faire naître. Jean Daniel constate la gêne que provoque ce nouveau « choc des cultures » dans la population et, plus encore, dans les classes populaires : « L'identité française était plus forte que celle des communautés que la France accueillait. Le moins que l'on puisse dire, c'est qu'il n'en est pas de même aujourd'hui, et qu'il est devenu très difficile d'en parler. Cela est devenu politiquement incorrect[1]. »

Il faut donc faire semblant de ne pas remarquer que l'identité musulmane est plus difficilement assimilable par la culture française que l'identité polonaise ou espagnole, que cela ne peut se faire qu'au prix d'un effort considérable de part et d'autre. Un effort qui est ressenti comme illégitime lorsque les Français doivent traiter sur un pied d'égalité des pratiques de plus en plus différentes des leurs. Et tout sentiment d'incompréhension ou d'irritation est aussitôt taxé de racisme. Le « politiquement correct » évoqué par Jean Daniel autorise toutes les critiques à l'égard de la culture française, y compris de la religion catholique, mais interdit toute mise en cause des cultures immigrées. Celles-ci doivent bénéficier d'une « discrimination positive » pour compenser la discrimination bien réelle dont elles sont l'objet en raison de préjugés xénophobes. Entre le « trop de mal » qui se dit d'un côté et le « trop de bien » qui doit se dire de l'autre, il devient impossible de parler naturellement de ces différences et des problèmes qu'elles peuvent poser.

Cette altérité est très difficile à négocier entre les anciens habitants et les nouveaux arrivants, surtout lorsque ces derniers persistent dans leurs différences. Au lieu de développer une approche pragmatique, la France a choisi la double dénégation.

---

1. Jean Daniel, *Demain la nation, op. cit.*

Ni la diversité qui s'instaure ni les réactions qu'elle provoque ne doivent être prises en considération. Pour la diversité, on ne veut pas la connaître et, pour les réactions, elles sont étouffées dans l'œuf sous l'accusation de racisme. Problème résolu.

Pour imposer cette vérité, il suffit de faire témoigner les personnalités unanimement reconnues comme françaises, qui, pourtant, sont nées de parents étrangers. D'Isabelle Adjani à Manuel Valls, les exemples ne manquent pas. Les Français font d'ailleurs une large place à la diversité parmi leurs personnalités préférées – Omar Sy, Yannick Noah, Jamel Debbouze pour ne citer qu'eux. Cela prouve que nous admettons l'étranger, ou le fils d'étranger, qui a trouvé sa place et que nous redoutons celui ou ceux qui voudraient se faire une place. Cette inquiétude ancienne s'est amplifiée au gré des changements intervenus dans le phénomène migratoire. Or, comme le grand défenseur de l'immigrationnisme lui-même, Hervé Le Bras, qui est par ailleurs l'un de nos démographes les plus réputés, le rappelle : « L'une des difficultés majeures de l'étude des migrations est en effet la rémanence d'idées et d'images anciennes, alors que le phénomène change rapidement. Comme je l'ai signalé à plusieurs reprises, il n'y a pratiquement rien de commun entre la migration de la fin des années 1960 en France et la migration actuelle[1]. »

Le tabou ethnique

La pensée correcte ne veut connaître que des différences de sexe, de nationalité, de fortune, d'éducation. Pour le reste, les

1. Hervé Le Bras, Gérard-François Dumont, *Doit-on contrôler l'immigration ?*, Bordeaux, Éditions Prométhée, 2009.

individus sont tous semblables, et c'est pécher que de s'interroger sur leur origine géographique ou culturelle, sur leur langue maternelle, sur leur religion. Il est interdit de vouloir analyser ces données, et il serait criminel de les recouper.

On peut, à la limite, comparer les parcours scolaires des Français et des étrangers, car le résultat n'a aucun intérêt. On peut aussi constater que les enfants issus des milieux aisés réussissent mieux que les enfants venant des milieux populaires. Les chiffres sont disponibles à la décimale près. Mais il serait inadmissible de comparer les parcours des enfants juifs, asiatiques, africains, agnostiques ou musulmans. Les exemples étrangers montrent pourtant que la réussite scolaire dépend en priorité des conditions sociales, mais qu'elle varie également en fonction des milieux ethniques et culturels. Les Américains ont constaté un inquiétant retard des jeunes Noirs dans leurs universités, ce qui les a conduits à instaurer des discriminations positives en leur faveur. Désormais, ils s'inquiètent de la supériorité des étudiants d'origine asiatique, sans aller jusqu'à créer des discriminations négatives. Il est vrai qu'ils disposent d'outils statistiques pour suivre ces évolutions. Certains sociologues français doivent travailler sur l'origine, étrangère ou non, mais ne peuvent pousser plus avant leurs investigations.

Des études détaillées ont été régulièrement menées par la Direction des populations et migrations. Ces informations ont été jugées subversives, et le rapport de 2006 a été mis au pilon à la suite d'une décision du Conseil constitutionnel fondée sur l'interdiction de prendre en compte les origines ethniques. « Va-t-on demander de retirer des bibliothèques les rapports des années précédentes, tout aussi répréhensibles[1] ? » s'interroge, sarcastique, Michel Godet en rapportant ces faits.

---

1. Michel Godet, « L'immigration dévoilée », *La Tribune*, 9 mai 2008.

Que montraient ces statistiques impies ? On découvrait, sur la moyenne des années 2003 à 2005, que le taux de chômage de l'ensemble de la population française s'établissait à 9,9 %, mais qu'il montait à 15,6 % parmi les naturalisés, descendait à 7,4 % pour les étrangers appartenant à l'Union européenne des Quinze, mais montait à 26,2 % pour les autres étrangers. Là encore, en distinguant des pointes à 28 % pour les étrangers originaires d'Afrique, alors qu'on n'était qu'à 18 % pour les Asiatiques et à 11,8 % pour les Chinois.

Est-il vraiment sans intérêt et sans conséquences de savoir que le taux de chômage est inférieur à la moyenne nationale pour les étrangers d'origine européenne, au même niveau pour ceux qui viennent de Chine, quand il est double, voire triple, pour les immigrés en provenance d'Afrique ? Cette pudibonderie était à ce point ridicule que ces chiffres ont refait leur apparition dans l'enquête annuelle de recensement de l'Insee pour 2013. Pour constater que, parmi les immigrés de 2012, ceux qui viennent d'Europe sont 55 % à avoir un emploi en 2013, pourcentage qui atteint même 70 % pour les immigrés originaires d'Espagne, du Portugal ou d'Allemagne, et ceux en provenance d'Afrique 21 % seulement. À quoi tiennent ces différences ? À l'âge des arrivants, à leur type de qualification, à l'existence de réseaux, aux différences culturelles, etc. Comment réussir l'intégration sans chercher les réponses ? Faudra-t-il vivre éternellement sur le postulat que les cultures, les religions, les langues, les coutumes n'ont aucune incidence sur les comportements et, en conséquence, ne doivent jamais intervenir dans les études sociologiques ?

Tous les arguments sont bons pour démontrer que l'intégration va de soi et se fait tout naturellement. Ainsi met-on toujours en avant le taux de mariages mixtes comme indice d'intégration. Réjouissons-nous, il est élevé. Mais posons la question interdite. Si une Française naturalisée l'année précédente épouse un étranger ayant la même origine, il s'agit bien d'un mariage mixte français-étranger. Est-ce pour autant un signe d'intégration ou, au contraire, d'endogamie ?

Que de telles caractéristiques soient difficiles à prendre en compte, qui peut en douter ? Et, tout d'abord, comment catégoriser un Noir, un musulman, un Roumain, un Corse ? Les critères simples se révèlent le plus souvent inopérants. Le métis est-il noir ? Faut-il classer dans la même catégorie l'Antillais et le Malien ? Ces mots sont des fourre-tout cachant des réalités humaines infiniment plus complexes. Peut-on savoir combien il existe de catholiques en France ? Il n'est pas besoin d'être statisticien pour voir que la réponse nécessiterait un rapport de cent pages. Faut-il prendre en compte les baptisés ? Les pratiquants ? Ceux qui s'affirment catholiques ? Ceux qui suivent à la lettre les enseignements du Vatican et ceux qui s'en fichent ? Faut-il mélanger les traditionnalistes, les intégristes, avec ceux qui se réclament de l'Église sans jamais aller à la messe ? Selon les critères retenus, on trouvera 50 % ou 10 % de catholiques dans la population. Il en va de même pour toutes les autres « statistiques ethniques », comme disent les spécialistes, mais cette difficulté technique n'est rien comparée au risque de détournement.

De la censure ethnique au communautarisme

À la seconde où l'on discrimine les populations, où l'on détermine leur niveau de vie, leur taux de réussite scolaire ou professionnelle, de délinquance, leurs préférences politiques, leurs pratiques sociales, etc., on fournit des armes à la xénophobie. Ces données ne manqueront pas d'être détournées, falsifiées, sorties de leur contexte, lancées sans aucune explication, et apporteront la caution de faits prétendument avérés aux pires rumeurs. La statistique, on le sait, est la meilleure complice du mensonge.

S'agissant de l'immigration, on peut faire dire n'importe quoi aux chiffres. C'est ainsi que Marine Le Pen, se fondant sur ses propres « experts », estime que l'immigration coûte 70 milliards d'euros par an à la France, alors que le Mouvement contre le racisme et pour l'amitié entre les peuples (MRAP) estime, au contraire, qu'elle fait gagner 12 milliards à l'État. Quant aux études plus sérieuses, elles trouvent un solde faiblement négatif, voire positif. Tout dépend de la façon de calculer. Mais le public retient qu'il s'agit d'un « calcul », donc d'un fait établi. Et l'on sait que, dans le débat médiatique, celui qui lance un chiffre et en donne son interprétation prend toujours l'avantage sur celui qui entend le réfuter et démontrer son détournement frauduleux. Bref, faire passer une population dans la machine à catégoriser, la mettre en chiffres, est aussi incertain dans les résultats que dangereux dans les conséquences. La France, contrairement aux pays anglo-saxons, manifeste donc la plus grande répugnance à l'égard de telles mesures et interdit purement et simplement les statistiques ethniques.

Après tout, n'est-ce pas entrer dans une logique raciale, voire raciste, que de prétendre caractériser les Arabes, les Juifs, les protestants, les Corses, les Noirs, etc. ? N'est-ce pas sous-entendre que l'individu se définit par l'appartenance à son groupe ? Il suffit de mettre une étiquette pour savoir à qui on a affaire. Rien de plus abominable.

Que les recherches impliquant de tels critères doivent être soumises à un statut particulier pour le choix des thèmes, les équipes de recherche, la conduite des travaux et la publication des résultats, cela semble évident. Mais faut-il aller jusqu'à interdire tout ce qui pourrait donner des armes au racisme ? Notre République, fidèle au stérilisant principe de précaution, a pris le parti de la rigueur et de la décence, disent certains, de la cécité et du silence, disent les autres. Les hommes et les femmes qui habitent sur notre sol ne doivent en aucun cas et en aucune façon être distingués en fonction de leur origine ethnique. Toute prise en compte de ces différences devient une intolérable ségrégation.

À l'inverse, des études, fort bienvenues, sur la discrimination que subissent les différentes minorités, font nécessairement intervenir ces facteurs. Il faut bien saisir la différence pour en traquer le mauvais usage qui en est fait, mais ne pourrait-on la prendre en considération pour en faire bon usage afin de mieux cibler l'intervention publique ? C'est la question à ne pas poser. Les inégalités sociales et le racisme sont les seules explications recevables lorsqu'on s'interroge sur la condition des immigrés en France, et les innombrables études qui portent sur le sujet visent en priorité à démontrer que les différences relevées entre les communautés et les normes nationales n'ont d'explications qu'économico-sociales. Le reste relève de préjugés xénophobes.

Or, lorsqu'on décrète que la société doit ignorer la diversité, que l'État ne doit même pas connaître les différences ethnoculturelles, on aboutit inévitablement à des effets de discrimination et de regroupements. D'une part, les minorités en situation de faiblesse, ignorées par la loi, se trouvent, en fait, traitées de manière inégale sur le plan social, professionnel, culturel, etc. C'est alors qu'elles sont tentées de se regrouper et de s'affirmer dans leur différence. Le refus des statistiques ethniques et de la politique qu'elles doivent inspirer conduit tout droit au communautarisme.

La revanche des cultures

Il y a environ une trentaine d'années, un maire socialiste d'une grande ville de la périphérie parisienne m'expliqua qu'il avait été interpellé par des responsables de crèches ou d'écoles maternelles. Motif de cette alerte ? Les difficultés rencontrées avec certains enfants d'origine africaine qui ne parvenaient pas à s'insérer dans les classes et perturbaient le bon déroulement des activités. Plutôt qu'attribuer ces doléances à un quelconque racisme anti-noir, il mena sa propre enquête et découvrit que ces petits perturbateurs venaient pour la plupart de familles africaines subsahariennes qui s'étaient très récemment installées dans des cités. Poussant plus avant, il comprit que, dans leur milieu d'origine, le petit enfant reste au contact physique de sa mère pendant plusieurs années, que la scolarisation n'est pas obligatoire et que la propriété privée n'a pas la même place ni la même signification que chez nous. Ces mères, qui avaient brusquement basculé de leurs villages dans nos cités, ne comprenaient pas pourquoi elles devaient être séparées de leurs enfants qui, eux-mêmes, ne savaient pas ce qu'ils faisaient à l'école et ne distinguaient pas leurs objets de ceux de leurs camarades. Le maire prit donc sur lui d'organiser des rencontres avec ces femmes, de créer des associations, d'améliorer leur compréhension du français, de leur faire prendre conscience du nouveau cadre et des nouvelles règles dans lesquelles elles vivaient. Peu à peu, les choses s'améliorèrent. Un exemple ponctuel parmi des milliers d'autres. Cet édile avait donc établi empiriquement une discrimination entre les parents d'élèves selon l'origine ethnique. C'est à ce prix qu'il avait pu agir efficacement.

Cette doxa selon laquelle toute différence trouve son explication dans le social et le racisme fut transgressée en 2010 par Hugues Lagrange dans son ouvrage *Le Déni des cultures*[1]. Le sociologue, qui, tout comme Christophe Guilluy, est d'abord un homme de terrain et pas seulement de statistiques[2], est parti d'une enquête quantitative sur l'absentéisme et le décrochage scolaire et social portant sur 4 400 élèves âgés de onze à dix-sept ans, dans la communauté d'agglomération autour de Mantes-la-Jolie, enquête qui corroborait des travaux portant sur le XVIIIe arrondissement de Paris ou la région nantaise. Il a cherché une éventuelle corrélation entre échec scolaire et délinquance. Or il a constaté des taux anormalement élevés d'échec scolaire parmi les jeunes d'origine subsaharienne. En poursuivant ses recherches, il devait démontrer pour sacrifier au politiquement correct que l'origine n'était que l'apparence et le cache-misère des discriminations sociales et racistes. Or il conclut : « Lorsqu'on tient compte des différences de milieu social, les écarts liés à l'origine culturelle ne disparaissent pas. » Pour dire les choses plus simplement, ces différences tiennent *aussi* – mot que je souligne à dessein – à une certaine inadaptation liée à leur culture africaine. Le mot « culture » étant évidemment un fourre-tout mêlant les traditions, la mémoire, les structures familiales, le mode d'éducation, la religion…

Tel est donc l'objet du délit : admettre que l'on ne peut faire l'impasse sur des facteurs liés à l'altérité de l'immigrant, que le social explique beaucoup, mais n'explique pas tout. De cette constatation, pourquoi l'ignorer, le FN peut faire le plus mau-

1. Hugues Lagrange, *Le Déni des cultures*, Paris, Seuil, 2010.

2. Hugues Lagrange a d'ailleurs complété sa réflexion par un livre de témoignages sur le parcours des immigrés, qui est, en quelque sorte, le complément humain de son essai : *En terre étrangère. Vies d'immigrés du Sahel en Île-de-France*, Paris, Seuil, 2013.

vais usage. Hugues Lagrange a consacré 300 pages à déminer le terrain, affirmant ainsi : « Les pouvoirs publics [...], occultant le fait que la délinquance vient de façon disproportionnée des quartiers pauvres et immigrés, interdisent du même coup une vraie politique de prévention s'attaquant aux sources du problème. » Il ne s'agit donc pas de stigmatiser les populations en difficulté, mais de les aider efficacement. Il poursuit : « La coexistence au sein de notre société d'une pluralité de traditions et de mœurs, qui interagissent peu et donc s'ignorent largement, invite à repenser le lien civique, ou le pacte social, si l'on préfère, dans le contexte de sociétés ouvertes, culturellement hétérogènes, en prenant explicitement en compte cette diversité. »

On ne peut plus vivre sur le mythe d'une France uniformément incolore qui, comme par enchantement, gagne la Coupe du monde de football avec une équipe black-blanc-beur, mais dont le Parlement reste obstinément fermé à la pluralité ethnique. Il faut, comme le fait Hugues Lagrange, prendre en compte le vécu de cette diversité, sans *a priori* ni tabou.

La communauté des chercheurs s'est dressée vent debout contre ce travail et ses conclusions. Représentatif de ces attaques, le sociologue Éric Fassin, pour qui « invoquer la culture, c'est bien chercher les causes des problèmes sociaux dont la délinquance est le symptôme non pas du côté de la politique de l'État ni du racisme ordinaire, mais dans l'origine même de ces populations. Ainsi, le problème, ce ne serait pas tant "nous" qu'"eux" ». Une critique qui a le mérite de clarifier le débat. Puisque le raciste impute aux immigrés tous les problèmes liés à l'immigration, il faut poser en principe qu'ils n'y ont aucune part. Le seul fait de s'interroger sur ce point rend coupable.

Hugues Lagrange ne met pas en cause les particularismes des nouveaux arrivants, mais leur adaptation à notre société. Une même structure familiale fonctionne parfaitement dans son milieu d'origine et rencontre des difficultés lors de sa transposition dans notre société. Autant de difficultés qu'il faut connaître afin d'y remédier.

Croit-on vraiment qu'il suffira d'éliminer toute référence aux origines des délinquants pour supprimer toute interrogation à ce sujet ? Il se dit, se répète, qu'on trouve une proportion d'étrangers plus forte dans les prisons que dans la société. Vaut-il mieux laisser le Front national s'emparer de cette affirmation ou expliquer sereinement que beaucoup de faits reprochés sont relatifs aux conditions administratives de séjour sur le sol français et n'ont rien à voir avec la délinquance crapuleuse, que la comparaison n'a de sens qu'à conditions socio-économiques semblables, qu'il faut encore tenir compte de contrôles policiers qui peuvent s'orienter davantage vers certaines populations ? Quitte à reconnaître, si elle existe, une « surdélinquance » spécifique dans certains cas particuliers, mais forcément très réduite et liée à des difficultés d'adaptation. Un constat à partir duquel peut se définir une politique.

Une France tout juste entrouverte

Il ne suffit pas d'interdire les études et les statistiques, d'épurer le langage politique et médiatique, pour empêcher les Français d'observer le monde qui les entoure. Asséner péremptoirement que le pourcentage d'immigrés est le même aujourd'hui qu'avant-guerre, alors que les Français constatent tous les jours une évolution qualitative qui semble démentir la permanence quantitative, c'est accréditer l'idée d'un mensonge officiel et renforcer l'attractivité du Front national, qui expliquera que leur pays subit un afflux énorme, permanent, incontrôlé, d'étrangers : une invasion.

Or les frontières de la France sont tout juste entrouvertes. Qu'on en juge. Pour 2013, on a compté près d'un million d'entrées aux États-Unis, 465 000 en Allemagne, 291 000 au Royaume-Uni, 258 000 en France et en Italie, et 209 000 en Espagne. Ainsi, le pourcentage d'arrivants ne représente que 0,4 % de la population française, soit le niveau le plus bas parmi les membres de l'OCDE. Au total, cet organisme classe la France en quatrième place parmi ses membres les plus fermés à l'immigration. S'il faut ajouter les clandestins, il faut aussi les ajouter chez nos voisins. Quant aux demandes d'asile, elles sont refusées dans 80 % des cas par notre pays. Le taux de rejet le plus élevé d'Europe. Lors du retrait des troupes occidentales d'Afghanistan, les Britanniques ont accordé des visas aux traducteurs qui avaient aidé leurs soldats et se trouvaient menacés, tandis que les Français n'ont donné ces autorisations qu'au compte-gouttes.

Les immigrés, entendons les habitants nés à l'étranger, représentent 11 % de la population française, et la « minorité visible » ne doit pas représenter plus de la moitié de ceux-ci. Sont-ils « trop nombreux », comme l'affirme le Front national ? Le fait de répondre par l'affirmative suffit à être classé parmi les racistes. Voilà bien le genre de confusion qu'entretiennent les antifrontistes de choc et qui soude le FN à son électorat actuel ou futur. En effet, il n'y a rien de raciste ni même de xénophobe à considérer que, à un instant donné, le nombre d'étrangers dans une société dépasse ses capacités d'accueil. Cette opinion est vraie ou fausse, mais n'est pas en soi répréhensible. Or, lorsqu'ils jettent l'anathème sur une telle question, nos grands inquisiteurs donnent à penser que, pour eux, elle ne doit jamais se poser. Y aurait-il en France 30 % d'étrangers, 60 % d'étrangers, il n'y aurait toujours pas lieu de s'interroger.

De telles outrances entretiennent la crainte de l'« invasion » et rendent les Français encore plus frileux. Selon le sondage récurrent de la Commission nationale consultative des droits de l'homme, le pourcentage des Français considérant qu'il y a trop d'étrangers en France est passé de 39 % en 2002 à 74 % en 2014. Si l'on considère que cette opinion est raciste, il n'y a plus qu'à livrer le pays à la police morale et à soumettre la population à une cure de désintoxication très musclée. Si, au contraire, on pense que toute nation est libre d'admettre ou de refuser l'installation d'étrangers sur son sol, que les citoyens doivent donner leur avis sur ce point, on doit alors s'inquiéter d'un tel état de l'opinion et, surtout, d'un tel état de la société. Faut-il que l'accueil se fasse mal, que la cohabitation soit conflictuelle, pour que les Français expriment un tel ras-le-bol ? L'interrogation s'impose d'autant que les comparaisons internationales vont en sens contraire.

Celles-ci montrent que la proportion d'immigrés est moins forte dans les pays qui étaient jusqu'à une époque récente des terres d'émigration, comme l'Italie ou l'Espagne, mais qu'elle est du même ordre que dans les terres de vieille immigration : 12,2 % aux États-Unis, 12 % en Allemagne et 8 % au Royaume-Uni. Ajoutons que cette proportion est stable.

Le verdict est sans appel : la proportion d'immigrés en France est dans la moyenne des pays comparables et le flux d'immigration est plus faible. D'où vient donc que les Français aient le sentiment inverse ? La réponse, là encore, se trouve dans les faits. En 1962, selon l'Insee, les arrivants étaient à 79 % originaires d'Europe, à 15 % seulement d'Afrique. Dont 12 % d'Algériens. En 2009, au contraire, ils venaient d'Afrique dans 43 % des cas et d'Europe dans 38 % des cas. L'immigration, qui était essentiellement européenne, est devenue pour moitié africaine. Depuis cinq ans, la tendance s'est inversée et les Européens ont gagné douze points. Sous l'effet de la crise, l'Espagne et le Portugal sont redevenus des pays d'émigration. Au total, pour 2012, une entrée sur deux s'est faite en provenance d'États européens, et trois sur dix en provenance d'Afrique. Il s'agit là de l'immigration régulière, c'est-à-dire celle qui est passée par le filtre de l'administration, les arrivées clandestines restant inobservables.

Les statistiques sont manipulées dans un sens par le lepénisme et dans un autre par l'antilepénisme. Rien n'est plus facile. Par exemple, on oublie les flux de migration pour ne retenir que les soldes migratoires. N'est-ce pas logique ? À côté de ceux qui entrent, il y a aussi ceux qui sortent, et c'est la différence entre les deux qui est significative. En ne comptant que les entrants et les sortants, on peut mélanger Français et étrangers. Quant au solde, il est nécessairement inférieur au seul décompte des arrivants – c'est autant pour contredire Le Pen. Mais les deux populations, celle qui part et celle qui arrive, sont-elles les mêmes ? N'y aurait-il pas aujourd'hui beaucoup de Français, les uns jeunes et pleins d'ambition, les autres vieux et riches à millions, qui vont s'établir à l'étranger, tandis qu'arrivent des Africains et des Asiatiques ? Imaginons qu'entrées et sorties s'équilibrent. À l'arrivée, le nombre d'habitants est le même, mais la population a changé. Une évolution que le solde migratoire n'enregistre pas.

Le Front national ment en prétendant que la France est submergée par l'immigration, tout comme mentent les calamiteux du « grand remplacement » avec leurs fantasmes d'une France africanisée, arabisée, islamisée. À l'inverse, les démographes qui distordent les chiffres pour forcer la réfutation devraient savoir qu'à trop vouloir prouver on finit par être suspecté de mensonge. Il est aussi absurde de nier que de culpabiliser l'altérité. Elle existe et, en tant que telle, pose inévitablement un problème d'intégration et de cohabitation. La science n'est pas faite pour escamoter les problèmes, mais pour nous aider à les résoudre.

Chapitre V

LA FRANCE DE L'IMMIGRATION

Si l'INED pouvait compter les personnes perçues comme « différentes » dans la population française, sans doute nous fournirait-elle un pourcentage très faible, entre 5 et 10 %. Pour les idéologues, ce chiffre permet de réduire à peu de choses les prétendues difficultés de cohabitation. Ce genre de démonstration se veut rassurante, mais la carte n'est pas le territoire, et la France ne se réduit pas à des statistiques. La réalité de notre pays, ce n'est pas une égale répartition des étrangers sur le territoire, comme le laissent supposer ces pourcentages et ces moyennes, mais, au contraire, une concentration. Les immigrés ne sont pas partout ni n'importe où, ils sont rassemblés en des endroits bien précis, et cela change tout.

Au prix de mille difficultés, des chercheurs comme Michèle Tribalat, Hugues Lagrange et Christophe Guilluy ont pu montrer que la répartition moyenne n'a aucun sens, car la France est véritablement ghettoïsée entre les cités occupées par les immigrés et les villes où les Français modestes sont allés chercher leur « village ». Dans ces ghettos, la population vit repliée sur elle-même, en ayant très peu de contacts avec les Français qui ne doivent plus être « de souche », et que les statisticiens baptisent « natifs ». Dans les collèges, la proportion des enfants de la « diversité », comme on dit, peut atteindre et dépasser 70 % des effectifs. Cette concentration compense la très faible proportion d'immigrés dans les « beaux quartiers ». Comment parler d'intégration dans de telles conditions ? Les vagues précédentes n'ont pas provoqué de telles concentrations. Certes, on a vu, ici ou là, des quartiers devenir « polonais », « juifs » ou « arméniens ». Peu de chose, en vérité, par rapport aux regroupements actuels. Quant aux Espagnols et aux Portugais qui vinrent si nombreux s'établir en France dans les années 1950-1960, ils se sont répartis sur le territoire, dilués dans la population. Pourtant, la politique officielle ne prône pas la séparation mais la mixité. Pour le peuple, s'entend. Mais l'administration est impuissante face aux forces sociodémographiques qui poussent à la concentration. C'est ainsi que la société Logirep, qui gère un important parc locatif de HLM en Île-de-France, s'est trouvée condamnée à verser 20 000 euros d'amende pour discrimination raciale. Ses services avaient refusé de louer un appartement pour la seule raison que le demandeur était noir. Les faits étant avérés, les antiracistes s'étaient indignés, la condamnation allait de soi. Que s'était-il passé ? La société gestionnaire voulait s'opposer à la formation d'immeubles ghettos, les uns dévolus aux Noirs, les autres aux Maghrébins, les troisièmes aux Européens. Or l'appartement convoité se trouvait dans un bâtiment dont la plupart des locataires étaient africains. Les gestionnaires de Logirep avaient décidé de le louer à des Blancs afin de maintenir la mixité ethnique. La discrimination individuelle visait donc à éviter une discrimination collective. Elle fut pourtant condamnée. Impossible, donc, de s'opposer au processus de ghettoïsation.

Le FN commence à Dreux

Dans les années 1950, Dreux était une paisible ville de province, bourgeoise et industrieuse. Dans les années 1960, des cités nouvelles se sont construites sur les hauteurs qui entourent la ville, et de nombreux étrangers, Maghrébins ou Turcs, travaillant dans la région parisienne, sont venus y loger. Dans les années 1980, le pourcentage des immigrés atteint 25 %, alors même que la crise fait bondir le chômage à 10 %. Les rapports entre la ville bourgeoise et les cités populaires passèrent de l'appréhension à l'incompréhension, de l'attente à la méfiance, de l'attention à la tension, selon un processus aussi prévisible qu'une réaction chimique. Pourtant, les autorités furent unanimement surprises de découvrir dans un sondage local de 1982 que les Drouais se déclaraient gênés par l'afflux des étrangers. Jean-Pierre Stirbois, l'un des dirigeants du Front national, a flairé les sentiments xénophobes émergents et, en compagnie de son épouse, les a exploités sans scrupules lors d'une intense campagne de terrain. Dans le même temps, des militants d'extrême gauche ont fait un travail symétrique pour remonter les immigrés contre les Drouais. Entre les deux camps, la maire socialiste Françoise Gaspard, débordant de bons sentiments, a multiplié les déclarations en faveur de l'immigration. Ainsi la question est-elle passée du plan social au plan politique.

Aux municipales de mars 1983, le FN obtient un bon score, mais, surtout, noue une alliance pour le second tour avec le RPR local. La droite ainsi réunie manque de huit voix la mairie. L'élection est annulée, la partie est à rejouer. Au mois de septembre, les Stirbois réunissent 16,7 % des voix et, surtout, font une liste commune avec la droite et gagnent au second tour. Cette victoire, c'est « le coup de tonnerre de Dreux ». Car la vie politique nationale s'est focalisée sur cette bataille municipale. Toutes les figures emblématiques de la gauche – Yves Montand, Simone Signoret, Simone de Beauvoir... – donnent de la voix dans la presse et lancent des appels à la conscience républicaine des électeurs. Les leaders politiques nationaux viennent tenir meeting à Dreux. Peine perdue. Le choc de l'immigration et son exploitation politicienne ont ouvert au FN la mairie de la ville. Cela ne serait pas arrivé si le pourcentage des immigrés « visibles » n'avait pas dépassé la moyenne nationale des 5 %. Mais il était quatre fois plus élevé, dépassant le « seuil de tolérance » dont Harlem Désir ne nous avait pas encore appris qu'il n'existe pas.

Pour la classe dirigeante, Dreux est donc un territoire perdu de la République. Les Drouais doivent être rejetés puisqu'ils ont choisi le fascisme et le racisme. Trente ans plus tard, qu'en est-il ? Des usines ont fermé ici comme ailleurs, Dreux connaît un chômage qui approche les 20 %, et les immigrés représentent toujours 20 % de la population locale. En revanche, il n'y a plus de menace FN à l'horizon. Une disparition facilitée, il est vrai, par la mort de Jean-Pierre Stirbois. Son épouse a, un temps, poursuivi son action. Mais sans résultats. Dans les années 2000, le parti n'est même plus en état de présenter de liste aux élections. Ainsi, le résultat que la mobilisation idéologique avait été incapable d'atteindre a tout de même été obtenu. Dreux est redevenue, sur le plan sociopolitique, une ville de France comme les autres. Les grandes démonstrations politiques n'y sont pour rien, le job a été fait par de bonnes équipes municipales qui ont rénové les cités, relancé la vie municipale, eu l'intelligence de s'appuyer sur une communauté de harkis, sur des associations efficaces qui ne brandissaient pas l'étendard de SOS Racisme. La paix civile est revenue, et il existe désormais trois mosquées à Dreux.

Mais dans bien d'autres cités, notamment dans le Midi, le Front national trouve un terreau encore plus favorable, des opposants plus stupides, et se taille des fiefs à demeure. Commentant les résultats électoraux du FN, les observateurs minimisent en général le rôle des municipalités. En réalité, c'est bien souvent l'incompétence et la corruption qui ouvrent la voie aux frontistes, comme on l'a vu à Hénin-Beaumont, où les turpitudes des socialistes locaux ont beaucoup fait pour la victoire de Steeve Briois. À l'inverse, c'est bien souvent la compétence et l'intégrité d'un maire qui barrent le chemin aux populistes. Et les plus efficaces ne sont pas ceux qui affichent un antilepénisme frénétique, mais ceux qui, par la qualité de leur gestion, ont gagné la confiance de la population.

Que la percée du FN au début des années 1980 soit liée à la concentration des populations d'immigrés est un fait établi par l'étude scientifique d'Hervé Le Bras et Emmanuel Todd. Ceux-ci expliquent : « Le terrain sur lequel l'extrême droite a tout d'abord prospéré est facile à identifier. Il correspond, très logiquement, à ses deux thèmes dominants, l'immigration et l'insécurité. Effectivement, la répartition du vote FN en 1984 est très semblable à celle des plaintes pour coups et blessures par habitant à la même époque. La coïncidence avec la répartition des Maghrébins au recensement de 1982 est encore plus frappante[1]. » Les démographes montrent, à juste titre, que la structure même de l'habitat a facilité la diffusion de cette idéologie. Les nouveaux immigrés ne sont pas répartis mais regroupés, et cela change profondément les conditions de la cohabitation avec les Français.

Immigrés contre chômeurs

Le FN a utilisé deux ressorts pour instrumentaliser l'immigration : sur le plan local, il met en avant les peurs qui naissent de la concentration ; sur le plan national, il joue sur la crainte

1. Hervé Le Bras, Emmanuel Todd, *Le Mystère français*, Paris, Seuil, 2013.

des nouveaux travailleurs en période de chômage. Son premier slogan ciblait le marché du travail : « Un million de chômeurs, c'est un million d'immigrés de trop. » Simpliste ou fallacieux, l'argument a pour lui la force de l'évidence. Comment peut-on faire venir des travailleurs de l'étranger alors qu'il n'y a pas assez de travail pour les Français ? Ne faudrait-il pas, au contraire, réserver aux nationaux les emplois disponibles ? Sur ce chapitre, la classe politique est exceptionnellement faible et ses argumentaires sont particulièrement creux. Toujours pour la même raison : puisque Le Pen dit que l'immigration crée du chômage, il faut affirmer que, au contraire, elle le réduit. Position évidemment absurde.

L'appel aux travailleurs étrangers allait de soi dans les années 1960, alors qu'une très forte croissance créait une pénurie de main-d'œuvre. Mais la classe ouvrière sait depuis toujours que le patronat va chercher à l'étranger son armée de réserve pour contrer les revendications des travailleurs français. Dès 1969, 71 % des ouvriers estiment qu'« il y a trop de Nord-Africains en France ». Dans les années 1980, la croissance est si faible, le chômage si élevé, que l'on comprend mal ce besoin d'un surcroît de travailleurs. La gauche doit donc se lancer dans des acrobaties intellectuelles pour justifier une immigration que condamne le monde ouvrier.

On explique que les immigrés sont indispensables pour occuper les emplois dont les Français ne veulent pas. Cet éloge d'un néo-colonialisme est pour le moins surprenant dans la bouche des gens de gauche, qui, en revanche, ne se posent pas de questions sur cette pénurie de main-d'œuvre si étrange en période de grand chômage. D'où vient que les employeurs ne trouvent pas le personnel dont ils ont besoin, que des centaines de milliers d'offres ne puissent trouver preneurs ? Les conditions de travail et de rémunération proposées par les entreprises ne seraient-elles pas scandaleusement insuffisantes ? La formation des travailleurs par l'Éducation nationale ne serait-elle pas donnée en dépit du bon sens, sans aucun souci des débouchés ? L'indemnisation du chômage ne conduirait-elle pas à délaisser les tâches les plus pénibles ? Et, d'une façon générale, comment se fait-il qu'un pays comme la France ne puisse pas disposer dans sa population de toute la main-d'œuvre dont il a besoin, qu'il doive tout à la fois indemniser les Français qui ne trouvent pas de travail et chercher à l'étranger les travailleurs qui lui manquent ?

Pour répondre directement au slogan lepéniste, les professeurs en économie correcte expliquent que nous n'aurions pas moins de chômeurs si nous avions moins d'immigrés, car les travailleurs ne sont pas interchangeables. Comment leur rappeler qu'ils partaient du principe tout juste inverse avec la réduction du temps de travail ? N'expliquaient-ils pas que l'on créerait de nouveaux emplois en faisant faire par d'autres les heures abandonnées par les salariés qui passaient aux 35 heures ? Ainsi, les travailleurs seraient substituables ou pas, selon les besoins des démonstrations. Flairant l'entourloupe, les Français ne croient que ce qui les arrange, façon de dire qu'ils ne croient plus à rien.

Pénurie de main-d'œuvre

Avons-nous réellement besoin de ces travailleurs étrangers dont on nous assure qu'ils sont indispensables ? Il suffit de regarder un chantier pour avoir la réponse : le manque de main-d'œuvre nationale est évident. Le BTP ne peut pas tourner sans les immigrés des pays du Sud comme de l'Est. Nous ne trouvons plus dans la population française la force de travail et les compétences indispensables à notre société. C'est aussi vrai que scandaleux. Car la France a si mal géré ses ressources humaines qu'elle doit faire appel aux étrangers, alors même qu'elle n'a pas de travail pour ses nationaux. Le déficit est provoqué tantôt par la pénibilité, tantôt par le manque de compétences. S'agissant d'emplois non qualifiés, comment expliquer que des centaines de milliers de postes ne trouvent pas preneurs alors qu'un bon million de chômeurs seraient susceptibles de les occuper ? C'est la question que les syndicats ne veulent pas voir posée. Il ne doit pas se dire que les chômeurs français refusent ce que les immigrés acceptent, que la situation de l'emploi s'améliorerait si les Français prenaient le travail qui se présente à eux. Pour ne plus recourir à l'expédient malsain de la main-d'œuvre étrangère sous-qualifiée et surexploitée, il faudrait briser nos tabous, faire pression sur les employeurs pour qu'ils fassent des offres décentes, et sur les demandeurs d'emploi pour qu'ils les acceptent. Faute d'avoir ce courage, nous devrons longtemps encore exploiter des immigrés et indemniser des nationaux.

Mais, plus encore que la force de travail, c'est bien souvent la compétence qui fait défaut. Nous faisons venir des spécialistes dans toutes sortes de métiers techniques, mais aussi dans la médecine, l'éducation, l'artisanat, l'informatique, etc. Nul doute que notre économie serait en panne si elle ne pouvait compter que sur les Français. Partir de ce constat pour célébrer l'immigration, c'est tout bonnement scandaleux. Car cette main-d'œuvre qualifiée ne vient pas des États-Unis, de Scandinavie ou d'Allemagne, mais de l'Afrique ou de l'Europe de l'Est, bref, de pays moins développés, auxquels cette main-d'œuvre qualifiée fait cruellement défaut. Dans les années 1960, il était à la mode de dénoncer le *brain drain* pratiqué par les États-Unis, qui faisaient miroiter de hauts salaires pour attirer les cerveaux du monde entier. À notre tour de dépouiller les pays pauvres de leur bien le plus précieux : les hommes. Profiter de notre niveau de vie supérieur pour voler leurs élites à des pays pauvres, c'est pratiquer la plus scandaleuse des exploitations ; c'est aussi, pour les finances publiques, faire une très bonne affaire. Un ingénieur, un médecin, un technicien supérieur que l'on n'a pas eu à éduquer et qui se met aussitôt au travail améliore à tous les coups les comptes sociaux. Preuve que le pillage est toujours d'un excellent rapport. Pourtant, nombre d'esprits éclairés préconisent cet appel aux compétences étrangères comme une solution progressiste. Et qui donc penserait que la Roumanie a besoin de ses médecins, l'Afrique de ses ingénieurs, le Maghreb de ses techniciens, qu'une société moderne comme la France doit former elle-même la main-d'œuvre dont elle a besoin ? À ces mauvaises questions, nos bonnes âmes répondent en offrant généreusement du boulot aux jeunes étrangers. Une philanthropie bien ordonnée qui nous permettra de ne jamais corriger nos propres insuffisances.

Les étrangers et le chômage

Comment répondre, en définitive, au slogan de Jean-Marie Le Pen ? Le mieux est encore d'observer le monde autour de nous. En Italie, le gouvernement de Rome demande aujourd'hui l'aide des Européens pour faire face aux arrivées massives et dramatiques de réfugiés. Or, traditionnellement, c'étaient les Italiens qui s'expatriaient. Ainsi ne trouve-t-on que 7,4 % d'immigrés dans la Péninsule. En revanche, le taux de chômage est accablant : 13 % de la population active. Même situation au Portugal : 8,6 % d'un côté, 12,7 % de l'autre. Peu d'immigrés, mais des économies à la traîne… cela fait beaucoup de chômeurs. Sur le reste du continent européen, des décennies d'immigration ont laissé une population étrangère plus importante, entre 10 et 15 %. Quelles en sont les conséquences pour le chômage ?

En Allemagne, en Autriche, en Suède, aux États-Unis, au Royaume-Uni, les demandeurs d'emploi ne représentent que 4 à 7 % de la population active. Notons que ces économies se portent mieux que celles de la zone méditerranéenne. Exception notable dans cette région, la France compte 11 % d'immigrés et une économie en berne avec 10 % de chômeurs. Et que se passe-t-il quand la population étrangère dépasse les 15 % ? Voici la Grèce, qui reçoit bien malgré elle un nombre considérable de clandestins et arrive à 17 % d'étrangers avec un chômage record de 26,6 %, lequel s'explique d'abord par sa quasi-faillite. On ne voit pas que les deux taux varient ensemble à la hausse. Le Canada est à 21 % pour les étrangers et à 7,5 % pour le chômage, l'Autriche à 16 % et 4,2 %, l'Australie 21 % et 5,1 % et, enfin, champion des extrêmes, la Suisse atteint 23 % d'étrangers alors que son chômage ne dépasse pas 3 %. Autant dire qu'elle connaît une situation de plein emploi avec près d'un quart d'étrangers dans sa population active.

Ce survol – en dépit de la grande diversité des situations et des statistiques – prouve qu'il n'y a aucune corrélation simple entre ces deux paramètres. L'optimum, à supposer qu'il existe, varie d'une situation à l'autre. Il dépend de la démographie (une Allemagne en état de dépeuplement a besoin d'un fort apport extérieur), du dynamisme économique (des pays à fort potentiel de développement comme l'Australie ou le Canada absorbent de nombreux immigrants), etc. À l'inverse, lorsque l'économie se traîne, l'arrivée des étrangers va surtout grossir la cohorte des chômeurs. Pour la France, qui a conservé son dynamisme démographique, mais dont l'économie est languissante, l'appel à une population extérieure, à l'exception des étudiants étrangers, n'est pas la première urgence. C'est le moins que l'on puisse dire. Il n'est que de prolonger la durée du travail et retarder les départs en retraite, pour avoir tout le personnel nécessaire et, en prime, rétablir nos comptes sociaux. Seul ce manque de main-d'œuvre qualifiée ne peut être compensé, à court terme, que par l'appel à l'étranger. À nous, donc, d'attirer les compétences nécessaires à notre économie en attendant que nous les ayons formées dans la population française. Malheureusement, nous peinons à recruter le personnel qualifié dont nous avons besoin. Notre immigration ne répond donc pas à une exigence économique et, dans la mesure où elle débouche sur du chômage, elle risque de représenter un coût social difficile à supporter par ces temps de rigueur. Tous les pays d'Europe, à partir de 1974, sont d'ailleurs parvenus à cette conclusion et ont décidé de mettre un terme à la liberté d'immigration.

L'argument économique est plus qu'incertain ; quant à l'argument démographique, il ne vaut pas tripette. On nous explique que nous avons besoin d'un apport extérieur pour compenser le vieillissement de la population et payer nos retraites. Sur ce point, les démographes sont à peu près tous d'accord. Avec la hausse de la longévité et la baisse de la fécondité, la pyramide des âges se déforme irréversiblement. Croire que nous allons stopper ce phénomène avec des petits Africains qui viendraient payer nos retraites est une idée charmante qui vole en éclats sitôt qu'on la met en équation.

Nous sommes donc condamnés à choisir, en quantité comme en qualité, les immigrants que nous acceptons sur notre sol, compte non tenu des demandeurs d'asile fuyant des persécutions, pour lesquels la France doit redevenir ouverte et hospitalière. Il nous faut définir le nombre d'étrangers que nous souhaitons accueillir et mener une action déterminée pour attirer les compétences professionnelles qui nous manquent. J'entends déjà les hurlements de nos immigrationnistes. Rappelons la 81e proposition du Programme commun socialo-communiste de 1981 : « Le plan fixera le nombre annuel de travailleurs étrangers admis en France. » À cette époque, on ne se croyait pas encore obligé de raconter des calembredaines afin de ne pas parler comme Le Pen, et on ne délirait pas sur la mondialisation des hommes faisant suite à celle des marchandises.

Il est évidemment absurde de prétendre passer de 200 000 à 10 000 nouveaux immigrés accueillis chaque année sur le territoire, comme le préconise le Front national. Absurde, impossible et, surtout, pas souhaitable. En revanche, maîtriser les flux démographiques, ne serait-ce qu'en les maintenant à 200 000 entrées par an, est une absolue nécessité si longtemps que nous n'aurons retrouvé ni le dynamisme économique ni l'efficacité intégrationniste. Cela peut s'écrire facilement dans un rapport, l'appliquer dans la réalité est une tout autre affaire.

Chapitre VI

L'IMPOSSIBLE CONTRÔLE

Le 27 avril 2013, le ministre écologiste Pascal Canfin embarque sur le vol régulier Paris-Bamako. Son collaborateur remarque, au fond de la cabine, un homme encadré par deux policiers : un sans-papiers reconduit d'autorité au Mali. Le ministre est révulsé. Il ne peut admettre d'être associé, même passivement, même le temps d'un vol, à une telle mesure. Il fait appeler le cabinet du ministre de l'Intérieur pour demander que l'expulsion soit suspendue et les passagers indésirables évacués de l'avion. Il précise qu'il ne volera pas dans un appareil utilisé à de telles fins. Pour Manuel Valls, cette requête est nulle et non avenue. Le ministre décide alors de descendre de l'avion et renonce à son déplacement. Au *Canard enchaîné*, qui relate l'incident, il tient à souligner qu'il s'agit « d'une décision personnelle ». Précision indispensable, car le ministre, lui, pouvait difficilement manifester une telle réprobation. Le gouvernement auquel il appartenait a expulsé pas moins de 18 126 irréguliers pendant les huit premiers mois de 2013.

L'inhospitalité française

Je peux parfaitement comprendre le malaise du ministre. Je me suis trouvé dans cette situation et j'ai mal supporté d'être tranquillement installé dans mon fauteuil tandis qu'à dix rangs de moi se trouvaient deux voyageurs menottés, encadrés, que la France chassait de son territoire. La gêne de Pascal Canfin eût peut-être été moindre s'il avait su que le sans-papiers sur lequel il s'apitoyait venait de purger une lourde peine de prison pour viol aggravé sur mineur. Mais il ignorait ce détail.

D'une façon générale, nos consciences seraient apaisées si tous les immigrés reconduits à la frontière voulaient bien être des délinquants, voire des criminels, si la France n'expulsait que des dealers, des escrocs, des proxénètes et des gangsters. Ce n'est malheureusement pas le cas. Les personnes qui sont reconduites à la frontière *manu militari* sont, le plus souvent, des gens tout à fait respectables, dans nombre de cas des pères de famille avec femme et enfants, dont le seul tort fut d'avoir voulu troquer leur misère contre notre pauvreté. Ils ont fui un monde sans avenir, sans sécurité, sans services publics, parfois même des régimes dictatoriaux ou des guerres, et quémandent le travail que dédaignent les Français. C'est pour cela qu'ils souhaitent s'établir en France. Et, lorsque l'hospitalité est refusée, ces réprouvés n'ont de choix que plonger dans la clandestinité ou retourner d'où ils viennent, encore plus malheureux qu'au départ, puisqu'ils ont perdu les économies qu'ils avaient investies dans le voyage. Cette façon de traiter les irréguliers fait tache sur l'image grandiloquente d'une France patrie des droits de l'homme. Mais peut-on faire autrement ? N'est-on pas obligé de contrôler l'immigration ?

Toute la misère du monde

Michel Rocard avait cru apporter la bonne réponse en affirmant, en 1990 : « La France ne peut pas accueillir toute la misère du monde. » Le peuple de gauche en fut tourneboulé. C'est un peu surprenant, mais, dans un pays où la réalité n'a pas droit de cité, toute vérité d'évidence peut créer l'événement. En l'occurrence, la dénégation était de rigueur pour s'opposer aux fantasmes agités par Le Pen. Dès lors que celui-ci décrivait des hordes barbares s'apprêtant à déferler sur la France, nos spécialistes devaient lui clouer le bec en expliquant que les flux migratoires n'étaient que des ruisselets et les candidats à l'immigration une poignée de déshérités. Ces craintes étaient vaines et les mesures pour nous protéger absurdes. Un argumentaire trop commode que le Premier ministre, bouche d'or, venait de réduire en miettes. Certes, il rappelait que la France avait un devoir d'accueil, mais la formule impliquait aussi les limites de ce dernier. Bref, d'une simple phrase, le contrôle se trouvait justifié.

L'illusion du développement

L'idéologie de gauche supporte mal ces compromis avec la réalité qu'impose l'exercice du pouvoir. Il a donc fallu trouver un argumentaire de secours permettant tout à la fois d'admettre la limitation et de condamner la répression. Plutôt qu'empêcher les migrants de venir chez nous, nous devons les persuader de rester chez eux. Lorsque, dans tous les pays d'émigration, les peuples disposeront de ce qu'ils viennent chercher en France, ils n'éprouveront plus le besoin de s'expatrier et notre problème d'immigration sera résolu. N'est-ce pas admirable ? La chasse aux immigrants, si déplaisante, serait remplacée par l'aide au développement, les opérations de basse police par des missions humanitaires plus apaisantes pour nos consciences vulnérables.

Par malheur, nul ne connaît le secret du développement. Ou plutôt si, on en connaît un qui a fait ses preuves : ce n'est pas l'aide au développement, c'est la mondialisation. La libéralisation de l'économie et l'abaissement des frontières ont permis à certains États du « tiers-monde », la Chine en particulier, d'« émerger » au cours des trente dernières années. Emportées par cette croissance, ce sont des centaines de millions de personnes qui sont passées, les unes, de la misère à la pauvreté, les autres, de la pauvreté à l'aisance, bref, qui n'ont plus envie de quitter leur pays. Les résultats sont spectaculaires, mais difficilement généralisables. À supposer même qu'ils soient à la mesure des espérances, il resterait à s'interroger sur les moyens. Proposer un capitalisme, pour le coup vraiment « sauvage », comme alternative à l'immigration, n'est-ce pas un marché de dupes ? Troquer nos clandestins et nos gardes-frontières contre des ouvrières esclavagisées qui meurent dans l'effondrement de leurs immeubles-usines, est-ce un progrès moral ? Pour eux ? Pour nous ?

Ainsi ce joker, toujours sorti avec le sourire de la bonne conscience repue, n'est-il jamais qu'une carte parmi d'autres et certainement pas la carte maîtresse. Certes, nous devons tout faire – et nous faisons peu – pour aider les pays pauvres à émerger de la misère. Encore faudrait-il que les États soient « aidables », qu'un système corrompu ne détourne pas l'assistance, que des structures paralysantes ne s'opposent pas à la modernisation, que la population adhère à une dynamique de progrès, etc. Croit-on vraiment que c'est par manque d'argent que l'Algérie pousse tant de ses jeunes à s'expatrier ? Comment justifier l'aide au développement quand les milliards des pétrodollars sont ainsi gaspillés ? À supposer que toutes ces conditions soient réunies, il faudrait encore convaincre les Français de tripler l'effort qu'ils consentent pour les pays pauvres. Présenter l'aide au développement comme une alternative au contrôle des frontières relève de la plaisanterie. La gauche a bien fini par admettre dans les faits une régulation qu'elle condamne dans les principes. Preuve de ce profond malaise, les vagues de régularisations qu'elle pratique régulièrement en don de joyeux avènement et ces critiques hargneuses, sans cesse renouvelées, contre toute politique visant à maîtriser l'immigration. C'est ainsi que l'on donne corps aux fantasmes lepénistes d'un parti de l'immigration qui voudrait donner la France aux étrangers.

La politique du chiffre

Confrontés à une opinion qui, peut-être égoïstement, mais c'est ainsi, manifeste une relative allergie à l'immigration, les gouvernements doivent prouver leur fermeté pour faire taire le Front national sans donner prise aux accusations de traitements inhumains venues des ONG. Ils s'abritent donc derrière la froideur des statistiques, craignant toujours qu'un fait divers monté en épingle par les médias ne vienne révéler une cruauté qui n'apparaît pas dans les chiffres.

Que demande le peuple ? Que le nombre des immigrés diminue alors qu'il a naturellement tendance à augmenter. Pour cela, il faut jouer à la fois sur les entrées régulières, les demandes d'asile et les clandestins. Pour les entrées légales, les gouvernements s'efforcent d'en rester à 250 000 par an en multipliant les formalités et brimades bureaucratiques propres à décourager les postulants. Une pratique inavouée, un peu honteuse. Quant à l'asile politique, il n'est plus au goût du jour. 80 % des demandes étaient satisfaites dans les années 1960, 80 % sont refusées aujourd'hui. Face à l'exode massif provoqué par le drame syrien, l'Allemagne a proposé d'accueillir 5 000 réfugiés. La France, 500. Pour ce qui est des chrétiens menacés de mort au Moyen-Orient, c'est au compte-gouttes qu'on les accepte sur notre sol. Le pays des droits de l'homme s'est fermé aux persécutés. C'est désormais la Suède qui a pris la relève comme terre d'hospitalité.

Reste la question des clandestins, aussi saisissante qu'insaisissable, qui nourrit tous les fantasmes. Combien sont-ils ? Vous pouvez choisir un nombre entre 200 000 et 400 000. Comment afficher des résultats avec des données aussi incertaines ? L'information s'est donc déplacée du chiffre global, par définition incalculable, aux expulsions censées en assurer le contrôle, sinon la diminution. L'État doit connaître exactement le nombre d'étrangers qu'il reconduit chaque année à la frontière. Les gouvernements en ont donc fait un indicateur qui, au même titre que le taux de chômage ou le nombre de morts sur les routes, doit mesurer l'efficacité de leur politique.

Au début des années 1990, on ne comptait guère que quelques milliers d'expulsions par an ; en 2001, sous le gouvernement Jospin, on n'en était encore qu'à 9 000. Le chiffre a bondi dans les années suivantes pour culminer à 36 822 en 2012, avec un objectif annoncé par le ministre de l'Intérieur Claude Guéant de 40 000 pour 2013. Nicolas Sarkozy, qui avait joué sa crédibilité sur ce résultat, pratiquait une « politique du chiffre » et gonflait les statistiques. Il ne signalait pas que plus du tiers des expulsés n'étaient pas des Africains ou des Asiatiques mais des Européens, notamment des Roms ou des Bulgares, pour lesquels le retour en France était toujours possible. Mais, surtout, ce chiffre de 37 000 est un véritable fourre-tout. Il comprend tout d'abord 6 600 départs volontaires. Des gens qui allaient partir et que, pour les besoins de la statistique, on feint d'expulser. Le bon sens voudrait qu'un départ soit libre ou contraint, la nomenclature bureaucratique, elle, s'accommode de cet oxymore. Comptons encore 15 000 départs « aidés ». Les partants ont reçu un petit pécule et s'en sont allés.

Départs payés, départs forcés ; dans la statistique, c'est du pareil au même. Restent quelque 15 000 reconduites à la frontière par la contrainte.

En 2012, François Hollande, sous la pression de l'opinion, a renoncé aux régularisations massives. Restait à Manuel Valls, ministre de l'Intérieur socialiste, à marquer la continuité dans le changement. La continuité, c'est l'annonce de 27 000 expulsions en 2013, une baisse par rapport à l'ère Sarkozy, mais pas une rupture. D'autant que ce sont les départs « aidés » qui ont diminué de 9 000, tandis que les reconduites, elles, augmentaient de 300.

Le changement, c'est un assouplissement des conditions de régularisation, qui a permis d'accorder 10 000 permis de séjour de plus. Mais la situation n'est toujours pas maîtrisée dans la France d'outre-mer, qui subit des flux migratoires sans comparaison avec la métropole. Le comble est atteint à Mayotte, qui compte 212 000 habitants avec un taux de clandestins de l'ordre de 25 % et des expulsions qui fluctuent entre 15 000 et 20 000 par an.

Difficile de trouver une véritable politique de l'immigration dans ces chiffres, difficile, surtout, de ne pas sentir une gêne du pouvoir, de droite comme de gauche, contraint de naviguer entre le Charybde de la fermeture totale prônée par le FN et le Scylla d'une ouverture réclamée par certaines ONG. Cette gêne n'est pas près de disparaître, car rien n'est si difficile que de contrôler l'immigration.

La chasse aux clandestins

Tout contrôle implique l'expulsion des irréguliers – leur expulsion et/ou leur régularisation, car les deux vont de pair.

L'immense majorité des « sans-papiers » est inexpulsable pour des raisons juridiques ou humaines. Le plus souvent, ces étrangers vont vivre dans la clandestinité pendant cinq années, au bout desquelles ils tenteront d'obtenir une régularisation. Il est donc absurde de prétendre, avec les xénophobes, « chasser tous les sans-papiers ». C'est pourquoi le chiffre des expulsions est très inférieur à celui, toujours très mal connu, des entrées clandestines. La différence traduit soit l'impossibilité, soit l'extrême difficulté des reconduites à la frontière. Car les clandestins qui se sont lancés dans l'aventure de leur vie pour s'établir en France ne vont pas se laisser prendre et expulser sans réagir. Tout d'abord, les nouveaux arrivants sont rarement seuls en France. Ils rejoignent des parents, des amis, qui vont leur apprendre la vie clandestine.

Il existe désormais, disponibles sur Internet, de véritables guides du sans-papiers, fort bien faits, qui ont été établis par des groupements d'immigrés ou des associations qui les soutiennent. On y trouve le choix entre différentes stratégies, des conseils utiles pour ne pas se faire repérer. Des brochures « Sans-papiers : s'organiser contre l'expulsion. Que faire en cas d'arrestation ? » sont disponibles sur Internet et donnent simplement et gratuitement tous les conseils juridiques en fonction du dernier état de la législation. Tous les ressorts des procédures, si complexes, sont mis au jour avec, à chaque étape, le mode d'emploi. Les policiers ont en face d'eux des individus désarmés et apeurés, mais ils peuvent aussi se trouver face à des personnes très déterminées.

L'entrée en France est, le plus souvent, régulière, car une entrée totalement clandestine met l'arrivant dans une situation très dangereuse, sans perspective d'avenir. L'étranger a donc demandé un permis de séjour. Attendu la réponse. Puis, sa demande ayant été déboutée, il a présenté des recours et se trouve finalement sommé de quitter le territoire. Dans les trois quarts des cas, la décision ainsi notifiée n'est pas suivie d'effet. Les immigrés ne sont pas venus pour repartir au premier coup de sifflet. Commence alors la partie la plus difficile et la plus pénible : l'exécution de la décision de justice. L'État tente depuis des années de mettre sur pied des juridictions spécialisées, dénoncées par les associations comme des juridictions d'exception, pour superviser ces opérations. Dans la plupart des cas, ce « retour au pays » est un drame absolu pour l'expulsé, qui n'a personne pour l'accueillir, qui ne pourra refaire sa vie là où on le renvoie. Dans cet état de désespoir total, il cherche par tous les moyens à empêcher son départ, allant jusqu'à l'automutilation. Dans l'avion même, certains s'efforcent de provoquer des incidents en espérant que le commandant de bord exigera leur évacuation pour assurer la sécurité du vol. Pour faire face à ces situations insupportables, il a fallu faire appel à des unités spécialisées, comme la Compagnie des transferts, escortes et protections (Cotep), lesquelles ont mis au point des techniques adaptées à ces transferts. Cela n'empêche pas les bavures abominables, comme la mort d'Abdelhak Goradia en août 2014. Ce ressortissant algérien est décédé dans le fourgon qui le transportait à l'aéroport. Apparemment, et sous réserve de l'enquête, il aurait été si étroitement menotté, attaché, casqué, qu'il a fini par étouffer.

Encore s'agit-il des cas les plus simples, ceux d'individus isolés. Le pire se rencontre lorsque des familles sont en cause. Un responsable de la gendarmerie m'expliquait sa hantise face à ces missions impossibles : « Lorsque nous arrivons, nous savons par avance qu'un ou plusieurs membres de la famille seront absents. Le plus souvent, c'est un enfant qui manque à l'appel. Encore faut-il vérifier qu'on ne nous trompe pas sur la composition de la famille, qu'il n'y ait pas substitution d'enfants. Imaginez le drame si nous ne le remarquions pas. Et il est évidemment impossible de savoir où se trouve l'enfant qui manque. Comment expulser les parents en le laissant seul en France ? Il n'y a plus qu'à tout annuler. Et cela recommence la fois suivante. En définitive, il n'y a que les plus faibles, les plus mal défendus, ceux qui n'ont pas su se faire aider, que l'on réussit à faire partir. En revanche, on a le plus grand mal avec les vrais délinquants. Par exemple, tous les gangs venus des pays de l'Est pour faire des mauvais coups. Ils présentent une demande et, le temps qu'elle soit rejetée, ils ont disparu et en ont déposé une autre dans un autre département. Entre-temps, ils montent des réseaux pour faire des cambriolages à la chaîne. »

Leonarda et les indignés

Un travail d'autant plus difficile que, au moindre accroc, les défenseurs des immigrés mettent légitimement en cause les policiers. Ces réactions indignées accompagnent de nombreuses expulsions, mais il a fallu l'affaire Leonarda pour que la France entière soit prise à témoin. Tout part d'une protestation d'enseignants publiée le 14 octobre 2013 sur le réseau Éducation sans frontières. En cause, l'arrestation et l'expulsion d'une jeune fille de quinze ans pendant le temps scolaire. Les médias s'enflamment. Ils imaginent les policiers investissant l'école, débarquant dans la classe, embarquant la malheureuse sous le seul prétexte qu'elle est Rom alors qu'elle vit en France depuis cinq ans. Précisément, le sort des Roms est au cœur de l'actualité. C'est le sujet « sensible » du moment. Avant toute enquête, le chœur des indignés fait entendre sa voix. La sénatrice écologiste Esther Benbassa parle même de « rafle ». Nous voilà revenus aux heures les plus sombres de l'Occupation. La

Fédération indépendante et démocratique lycéenne (Fidel) enflamme le monde lycéen. Des manifestations sont organisées pour exiger le retour en France de la malheureuse et de sa famille. Une cinquantaine de lycées sont bloqués.

Le pouvoir socialiste est débordé par ces réactions. François Hollande en personne intervient à la télévision. Il reproche à l'administration « un manque de discernement » et croit s'en sortir en proposant un jugement de Salomon, « par souci d'humanité ». « Si Leonarda le demande, dit-il, un accueil lui sera réservé, à elle seule. » Les chaînes d'information en continu sont déjà au Kosovo avec la famille Dibrani. Elles demandent à Leonarda de réagir en direct, et celle-ci répond avec beaucoup d'aplomb au président qu'elle ne reviendra pas sans sa famille. Harlem Désir, premier secrétaire du parti socialiste, désavoue François Hollande et demande le retour de toute la famille. La proposition présidentielle est d'une « cruauté abjecte » pour le Parti de gauche. Europe Écologie-Les Verts et le réseau Éducation sans frontières la qualifient d'« inhumaine », etc. Tout se joue sur le registre de l'émotion, de la confusion.

Les seuls à y voir clair sont les Français. Dans un sondage effectué au lendemain même de l'affaire, ils se déclarent à 65 % opposés au retour de la jeune fille et soutiennent à 74 % le ministre de l'Intérieur et champion de la fermeté, Manuel Valls. Celui-ci s'empresse de communiquer à la presse les résultats de l'enquête administrative qu'il a demandée après l'« affaire ». Il apparaît que le père, Reshat Dibrani, a multiplié les mensonges, qu'il n'a jamais fait le moindre effort d'intégration, n'a pas appris le français, a refusé les emplois qui lui étaient proposés. Ses filles se sont même plaintes de subir ses violences avant de se rétracter. Quant à Leonarda, dont on interrompait la scolarité, elle était, le plus souvent, absente de l'école. Bref, un dossier accablant, et un cas pour lequel il semble raisonnable de refuser un permis de séjour.

Pourtant, la France a hébergé Reshat Dibrani et sa famille pendant quatre années au cours desquelles il lui a été donné la possibilité de faire quatre recours en justice, soit un par an, tous rejetés. Son seul espoir était de gagner du temps pour finir par acquérir la nationalité française. Si, vraiment, les seuls expulsés étaient de ce calibre, nous pourrions avoir la conscience en repos.

Quant aux conditions de l'interpellation, elles sont bien différentes de ce qui avait été rapporté. La famille savait qu'elle avait épuisé tous ses recours, qu'elle devait partir, et Reshat Dibrani, après avoir fait échouer les premières tentatives d'expulsion, avait finalement quitté le territoire la veille. Sa famille était informée qu'elle devait partir le 9 octobre. Un membre du comité de soutien aux sans-papiers de Pontarlier avait prévenu son épouse, Gemildja Dibrani. Mais, lorsque la police se présente au domicile, Leonarda n'est pas là, personne ne sait où elle est et son portable est éteint. S'il est impossible de l'intercepter, il faudra tout recommencer. Les policiers, en civil, apprennent qu'elle est partie pour une excursion scolaire, joignent son enseignante et lui demandent d'arrêter le car sur le trajet pour que Leonarda en descende, ce qui est fait discrètement peu après.

Les faits étant établis, l'affaire ramenée à ses justes proportions, les esprits se calment, les lycéens reprennent leurs études, et les grandes consciences se font étrangement discrètes. Les autorités, reconnaissons-le, ont eu beaucoup de chance. Elles ont trouvé avec Reshat Dibrani le repoussoir idéal. L'affaire Leonarda, à elle seule, suffit à relativiser les accusations d'inhumanité des pouvoirs publics. En revanche, elle illustre les difficultés, les lenteurs et les lourdeurs de ces opérations dès lors qu'elles sont conduites dans le respect de notre État de droit.

Une expulsion, donc, parmi des milliers d'autres qui ont lieu chaque année. Pour aboutir à ce sinistre bilan, il en coûte à l'État 20 970 euros par personne effectivement expulsée. C'est donc quelques 500 millions d'euros que dépense la France chaque année pour faire ce sale boulot. Car la traque des clandestins est une activité abominable. Autant l'action de la police est justifiée lorsqu'il s'agit de lutter contre les délinquants et d'assurer la sécurité, autant elle semble insupportable lorsqu'elle consiste à poursuivre et à tourmenter des personnes qui ne troublent pas l'ordre public et n'ont de tort que de vouloir vivre en France sans y être autorisées. Peut-on briser des vies pour cela ?

Les associations de défense des étrangers accumulent d'épais dossiers regroupant des milliers de cas, tous aussi déchirants et pathétiques les uns que les autres. C'est « indignez-vous » à toutes les pages. Si encore on pouvait se dire que l'on viendra à bout de l'immigration clandestine et que la chasse aux irréguliers cessera, mettant fin à tous ces drames. Mais nous savons qu'il n'en est rien. Le seul objectif raisonnable à court terme est de garder le contrôle des flux migratoires. Si longtemps que la « machine à intégrer » fonctionnera aussi mal en France, une forte augmentation de l'immigration ne pourrait que mettre à mal nos équilibres sociaux. Les multiples ghettos formant l'archipel de la diversité sont aujourd'hui bien proches de la saturation, et l'urgence est de les réintégrer dans la société française et pas de les surcharger.

Les mondes à fuir

Le développement des pays pauvres, bien qu'insuffisant pour tarir le flux de migrants, pourrait-il, à tout le moins, empêcher qu'il ne s'accroisse ? On a voulu le croire au début des années 2000. Force est aujourd'hui de déchanter. Le Printemps arabe, souvenez-vous, c'était hier ; ce ne sera pas demain. Nous avons tous rêvé de cette réaction en chaîne qui ferait sauter les régimes corrompus et rendrait le pouvoir aux peuples. Dans le sillage de la démocratie, l'économie se réveillerait, les jeunes trouveraient des emplois, l'argent s'investirait. Les flux migratoires se réduiraient, peut-être même verrait-on des immigrés retourner travailler au pays. Quant à l'Afrique subsaharienne, on nous annonçait à son sujet des taux de croissance spectaculaires, en oubliant de rappeler que ces taux sont à deux chiffres parce qu'on part de très bas. Quelques années plus tard, ces espoirs ne sont plus que des illusions. L'Europe de l'Est avec le conflit ukrainien, le monde arabe avec l'interminable drame syrien, les déchirements de l'Irak, la terrifiante aventure de Daesh, l'implosion de la Libye, la Palestine engagée dans le conflit sans fin avec Israël, l'Afrique subsaharienne à son tour contaminée par un terrorisme qu'elle ne peut maîtriser, basculent dans la violence et l'anarchie. Nul ne saurait imaginer un scénario capable de ramener la paix et la sécurité à court terme. Des millions d'hommes et de femmes qui vivaient tant bien que mal dans ces pays n'ont plus qu'une idée en tête : les quitter.

Les 100 000 réfugiés qui se sont échoués à Lampedusa et les 20 000 qui sont morts dans des naufrages, les 25 000 recensés en Grèce, plus tous ceux qui ne l'ont pas été et les milliers de réfugiés qui se pressent à Malte ou en Espagne, sont bien réels. Ces chiffres sont dérisoires par rapport à la population de l'Europe, mais ils ne représentent qu'une avant-garde, car la désolation qui pousse tant de sans-espoir à partir va perdurer. On sait que des migrants par centaines de milliers voudront fuir cet arc d'embrasement qui s'étend désormais de Kaboul à Lagos. Et, dans les prochaines décennies, les réfugiés climatiques viendront s'ajouter aux réfugiés politiques et économiques. Comment peut-on douter de cette poussée migratoire des prochaines décennies, alors que l'ONU doit revoir ses projections démographiques pour 2100 et annonce 11 milliards d'habitants – et non plus 9 – sur terre et, pour la seule Afrique, 4 milliards d'individus, soit une densité comparable à celle de la Chine ? Certes, ces prévisions à si long terme sont encore incertaines et la misère, même la plus extrême, ne suffit pas à mettre les peuples en mouvement. Ce serait même plutôt le contraire. Ceux qui, au sens propre, meurent de faim n'ont plus en eux l'énergie fantastique nécessaire pour se lancer dans l'émigration. Ce sont les plus dynamiques, pas les plus misérables, qui prennent le chemin de l'exil. Il n'en reste pas moins que la pression exercée par « la misère du monde » ne peut que s'accroître.

Il convient d'ailleurs de rappeler la suite du propos de Michel Rocard : « Nous ne pouvons plus, en effet, recevoir un flux massif et incontrôlé sans que cela n'hypothèque gravement et tout ensemble d'abord l'équilibre social de la nation, ensuite les chances d'intégration des étrangers installés, enfin l'avenir même des nouvelles vagues massives, venant d'un Sud plus lointain, d'un Est plus incertain. Et je le dis clairement, cette vague doit être endiguée. » D'ores et déjà, la France est dépassée par l'afflux des demandeurs d'asile, dont le nombre augmente de 10 % tous les ans depuis une dizaine d'années, et atteint 68 000 en 2013. L'état des lieux a été fort bien dressé par la sénatrice de droite Valérie Létard et le député socialiste

Jean-Louis Touraine dans le rapport qu'ils ont remis au gouvernement en novembre 2013. Les parlementaires décrivent un système à bout de souffle, qui craque de toutes parts et dont les difficultés ne peuvent que s'accroître. Comment traiter avec humanité des réfugiés qui viennent en priorité de la République démocratique du Congo, d'Albanie, du Sri Lanka, du Kosovo, du Bangladesh, de Chine ? Comment s'expliquer avec chacun d'entre eux, évaluer leur situation dans leur pays d'origine et trouver la réponse adaptée ? L'Office français de protection des réfugiés et apatrides (Ofpra), débordé, fait attendre seize mois ses décisions, plus les délais de recours, et refuse, en définitive, 82 % des demandes. Pour en arriver là, les budgets sont de plus en plus importants et de plus en plus insuffisants. L'allocation temporaire d'attente[1], qui absorbait 47 millions d'euros en 2007, coûte 177 millions en 2013. Les établissements spécialisés sont débordés, l'administration n'a plus les crédits pour payer des nuitées dans les hôtels et ne sait que faire des déboutés, dont 5 % seulement sont expulsés, et qui finissent par plonger dans le monde des sans-papiers. Cette inflation traduit un dévoiement du système. Le droit d'asile, destiné à protéger les persécutés politiques, est devenu une filière d'immigration passant par le rejet de la demande pour, si possible, arriver à une régulation.

Sous la double pression d'une situation critique et des directives européennes, le gouvernement de Manuel Valls doit, de toute urgence, réformer le système pour le rendre plus efficace et moins cher. Il se trouve pris en tenaille entre les ONG, dont les revendications feraient exploser les budgets comme le nombre

1. L'allocation temporaire d'attente est versée par Pôle emploi aux demandeurs d'asile en attente d'une réponse et à certains étrangers, apatrides ou ayant une carte de séjour temporaire en raison d'un témoignage ou d'une plainte contre un individu poursuivi pour traite d'êtres humains ou proxénétisme.

des réfugiés, la droite, qui lui reproche de mieux traiter les déboutés que les Français en détresse, et le Front national, qui peut faire ses choux gras de cette situation sans même avoir besoin d'en rajouter.

L'universel droit d'établissement

Faut-il contrôler l'immigration ? Pour les Français, la réponse semble aller de soi, puisque les trois quarts d'entre eux pensent qu'il y a trop d'immigrés en France. Ils sont même 59 % à vouloir remettre en cause la libre immigration européenne que prévoient les accords de Schengen[1]. Un sentiment renforcé par une évidence : aucun grand pays ne vit aujourd'hui à frontières ouvertes. Face à cette opinion majoritaire, d'autres voix se font entendre, et pas seulement parmi les défenseurs des immigrés, qui, au contraire, remettent en cause ce contrôle. La question a fait l'objet d'un débat très instructif entre deux démographes : Gérard-François Dumont, qui prône une régulation en fonction de nos capacités d'accueil, et Hervé Le Bras, qui pourfend les thèses anti-immigrationnistes et soutient que les périls dénoncés sont purement imaginaires.

Ce dernier part d'une conviction en forme de postulat : « Si tous les hommes naissent égaux en droits, il n'y a aucune raison qu'être né ici ou là vous interdise de vous établir ici ou là. Sinon, c'est revenir à l'époque du servage où chaque malheureux croquant était attaché à la terre qui l'avait vu naître et au seigneur qui la possédait en fief[2]. » Et de conclure : « À une

1. Sondage IFOP pour Atlantico, février 2014.
2. Hervé Le Bras, Gérard-François Dumont, *Doit-on contrôler l'immigration ?*, *op. cit.*

époque où les transports n'ont jamais été aussi sûrs, aussi rapides et aussi peu coûteux, [...] il semblerait pourtant logique que les humains puissent se déplacer aussi librement que leurs productions. » Notons que, en l'occurrence, il ne s'agit pas de « se déplacer », mais de « s'établir ». Cette revendication conduit à deux affirmations très claires mais contradictoires. La première postule que les droits de l'homme s'imposent aux États et impliquent un droit d'établissement universel, probablement accompagné de droits sociaux. La seconde que l'homme est une marchandise comme une autre et doit pouvoir circuler dans les mêmes conditions, en dehors de toute protection sociale. Il n'y a pas de différence entre vendre des millions de voitures ou accueillir des milliers de familles. Mais que l'individu se trouve mis au-dessus ou au-dessous des lois, le résultat est le même, les frontières ne doivent ni l'enserrer ni l'arrêter.

Voilà donc notre État-providence sommé de pratiquer une universelle hospitalité. Peu importent les contradictions, les pourfendeurs du libre-échangisme intégral pour le commerce n'hésitent pas à le préconiser pour l'établissement des individus. Pourquoi pratiquer un tel désarmement démographique quand tant de voix, au FN mais également à gauche, demandent le retour à un certain protectionnisme commercial ? Gérard-François Dumont souligne que, « si tout contrôle de l'immigration était supprimé, le résultat serait clair : des dizaines de millions de jeunes du Sud quitteraient leur pays pour s'installer au Nord », et montre que les conséquences, notamment sociales, d'un tel nomadisme généralisé seraient désastreuses. Du reste, ce sont les ultralibéraux qui souhaitent cette liberté afin de voir affluer une main-d'œuvre docile et pas chère qui ferait baisser les coûts du travail et augmenterait les profits. Pour surprenant que ce soit, les ONG les plus à gauche et les ultralibéraux de Washington se prononcent également pour la suppression des frontières.

Hervé Le Bras étaie sa démonstration en employant de nombreux exemples assez convaincants. Il est vrai que nous avons bien souvent entretenu des frayeurs qui ont été démenties par les faits. Les Espagnols et les Portugais, si nombreux à émigrer dans les années 1950-1960, n'ont pas « envahi » la France lorsqu'ils ont pu franchir librement les Pyrénées. On a même assisté au phénomène inverse. Nous n'avons pas vu non plus les habitants des pays pauvres de l'Est se ruer sur les pays riches de l'Ouest lors de l'élargissement de l'Europe. Autant d'alarmes vaines. Hervé Le Bras n'a aucune peine à montrer que la France est tout sauf un pays largement ouvert à l'immigration, à dénoncer tous les inconvénients liés au contrôle des clandestins. Il veut surtout privilégier le point de vue économique, « parce que l'angle économique est celui qui rend le mieux compte des faits et des chiffres observés... au niveau des populations, l'angle psychologique, l'angle culturel, l'angle politique ne mènent pas à des résultats convaincants, contrairement à l'angle économique ».

Hervé Le Bras s'en tient donc au démographiquement correct, qui retient ce qui peut se compter, se quantifier, c'est-à-dire le nombre d'étrangers, l'influence sur les taux de croissance, le coût des nouveaux venus, et néglige tout simplement l'essentiel, c'est-à-dire le vécu des hommes. Il est aisé de démontrer qu'un pays aussi vaste, aussi peu peuplé que la France pourrait accueillir quelques millions d'immigrés dans les années à venir. Cela ne fait guère de doute. Encore faudrait-il qu'ils aillent repeupler et faire vivre le « désert français », toutes ces régions, souvent magnifiques, en déshérence. Pourrait-on reconstituer de telles conditions dans l'état présent de notre société ? Les constatations faites par les chercheurs de terrain prouvent que c'est utopique de l'imaginer. Ce nouvel afflux d'étrangers irait rejoindre la France des ghettos, bousculant et repoussant toujours davantage les populations autochtones. On aggraverait encore la double peine que subissent les catégories populaires avec l'insécurité économique et l'insécurité culturelle. N'est-ce pas exercer une forme de violence qu'expliquer à des Français qui sentent vaciller leur monde que, au nom des droits de l'homme et du progrès technologique réunis, leur « village » devra se transformer en hôtel du libre-échange ?

Chapitre VII

DE L'IMMIGRATION À L'ISLAM

Au début des années 1980, lorsque Jean-Marie Le Pen fait de l'immigration son cheval de bataille, il s'en prend à l'Autre, le Différent, le Maghrébin, le Noir, l'Arabe, le Métèque, le Rom. Les Français seraient menacés par ceux qui « ne sont pas comme nous », « ne sont pas d'ici ». Peu importe au fond qu'ils soient musulmans, bouddhistes, juifs ou animistes, il suffit qu'ils « n'aient pas l'air très catholiques ».

Cette indifférenciation correspond bien à cet implicite « code de l'immigration » qui, pendant un siècle, s'est imposé à tous les nouveaux arrivants. L'étranger affiche ses ressemblances dans la sphère publique et garde ses différences pour la sphère privée. Les Maghrébins faisaient leurs prières, respectaient le ramadan, ne buvaient pas d'alcool et ne mangeaient pas de porc, mais cela ne regardait qu'eux. Ils n'en faisaient pas état dans leurs rapports avec les Français. Et puis, qui, alors, se souciait de l'islam ?

Il refait une entrée fracassante dans l'Histoire avec la révolution islamiste et l'arrivée au pouvoir de l'ayatollah Khomeini en 1979. L'événement est perçu comme un phénomène iranien. L'Occident n'y voit pas encore le réveil du monde musulman. En France, l'onde de choc ne pénètre que très progressivement. En 1989, dix ans après l'instauration du régime des mollahs, un tiers des musulmans vivant en France s'y déclarent hostiles, un quart indifférents, et seuls 17 % éprouvent de la sympathie pour ce régime. Mais il se produit bien un réveil de la foi et de la fierté islamiques, une évolution qui échappe totalement à la classe politique. La révélation ne se fera qu'en septembre 1989.

Pour un foulard

Quelques escarmouches s'étaient déjà produites, çà ou là, et avaient été réglées tantôt dans un sens, tantôt dans un autre, sans faire trop de vagues. Il n'en va pas de même lorsqu'au collège Gabriel-Havez de Creil, dans l'Oise, établissement de 850 élèves ne comptant pas moins de quarante nationalités différentes dont une majorité de Maghrébins, trois jeunes filles marocaines, Fatima (treize ans) et Leïla (quatorze ans), ainsi que Samira, font leur rentrée avec, sur la tête, un foulard cachant leurs cheveux. Le principal, Ernest Chénière, leur demande de retirer ce signe d'appartenance religieuse. Les parents refusant de se plier à l'injonction du principal, les filles sont exclues de l'établissement. La presse s'empare de l'affaire, la polémique commence.

Les premières réactions, simples réflexes pavloviens, traduisent l'incompréhension totale du signal qui vient d'être envoyé. L'archevêque de Paris, le grand rabbin de France, le porte-parole des protestants dénoncent une atteinte à la liberté religieuse. SOS Racisme prend le parti de l'immigré et condamne. Cela va de soi. Le MRAP et la Ligue des droits de l'homme font de même, tout comme Danielle Mitterrand. Tous demandent la réintégration des jeunes filles voilées, tandis que Michel Rocard soutient l'exclusion. Les prises de position se multiplient, qui sont de plus en plus diverses et ne reflètent plus les clivages politiques habituels. Peu à peu se dégage le vrai sens de la polémique : comment défendre la laïcité, dont tout le monde se réclame, face à la poussée islamiste ?

Le ministre de l'Éducation nationale Lionel Jospin souhaite un compromis ou, faute de mieux, une tolérance. Mais, dans un manifeste, les défenseurs intraitables de la laïcité et de l'émancipation féminine, Élisabeth Badinter, Régis Debray, Élisabeth de Fontenay ou Alain Finkielkraut, l'interpellent : « Négocier comme vous le faites, en annonçant qu'on va céder, cela porte un nom : capituler. » À l'opposé, une pétition, signée par Marguerite Duras, Elli Medeiros, Catherine Lara ou Ségolène Royal, dont la position évoluera par la suite, estime que « l'exclusion sera toujours la pire des solutions ». Incapable de trancher, le ministre repasse la patate chaude au Conseil d'État, qui s'en sort comme il peut en distinguant les enseignants, qui doivent respecter une stricte neutralité, des élèves, qui « ont le droit d'exprimer et de manifester leurs croyances religieuses ». Un principe assorti de limites à ne pas dépasser : ne faire ni propagande ni provocation, ne pas perturber l'enseignement, etc. Aux chefs d'établissement de décider, au cas par cas, si ces règles ont été dépassées ou pas. Le corps enseignant, fortement attaché au principe de laïcité, n'apprécie pas la position mi-chèvre mi-chou adoptée par les sages du Palais-Royal. Quant à Jean-Marie Le Pen, il ne se fait guère entendre. Il a bien compris que, au final, il touchera les dividendes de cette confusion. Preuve est faite que l'immigration actuelle, contrairement aux précédentes, pose problème, et que la classe dirigeante n'a ni politique ni solution.

De fait, les trois parties prenantes, l'Éducation nationale, la Justice et le gouvernement, ne cessent de se contredire. Au cours des années 1990, le nombre des « foulards » augmente lentement mais sûrement, pour atteindre quelques 200 cas par an. C'est infime par rapport à la population scolarisée, mais suffisant pour entretenir le feuilleton. Car la discussion et la médiation ne suffisent pas toujours à apaiser le conflit. C'est alors l'interdiction, l'expulsion et le recours à la justice. Or les décisions des tribunaux vont tantôt dans un sens, tantôt dans un autre. Allez savoir ce qu'est un « signe ostentatoire », limite fixée à la tolérance ? Peut-on se satisfaire d'un voile « qui dégage les oreilles », du bandana, quelle tenue imposer pour le sport ? Et la piscine ? Ces affaires récurrentes assurent la présence de l'immigration dans l'actualité et changent peu à peu son image aux yeux des Français. D'une part, elle n'est plus localisée dans quelques villes. La question de l'école interpelle tous les Français au point sensible, celui des enfants. D'autre part, elle met au premier plan la question de l'islam. Il ne s'agit plus de cohabiter avec de nouveaux arrivants, mais avec une nouvelle religion qui entend prendre toute sa place dans notre société et pourrait remettre en cause notre laïcité, fortement marquée par notre catholicisme originel.

Nos hommes politiques ne savent pas comment se situer face à cette revendication. Les Français sentent naître une sourde interrogation : quelle place faudra-t-il faire à cette poussée islamique ? Conscient de ce trouble, Jacques Chirac confie à Bernard Stasi le soin de proposer une politique. Dès 1984, le maire d'Épernay publie un livre dont le titre est, à lui seul, une profession de foi : *L'Immigration : une chance pour la France*[1]. S'il est un homme qu'on ne peut en aucun cas soupçonner de racisme, c'est bien lui. Il réunit une commission dont les membres sont, à son image, partisans de la plus grande tolérance. Pendant les six mois que durent leurs travaux, ils ne recueillent pas moins de cent cinquante témoignages, parmi

1. Bernard Stasi, *L'Immigration : une chance pour la France*, Paris, Robert Laffont, 1984.

lesquels ceux d'hommes et de femmes qui vivent ces situations au jour le jour, des enseignants, notamment. Confrontés à l'évidence d'une tension croissante dans le monde scolaire, ils se ravisent et se prononcent pour l'interdiction pure et simple de tous les signes religieux : foulard, kippa ou croix. À l'école, la neutralité doit s'appliquer à tous, enseignés comme enseignants. Dans la foulée, le Parlement vote une loi d'interdiction générale, qui ne provoque pas les révoltes annoncées et met un terme au conflit. La France a donc mis quinze ans à définir une politique concernant le voile « islamique ».

Tandis que la classe dirigeante ne sait sur quel pied danser, les Français, eux, sont droits dans leurs bottes, contre le port du voile. En 1989, ils sont 75 % à se prononcer contre – pourcentage qui monte à 89 % en 2012. À noter que les 12-17 ans, eux, se disent à 72 % nullement choqués par le foulard, non plus que par la kippa ou la croix. Fait intéressant, la population musulmane n'est favorable au port du voile qu'à 30 % et défavorable à 45 %. L'hostilité au voile traduit une méfiance qui est en passe d'empoisonner les relations franco-musulmanes. Dès 1989, 60 % des Français y voient une « manipulation des extrémistes islamiques ». Plus inquiétant, ils associent l'islam aux notions de violence et de fanatisme. Des réactions fortement influencées par l'image détestable du régime des mollahs en Iran, par la montée de l'intégrisme au Moyen-Orient et les déchaînements de violence en Algérie à partir du début des années 1990. L'islam commence à être ressenti comme un obstacle à l'assimilation – « Ces gens-là, ils ne seront jamais comme nous. » C'est une rupture que remarque Christophe Guilluy[1], une fracture française : « Jusqu'aux années 1970, dans la France assimilationniste, la question ne se posait pas puisque l'"autre"

1. Christophe Guilluy, *Fractures françaises*, *op. cit.*

devenait "soi". Mais quand on est sûr que l'"autre" ne va pas devenir "soi", on veut savoir combien d'"autres" il y aura. »

La question musulmane

Incertitude dans l'élite, unanimité dans la population. La coupure est inquiétante. D'un monde à l'autre, on ne vit pas la même réalité, on ne se comprend plus. Cette incompréhension a toujours fait le lit du populisme. Jean-Marie Le Pen n'a pas à en rajouter, il met à profit le désarroi d'une société prise au dépourvu et emberlificotée dans ses propres contradictions. Nul ne lui rappellera que, à la belle époque de l'Algérie française, il se voulait défenseur de l'islam. « J'affirme, disait-il en 1958, que, dans la religion musulmane, rien ne s'oppose au point de vue moral à faire du croyant et du pratiquant musulman un citoyen français complet. Bien au contraire, sur l'essentiel, ses préceptes sont les mêmes que ceux de la religion chrétienne, fondement de la civilisation chrétienne[1]. » Ceux qui défendent une France islamo-chrétienne se trouvent maintenant dans le camp d'en face.

Au début des années 1990, la classe politique est unanime à se réclamer de la laïcité, un unanimisme qui cache toutes les équivoques et débouche sur la paralysie. Les défenseurs de la laïcité, ceux qui interviennent effectivement sur le terrain, hésitent toujours entre deux tactiques. Pour les uns, il ne faut rien céder, ne jamais reculer, car toute concession renforce le camp d'en face et fait naître de nouvelles entorses. Pour les autres, il faut faire preuve de tolérance, de compréhension, car l'affrontement n'a que des effets pervers. D'une part, les femmes ou

1. Cité par Pascal Perrineau dans *La France au Front*, *op. cit.*

les élèves voilées sont exclues de la société, désocialisées, et se retrouvent prisonnières de leur famille, sans aucun espoir d'une évolution personnelle. D'autre part, le conflit durcit les positions et pousse les modérés dans le camp des activistes. Mieux vaudrait donc temporiser pour éviter d'étendre le conflit et laisser une chance aux victimes d'échapper à ce conditionnement. Pour choisir entre ces deux attitudes, il faut d'abord poser un bon diagnostic.

Que cachent, pour reprendre cet exemple, les foulards de Creil ? Est-ce une toquade de trois jeunes filles qui se sont couvert la tête comme elles auraient pu adopter le régime végétarien ou se faire teindre les cheveux en vert ? En ce cas, il ne faut surtout pas en faire une question de principe. Laissons-les s'habiller comme elles l'entendent. Cela évitera tout à la fois de populariser l'événement et de déscolariser ces lycéennes. Si, au contraire, ces jeunes filles sont manipulées, si derrière elles se cache un mouvement, organisé ou diffus, qui tâte les défenses républicaines et entend multiplier les anicroches pour faire reculer la laïcité, alors il faut se montrer intraitable. La suite prouve qu'il s'agit de tout sauf d'un cas isolé.

Une fois l'affaire du « voile islamique » réglée survient celle de la burqa. Nous l'avons d'abord découverte en Afghanistan, où le régime des talibans avait imposé aux femmes cette prison de tissus qui ne laissait deviner, et encore, que les yeux. Puis nous l'avons vue, en très petit nombre – mais elle se remarque –, dans nos propres rues. Se peut-il que l'on accepte chez nous ce symbole intolérable de l'oppression féminine ? La polémique repart. Elle divise à nouveau les partisans de la tolérance et ceux de l'interdiction. En 2010, le Parlement se prononce pour l'interdiction, mais, pour éviter de s'en prendre à un signe islamique, invoque la sécurité, qui oblige à présenter son visage dans l'espace public.

Le feuilleton Baby-Loup

L'incertitude de l'appareil d'État se retrouve dans les mairies, les écoles, les entreprises, les hôpitaux. Elle est résumée dans une affaire qui a défrayé la chronique : celle de la crèche Baby-Loup. Au départ, une magnifique initiative d'un groupe de femmes animé par une réfugiée chilienne, Natalia Baleato. Celles-ci créent en 1991 à Chanteloup-les-Vignes une crèche associative qui accueillera 7 jours sur 7, 24 heures sur 24, des enfants de toutes nationalités et de toutes origines. Elles conviennent de respecter une stricte laïcité. Au fil des ans, Baby-Loup devient l'exemple même d'une initiative sociale réussie, tant par les services rendus aux mères de famille que par la promotion assurée à son personnel. Fatima Afif bénéficie de cette solidarité. Quand elle entre à la crèche, elle n'a aucune formation. Elle y acquiert une compétence professionnelle et, en 1997, en devient directrice adjointe. Puis elle part en congé de maternité et ne revient qu'en 2008. Entre-temps, le quartier a connu une très forte islamisation. Les femmes voilées sont de plus en plus nombreuses, les comportements se sont radicalisés, celui de Fatima en particulier. Pour la reprise du travail, elle se présente recouverte d'un grand voile noir qu'elle refuse absolument de retirer. Natalia Baleato, fidèle au principe de laïcité qui régit l'établissement, la licencie. Les islamistes multiplient les pressions sur la directrice, tandis que commence une procédure qui illustre à merveille la totale incapacité de notre appareil judiciaire.

Dans un premier temps, c'est la Haute Autorité de lutte contre les discriminations et pour l'égalité, la Halde, qui condamne la crèche pour discrimination, avis confirmé bien que sa nouvelle présidente, Jeannette Bougrab, se prononce en sens contraire. Les prud'hommes, en revanche, confirment le licenciement, la cour d'appel aussi, mais Fatima, forte de ses soutiens, poursuit la procédure, et l'affaire arrive devant la pire juridiction de France, la chambre sociale de la Cour de cassation, qui donne la pleine mesure de sa dérive idéologique en cassant le jugement et en se prononçant en faveur de l'annulation du licenciement. La crèche se trouve désavouée et les islamistes de Chanteloup-les-Vignes se déchaînent contre Natalia Baleato, qui est soumise à un véritable harcèlement. La décision est à ce point aberrante que, fait rarissime, la cour d'appel de Paris, qui rejuge l'affaire, refuse de suivre cet avis et confirme le licenciement. Qu'à cela ne tienne, Fatima dispose des appuis nécessaires pour retourner devant la Cour de cassation. Le 16 juin 2014, celle-ci, statuant en assemblée plénière, confirme le licenciement en estimant que « la restriction à la liberté de manifester sa religion qu'il [le règlement intérieur] édictait ne présentait pas de caractère général, mais était suffisamment précise, justifiée par la nature des tâches accomplies par les salariés de l'association et proportionnée au but recherché ».

La deuxième religion de France

À partir des années 2000, les incidents se multiplient et se banalisent. Dans les hôpitaux, où des patientes musulmanes exigent d'être examinées et soignées par un personnel exclusivement féminin, voire en présence du mari, dans les entreprises, où des salariées entendent garder une tenue islamique, disposer d'une nourriture rituelle, pouvoir faire leurs prières, où des hommes refusent de se retrouver en tête à tête avec une femme, dans les écoles, où les enfants, français ou non, contestent certains épisodes de l'histoire, voire de la littérature, où des parents exigent une nourriture spécifique et refusent la mixité dans l'éducation physique, à l'université, où des étudiants prétendent se dispenser d'examen le jour des fêtes religieuses. On en vient même, dans certaines écoles, à interdire les bonbons sous prétexte qu'ils pourraient contenir de la gélatine de porc, ou à remettre en cause la célébration de Noël. Les municipalités ne savent trop comment répondre aux pressions qu'elles subissent. Certaines acceptent de pratiquer des horaires séparés pour les hommes et pour les femmes dans les piscines municipales. À Lille, Martine Aubry en vient à justifier une telle mesure au nom des femmes obèses que la mixité pourrait gêner !

Ces affaires trouvent parfois un écho dans les médias, mais, pour une dont on parle, combien sont étouffées ? Ainsi la RATP tolérait-elle dans certains dépôts, depuis des années, des comportements qui violent la laïcité que devrait faire respecter une entreprise, qui plus est publique. Il a fallu que, en décembre 2012, des femmes en contact avec le réseau Riposte laïque portent l'affaire sur Internet. Elles ont révélé qu'à Nanterre des collègues musulmans intégristes refusaient de leur serrer la main, les méprisaient, les insultaient, interrompaient leur service pour faire leurs prières rituelles, etc. La direction, à son grand regret, a dû mener une enquête, au terme de laquelle elle a effectivement constaté des « poussées communautaristes » dans certains dépôts. Toutefois, prétextant l'absence d'une véritable organisation, elle s'est abstenue de prendre des sanctions. La plupart des plaignantes n'ont eu d'autre choix que demander une mutation ou partir en retraite. La direction a ensuite pondu un « Guide de la laïcité et de la neutralité ». On y apprend notamment que les agents qui refusent de serrer la main des femmes doivent pourtant les saluer, que les contrôleurs ne doivent pas verbaliser les voyageuses voilées… Autant d'affaires dans lesquelles les autorités, prises de court, sont incertaines de l'attitude à adopter.

La dynamique revendicative d'une petite minorité fondamentaliste pose sans cesse de nouvelles demandes qui heurtent notre façon de vivre. Le droit à la différence ne se réduit plus à la liberté de conscience, il est revendiqué dans la sphère publique même. C'est alors que la France se trouve remise en cause. Vis-à-vis des Maghrébins et des musulmans, notre Constitution apporte toutes les réponses : « Elle assure l'égalité devant la loi de tous les citoyens sans distinction d'origine, de race ou de religion. » Sur cette base, notre société peut se partager entre différentes religions, différentes ethnies. Les Français sont tous égaux. Il appartient à la justice de faire respecter cette égalité. Tout change avec l'islamisme qui dépasse le cultuel pour s'étendre au culturel et prétend faire respecter dans la sphère publique les règles de comportement qu'il tire du Coran. Si la France cédait sur ce point, elle deviendrait une société multiculturelle. Or elle s'est toujours voulue, toujours pensée comme une société uniculturelle. La République s'est affirmée en écrasant tous les particularismes. Elle a confiné le religieux à la sphère privée, neutralisé la sphère publique, pour donner à notre pays une sociabilité commune. Passer de cette société laïque à une société multiculturelle, c'est bien opérer une révolution qui ne saurait se faire sans l'assentiment des Français.

La classe dirigeante est incapable de poser la question en ces termes, d'autant qu'il lui faudrait s'interroger sur l'état de la communauté musulmane en France. Que représentent les courants intégristes, quels sont leurs projets, leurs moyens d'action, leurs réseaux et, surtout, quelle est leur emprise sur l'ensemble de la population ? Il faudrait aussi s'interroger sur la dimension internationale. Car l'islam ne connaît pas de frontières. De l'étranger arrivent l'argent, les réseaux, les prédicateurs, qui mettent des musulmans de France sous influence.

L'union sacrée anti-Le Pen qui s'était nouée sur le thème du racisme vole en éclats. Ce n'est pas l'Arabe qui est en cause, c'est le musulman qui prend le visage de l'islamiste. D'ailleurs, une des premières femmes verbalisées pour avoir porté la burqa dans l'espace public était une Française convertie à l'islam, et c'est elle qui portera l'affaire devant la Cour européenne des droits de l'homme en 2013, avant d'être déboutée l'année suivante. Mais le port du voile intégral par des Européennes n'était rien encore. Les Français ont découvert récemment, avec stupéfaction, que des jeunes gens de culture chrétienne peuvent, après leur conversion à l'islam, en rejoindre le fanatisme le plus criminel. L'islam pose problème, et peu importe que les pratiquants soient des étrangers récemment arrivés ou que leurs ancêtres soient en France depuis dix générations. Les Français attendent en vain une politique clairement affirmée et fermement appliquée.

La pensée correcte paralyse notre société face à la poussée islamiste autant qu'elle l'a paralysée face à l'arrivée de nouveaux immigrés. Le monde entier voit que les pays musulmans, tout comme les communautés musulmanes immigrées, sont travaillés par un courant fondamentaliste qui n'est plus seulement une religion mais une idéologie, car celui-ci exige de la société française qu'elle permette aux musulmans d'appliquer toutes les pratiques qu'elle tire du Coran : le refus de la mixité, la condamnation du blasphème, le respect des interdits alimentaires, les mariages dans la communauté, la censure des programmes scolaires, etc. Et cet islamisme lui-même peut dériver vers un islamisme radical qui entraîne les jeunes à faire le djihad au Moyen-Orient, voire à basculer dans le terrorisme en France même. Personne n'a le moyen d'éviter cet enchaînement diabolique de l'islam à l'islamisme et de l'islamisme au terrorisme. Mais, plutôt que de lutter avec la communauté musulmane contre ces dérives, nos gouvernants ont décidé de nier le problème en proclamant qu'il n'y a aucun lien entre l'islam et l'islamisme. Une fois de plus, ils prétendent traiter un problème en le niant plutôt qu'en s'efforçant de le résoudre. Seuls les racistes osent prétendre que l'impact sociologique des différentes immigrations n'est pas le même, que celui de l'islam est spécifique.

L'islamophobie

La laïcité et la tolérance ne sont pas plus naturelles à la religion catholique qu'à la religion musulmane. Mais l'histoire les a imposées à la première et pas à la seconde. La vraie différence entre les deux, c'est leur décalage dans le temps, dans leur évolution. La première a dû plier devant le pouvoir politique, la seconde a conservé son emprise sur la société. C'est sans doute la source de notre incompréhension. Dans le monde musulman, l'observance des règles coraniques est un fait social et pas seulement religieux, une obligation d'État. Selon les régimes, celle-ci va plus ou moins loin, de simples règles de civilité à l'application de la charia. Mais la véritable séparation de la religion et de l'État est difficilement concevable en terre d'islam. C'est de façon autoritaire qu'Atatürk l'a imposée en Turquie dans les années 1920. Cette tradition d'un environnement social imprégné par les préceptes religieux est si fortement enracinée dans les mentalités que les tentatives de laïcisation en Tunisie se heurtent aujourd'hui à une forte réaction. Une attitude qui n'est pas sans rappeler celle des catholiques, qui, en

France, mirent des décennies à admettre la séparation de l'Église et de l'État.

Cette emprise de la religion, pouvant conduire à de telles dérives, se trouve-t-elle dans le Coran ? Les spécialistes en discutent à l'infini, et cela n'a strictement aucune importance. Les livres saints, la Bible, le Coran, sont par nature ambigus et se prêtent à toutes les interprétations. Ne voit-on pas des juifs pieux réduire leur pensée à la seule lecture du Talmud-Torah et d'autres étendre leurs réflexions à l'ensemble du génie humain ? Au nom du Christ, nous avons eu droit aux horreurs des croisades et de l'Inquisition, mais aussi à saint François d'Assise, mon cher patron. Quant à l'islam, il a connu sa période glorieuse, l'Al-Andalus, dans les années 800 à 1400, lorsqu'il synthétisait depuis l'Andalousie tout le savoir de son époque. Mais l'islam a aussi inspiré des conquêtes sanguinaires et les régimes les plus oppressifs. Laissons donc les théologiens à leurs querelles, seul compte le fait religieux auquel nous devons faire face. En ce troisième millénaire, les intégrismes reprennent vigueur. Celui du christianisme en Amérique, celui de l'islam au Moyen-Orient, en Arabie saoudite et au Pakistan et, par diffusion, en France même. Ce sont les faits, quelle doit être la politique ? Pour la définir, il faudrait avoir une vision claire des attentes, des courants, des frustrations. Nous en sommes loin.

Cette poussée de l'islam permet au Front national de doubler la mise en criant à l'islamisation. Le minaret après l'invasion, Le Pen, père et fille, protégez-nous ! Et, tout naturellement, leurs soi-disant meilleurs adversaires persistent dans leur ligne de défense fondée sur un principe : la dénégation. Cette bien-pensance s'incarne désormais dans un mot : l'islamophobie, qui, au sens strict, signifie la crainte de l'islam. Dans la pratique, le mot est confondu avec l'anti-islamisme, pendant de l'antisémitisme, qui est odieux, mais différent. S'inquiéter et détester n'est pas la même chose. Cet amalgame crée un véritable tabou sur le fait musulman. De même que toute interrogation sur l'immigration faisait naître l'accusation de racisme, toute interrogation sur l'islam se voit opposer l'accusation équivalente d'islamophobie, qui permet de récuser tous les faits, tous les arguments. C'est le joker qui arrête la partie. Impossible, donc, d'avoir un grand débat national, car le chœur des indignés couvrirait la voix des intervenants. Les Français, qui sont confrontés, directement ou indirectement, à ces réalités, qui s'en inquiètent, ont le sentiment que l'élite reste sourde à leurs problèmes. Une fois de plus, on laisse courir la rumeur qui accentue la coupure entre le peuple et ses représentants, et apporte des voix supplémentaires à Marine Le Pen.

De même que les moyennes statistiques ne donnent pas la réalité de l'immigration, le pourcentage d'islamistes dans la population musulmane, à supposer qu'on puisse le connaître, ne dit rien des phénomènes en cours. Au sein d'une même communauté, c'est toujours la minorité active, celle qui poursuit un projet, qui entraîne le reste de la population. C'est particulièrement vrai dans les groupes qui possèdent une forte unité, et les discriminations que subissent si souvent les immigrés et les musulmans contribuent à souder cette communauté.

L'influence réelle de l'islam, on serait tenté d'écrire *des islams*, dans la société française ne pourrait se révéler qu'au terme d'une enquête sociologique hautement improbable sur un sujet aussi incorrect. Heureusement, certains chercheurs traquent la réalité sociale sur le terrain et pas seulement dans les bibliothèques. Gilles Kepel, dont la compétence et l'autorité sont incontestées sur cette question, tient ce rôle pour l'islam, dont il observe la présence en France depuis des décennies. Voici le constat qu'il dresse en 2014 : « L'autre transmutation advenue dans les quartiers populaires est l'essor des marqueurs de l'islam, qui scandent désormais le paysage urbain des tours, des barres et de certaines zones pavillonnaires[1]. » L'islamologue rappelle que ceux-ci étaient encore rares il y a vingt-cinq ans, lorsqu'il commençait ses recherches. En revanche, lors de ses enquêtes de 2010-2011 en Seine-Saint-Denis, « l'ubiquité des enseignes halal, la prégnance du port du voile, la généralisation du jeûne du ramadan m'étaient devenues familières ». Or il découvre une profonde évolution en 2014 : « La présence ostensible du salafisme – favorisé par l'accoutrement spécifique des adeptes – est un symptôme nouveau et fulgurant. Elle exprime une rupture de valeurs avec la société française, une volonté de la subvertir moralement et juridiquement, qu'il serait illusoire de se dissimuler et qui pose des questions essentielles. »

Sans doute ne s'agit-il que d'une minorité, mais son emprise sur une partie de la communauté musulmane est manifeste. L'État ne peut ignorer cette dérive islamiste dont les prolongements, comme le constate Gilles Kepel, vont très au-delà du seul fait religieux, mais ne saurait s'y intéresser sans tomber sous le coup de l'islamophobie. Il a donc fallu attendre qu'un millier de jeunes Français partent faire le djihad en Syrie, que certains y commettent les plus abominables crimes, pour qu'on ose s'interroger sur ces courants inquiétants qui traversent l'islam français.

1. Gilles Kepel, *Passion française*, Paris, Gallimard, coll. « Témoins », 2014.

La championne de la laïcité

S'il faut contenir l'islamisme, en revanche, il faut ménager à l'islam sa juste place dans notre société. Inutile de se masquer la réalité : il n'est pas simple d'intégrer dans une société, certes déchristianisée, mais d'origine chrétienne, une deuxième religion appartenant à une tout autre tradition. Cela ne peut se faire qu'en s'appuyant sur la laïcité. Or celle-ci n'a rien de naturel. Elle ne s'est imposée en France qu'au prix de luttes entre la République et l'Église catholique. Une épreuve que l'islam n'a connue qu'une seule fois en Turquie. De ce point de vue, les islamistes ne sont pas différents des catholiques de 1900. Pour ces derniers, il allait de soi que leur morale, sinon leur religion, devait être celle de tous les Français, croyants ou incroyants. Seule une épreuve de force a permis d'imposer la tolérance à la première religion de France ; comment imaginer qu'il n'en ira pas de même avec la deuxième ?

Les Français sont laïcs de naissance et observent la laïcité sans le savoir. Le mot lui-même, venu du XIXe siècle, semblait depuis des décennies hors de saison. La bataille de l'école libre lui avait redonné des couleurs au printemps 1984, mais, le projet de loi Savary sur la remise en cause de l'école privée remballé, il redevenait l'apanage d'irréductibles pourfendeurs du régime concordataire en Meurthe-et-Moselle. L'islam a saisi la République par surprise. Lorsque l'affaire du foulard puis les incidents liés à des revendications islamiques ont éclaté, les réactions, de l'élite comme du peuple, ont été épidermiques. Personne ne s'était posé la question : « Comment ménager sa place à l'islam en tant que deuxième religion de France ? » La classe politique a voulu croire que la laïcité offrait une réponse préfabriquée qui dispensait de toute réflexion. Mais la multiplication des affaires, des incidents, et le malaise concomitant de l'opinion l'ont contrainte à improviser des réponses dans le plus grand désordre. Les Français ont surtout retenu de ces déclarations que leurs représentants vivent très loin des réalités quotidiennes.

Les positions des uns et des autres paraissent d'autant plus incompréhensibles qu'elles ne recoupent pas notre clivage politique droite contre gauche. Que signifie la « laïcité positive » que prônait l'ancien président de la République, et la « laïcité dévoyée » qu'il dénonçait ? Qu'implique le principe « d'intérêt public local » qu'admet le Conseil d'État ? Doit-on aller vers ces « accommodements raisonnables » que pratiquent les Canadiens vis-à-vis de leur communauté musulmane ? Faut-il admettre avec Esther Benbassa, Eva Joly et Noël Mamère que « la laïcité doit reconnaître la part de l'appartenance ethnique, culturelle, religieuse » ?

De cet embryon de débat plombé par le politiquement correct, le public ne peut retenir qu'une chose : la classe dirigeante est incapable de traiter la question, de définir une politique. Marine Le Pen a saisi la perche que, sans le vouloir, ses adversaires lui tendaient. Elle s'est faite championne de la laïcité. Sans doute a-t-elle perdu au passage l'extrême droite catholique nostalgique d'une France « fille aînée de l'Église » qui participa à la fondation du FN dans les années 1970. Mais sur ce point, comme sur l'interruption volontaire de grossesse, elle se met à l'unisson de l'électorat qu'elle vise. Passant de l'immigration à l'islam, elle se démarque du racisme. Elle peut se situer sur le plan des valeurs, mettre en avant la condition féminine dans le monde musulman. Comment l'attaquer quand elle défend la conception occidentale de l'égalité des sexes, qu'elle dénonce les mariages arrangés des filles, le machisme que subissent les femmes dans les quartiers à dominante maghrébine ? Sur le champ de manœuvre que lui offre l'islamisme, la défaillance de ses adversaires lui permet de parader.

Car la censure bien-pensante lui laisse à nouveau le champ libre. C'est la présidente du FN qui soulève la question de l'abattage rituel. Est-il normal que le détestable égorgement des animaux sans choc électrique préalable se développe dans nos abattoirs bien au-delà de la seule consommation hallal ? Pourquoi faut-il qu'on laisse à Marine Le Pen l'exclusivité de cette « bonne question »[1] ? Pourquoi faut-il qu'elle semble la seule à suivre concrètement le développement de pratiques liées à l'islam dans notre société ? À mettre en question les pressions communautaristes pour imposer une alimentation rituelle dans la restauration collective ?

Autant il était commode d'attaquer le père sur le thème du racisme, autant il est difficile d'attaquer la fille sur celui de la laïcité. Va-t-on lui reprocher de mettre en avant une valeur fondatrice de la République ? De s'en faire, même, avec Jean-Luc Mélenchon – comme par hasard – une intransigeante avocate ? Islamophobie, vous avez dit islamophobie ? Mais elle a dit laïcité. Et toutes les contorsions pour montrer que, dans sa bouche, celle-ci n'est que le nouvel habillage du racisme ne convaincront jamais que les antilepénistes farouches, et pas les seuls qu'il faudrait atteindre : les électeurs susceptibles de voter FN.

Marine Le Pen joue sur du velours, car, sondage après sondage, l'image de l'islam reste désastreuse dans l'opinion. Une intolérance imputée aux médias qui en diffuseraient trop d'images négatives. Procès connu, toujours le même. Les millions de musulmans qui vivent paisiblement en France ne font pas l'actualité. Les médias sont attirés par l'événement, et le

1. Voir à ce sujet l'excellent livre de Franz-Olivier Giesbert, *L'animal est une personne*, Paris, Fayard, 2014.

monde islamique, pour son malheur, en est devenu un extraordinaire pourvoyeur. Nous sommes assaillis par des horreurs commises au nom de l'islam. Faut-il censurer les informations concernant Daesh et les crimes qu'il commet ? En France, ce ne sont pas les journalistes qui ont caché des femmes sous des burqas pour faire des images à sensation, qui ont inventé un « fou d'Allah » comme Mohammed Merah, ou la décapitation d'Hervé Gourdel – que la communauté musulmane de France a unanimement condamnée. Mais, pour ce qui est du discours anti-islamique, il n'est pas repris par la grande presse ; c'est même ce qui a assuré le succès du livre d'Éric Zemmour.

Les médias ne fabriquent pas plus l'islamophobie qu'ils ne fabriquent l'antisémitisme. A-t-on jamais vu une émission inciter à la haine des Juifs ? Pouvait-on censurer les images de Gaza ? Certains Juifs, effrayés par la virulence de l'antisémitisme dans certains milieux arabo-musulmans, auraient voulu que les journalistes expliquent davantage la stratégie du Hamas, qui masquait ses opérations de guerre dans la population civile. Pure illusion. Les images fortes suscitent une émotion qui résiste à toutes les démonstrations. On imagine ce qu'eussent été les réactions des Français en 1944 si tous les jours, à la télévision, ils avaient vu le spectacle effroyable des bombardements alliés. Dès lors que l'on diffuse non pas des images de guerre, soldats contre soldats, mais des images qui opposent une armée moderne à des populations civiles, le téléspectateur éprouve une sympathie compassionnelle pour ces derniers. Les jeunes immigrés d'origine arabe ont été révulsés par ces combats, et certains sont passés de l'antisionisme à l'antisémitisme. Face à la brutalité des images, à l'emprise de l'émotion, les appels à la raison ne sont que des cantiques inaudibles dans le fracas des batailles.

Lorsque la classe dirigeante garde un silence gêné face à la poussée islamiste, poussée qui est un fait et pas un drame, elle permet à Marine Le Pen, la seule qui en parle sans retenue, de transformer un problème en menace, une interrogation en inquiétude, une irritation en colère.

L'insoumission de Houellebecq

La preuve en a été administrée avec l'incroyable succès rencontré par la fable satirique de Michel Houellebecq, *Soumission*, à l'hiver 2015. La politique-fiction est un genre littéraire bien connu, pour ne pas dire un filon exploité de longue date. On se donne quelques années d'anticipation, une rupture majeure, la faillite du pays, la guerre nucléaire, et fouette cocher.

Michel Houellebecq a donc choisi la France islamisée. Avant même la parution du livre, le public en connaissait l'argument. En 2022, une Ve République à bout de souffle porte au pouvoir un musulman, ce qui, en soi, serait purement anecdotique, mais un musulman qui mène à bien l'islamisation du pays. Une dérive de la France qui s'insère dans la philosophie du « tout fout le camp » chère à l'auteur. Dans une société qui se déglingue, et Dieu sait que la France houellebecquienne se déglingue, l'islam, avec ses inébranlables certitudes, peut devenir la religion prothétique – et non pas prophétique – qui redresse une société en voie d'effondrement.

L'histoire, enlevée avec cette verve grinçante qui a depuis longtemps rencontré son public, ne pouvait que faire un joli succès de librairie. Mais il en va de *Soumission* comme du *Suicide français* d'Éric Zemmour : la police de la pensée conforme va transformer le best-seller en phénomène de société. Elle en a préparé le triomphe en imposant le silence et la correction sur ces sujets, puis l'a amplifié de ses vociférations lorsque Houellebecq a bravé ses interdits. Voilà comment d'une banale provocation on peut faire un scandale majeur pour la plus grande satisfaction de l'auteur.

Houellebecq évoque l'islamisation de la France et joue de façon irrévérencieuse avec l'islam. *A priori*, ça n'est pas bien méchant. Imaginez qu'il ait remplacé l'islam par l'Église catholique. Que ce soit elle qui impose sa loi aux Français, comme elle l'a fait pendant des siècles. L'auteur n'aurait pas manqué de brocarder au passage le catholicisme. Qui donc s'en serait indigné ? Mais le fait de mettre l'islam au cœur de son roman a créé l'événement. Pourquoi ? Parce que le tabou du politiquement correct est tombé. Évoquer l'influence du monde musulman en France, en dénoncer certains travers, c'est rouler pour Marine Le Pen. Pour Laurent Joffrin, « la fable de Houellebecq jouera un rôle dans la Cité : elle adoube les idées du Front national ou bien celles d'Éric Zemmour[1] ». Sans doute, mais il faut pousser la réflexion plus avant. D'où vient que l'on produise un tel choc en parlant du monde musulman d'une façon non conventionnelle ? N'est-ce pas, précisément, parce que le discours sur le sujet a été strictement normalisé ? Parce que le langage officiel qu'impose le terrorisme moral est en complet décalage avec l'opinion ? Pour commode qu'elle soit, la censure ne dure jamais qu'un temps ; en entravant le cours de la parole, elle crée une retenue qui, au jour de l'embâcle, emporte tout sur son passage.

La soumission de Plenel

Si encore le débat se limitait à la question de la plus ou moins stricte application de la laïcité. Mais il faut, comme tou-

1. Laurent Joffrin, « *Soumission*, Le Pen au Flore », *Libération*, 3-4 janvier 2015.

jours, que les meilleurs ennemis de Marine Le Pen volent au secours de ses victoires. Ainsi Edwy Plenel, qu'on a connu mieux inspiré, a-t-il sorti un brûlot, *Pour les musulmans*[1], impitoyable réquisitoire contre le racisme antiarabe qui dominerait la France d'aujourd'hui. Travers récurent d'une certaine intelligentsia, l'autoculpabilisation de l'homme blanc atteint ici le délire masochiste. Plenel peut, à juste titre, nous reprocher des comportements discriminatoires. Il n'en reste pas là et s'indigne que nous « persécutions les musulmans de France ». Persécution, le mot paraît fort ; or Plenel se retient pour ne pas parler d'extermination, car nous sommes engagés « dans cette entreprise de négation d'une minorité, de ses droits dans l'immédiat avant que ce ne soit éventuellement de son existence »... Dans la logique du fondateur de Mediapart, nous ne ferions là que renouer avec notre passé. Car la France s'est bien engagée dans « l'engrenage criminel » qui a conduit de « la négation de l'Autre par le colonialisme » à « l'anéantissement de l'Autre sous le nazisme ». Colonialisme, nazisme, c'est tout un, et nous renouons avec notre passé criminel en persécutant chez nous ces Arabes que nous allions hier persécuter chez eux.

Preuve de notre racisme, nous voudrions que les musulmans deviennent Français ! Il faut « refuser résolument l'injonction néocoloniale d'assimilation ». Le crime d'assimilation, il fallait l'inventer ! Imagine-t-on la réaction de ces millions de Français nés étrangers ou de parents étrangers, à commencer par notre Premier ministre, apprenant que leur assimilation n'était que la soumission à une « injonction terrifiante », celle de « nous ressembler » ? D'où vient que ce sentiment de devenir des « Français comme les autres », qui a fait le bonheur de millions d'étrangers venus s'établir sur notre sol, devienne une marque de

1. Edwy Plenel, *Pour les musulmans*, Paris, La Découverte, 2014.

néocolonialisme lorsqu'il s'agit de musulmans ? Ne serait-ce pas la preuve d'une plus forte altérité ? La preuve qu' « il y a un problème de l'islam en France » ? Voilà précisément la phrase qui fait bouillir Plenel, une phrase « d'une violence inouïe ». Pas de problème, rien qu'un verdict : nous devons nous adapter à toute exigence islamiste pour expier notre péché de colonialisme.

Comment imaginer que nous puissions faire sa juste place à cette nouvelle religion, nouvelle dans son implantation en France, sans avoir des débats approfondis, sans un long temps d'adaptation ? Oui, il fallait réfléchir à la question du foulard pour en arriver à l'interdiction de tous les signes religieux. Nous aurions pu être plus rapides, mais il fallait, en tout état de cause, en débattre. Et il faut de même s'interroger pour résoudre le problème des lieux de culte. En 1905, les catholiques ayant trouvé leurs églises toutes construites, un financement public pouvait être interdit ; en 2012, les musulmans n'ont pas de mosquées, l'État n'a pas le droit d'en financer la construction et la communauté musulmane en France ne peut fournir les fonds nécessaires. Or toute religion doit posséder sur le territoire de la République des lieux de culte appropriés. Comment faire ?

Demain, le monopole de fait que possède l'Église catholique sur les manifestations religieuses – processions, pèlerinages, rassemblements... – ne posera-t-il pas problème ? Ou l'on procède comme à l'école et l'on interdit tout – les religions doivent rester confinées dans les sanctuaires –, ou l'on permet à chaque religion d'occuper temporairement l'espace public si elle le souhaite. Mais cela aussi doit s'organiser. Il est évident que notre laïcité s'est imposée dans un pays de tradition catholique. Avec son calendrier dicté par l'Église, ses cloches qui sonnent les offices, ses calvaires le long des routes, ses noms de saints qui se retrouvent partout, ses expressions langagières et ses métaphores issues du rituel romain, elle a dû prendre acte de notre héritage. Les religions minoritaires s'en sont accommodées. Il faudra évidemment pouvoir parler de tout sans tabous.

Ne pas reconnaître l'existence de ces problèmes, ne pas en débattre, c'est installer l'incompréhension et faire le lit de la pire islamophobie. C'est bien un concordat qu'il nous faut négocier avec la communauté musulmane, un concordat qui, sans pour autant bousculer notre façon de vivre, donne à cette religion la possibilité de pratiquer son culte, qui précise les droits et les devoirs, le possible et l'interdit.

L'immigration musulmane doit-elle marquer la fin de l'assimilation ? C'est refuser de voir le rejet de la France professé par la minorité qui la rejette, c'est surtout oublier que des millions de musulmans s'accommodent fort bien de la laïcité française. N'auraient-ils pas leur mot à dire et devraient-ils se plier aux exigences des réseaux salafistes qui prétendent imposer la loi islamiste, nous faire renoncer à la mixité, condamner le blasphème, prévoir partout des restaurations hallal, etc. ? Pourquoi cette même laïcité dont se sont accommodées les précédentes vagues d'immigration serait-elle tout à coup un système pervers pour asservir les Maghrébins chez nous après les avoir asservis chez eux ? Si le projet colonial d'aller imposer notre culture chez les autres était condamnable, alors celui de venir chez nous imposer une autre culture ne le serait pas moins. Car enfin la France n'est pas un camp de prisonniers, et ceux qui ne veulent pas de nos façons de vivre n'ont aucune obligation de venir chez nous les subir. Le communautarisme qui est au bout de cette logique devient alors un colonialisme à rebours.

Edwy Plenel n'est pas seul à penser qu'il nous faut passer de la République unitaire avec tous ses défauts à une République multiculturelle. C'est oublier que cette brutale condamnation du « modèle villageois » peut être ressentie par beaucoup de

Français comme une « violence inouïe ». Sans doute, et pourtant ils n'auraient pas leur mot à dire, car il ne s'agit pas d'un choix mais d'un devoir, d'une réparation, et le seul fait d'en discuter les termes, d'en « faire un problème », nous transforme en abominables racistes. Que peut-on dire de plus pour convaincre tous ceux qui hésitent encore de voter pour Marine Le Pen en 2017 ? Ainsi, pas à pas, les soi-disant ennemis du Front national nous conduisent-ils au fatidique rendez-vous du « quitte ou double ».

Chapitre VIII

ÊTRE FRANÇAIS

Le passage d'une immigration discrète à une immigration visible, d'une légitimité française à une appartenance communautaire, du modèle de référence à une obligation d'adaptation, la mise en place d'une nouvelle religion qui impose ses pratiques culturelles et pas seulement cultuelles, et, plus que tout, le désarroi manifeste de dirigeants qui n'ont de politique ni pour le présent ni pour le futur, tout cela peut légitimement jeter le trouble dans l'esprit de Français qui ont déjà vu leur mode de vie chamboulé par la modernisation et la mondialisation. Comment s'adapter à de si grands changements alors qu'on ne leur a jamais demandé leur avis, qu'on n'a même pas pris la peine de leur en expliquer les tenants et les aboutissants ?

Dans ce grand désarroi des esprits resurgit la nation, que l'on croyait dépassée, sinon oubliée. Analysant ce « retour », Dominique Schnapper se pose d'abord la question de cette disparition, depuis la fin de la Seconde Guerre mondiale. Les raisons en sont évidentes. La nation n'a pas seulement donné naissance au patriotisme, à la fierté de soi, elle a aussi entretenu le nationalisme, c'est-à-dire le mépris, voire la haine, de l'autre ; elle a fait le lit du racisme et conduit à la multiplication des guerres. La conclusion coule de source : « Les individus généreux et intelligents, eux, étaient "post-nationaux", "supranationaux", "transnationaux" ou "infranationaux", ils affirmaient que toutes les identités étaient respectables et devaient être respectées, toutes, à l'exception de l'identité nationale[1]. » La révolution technologique n'abolissait-elle pas les distances et les frontières, ne créait-elle pas le « village planétaire » et, nous-mêmes, n'avions-nous pas l'Europe qui nous purgerait de cette maladie infantile des peuples ?

Le retour de la nation

Tandis que l'establishment s'abandonne à ses reconstructions intellectuelles, le peuple, lui, ne s'y retrouve pas dans les chambardements qui, de toutes parts, ébranlent ses certitudes, font vaciller ses repères et brouillent son avenir. Les deux tiers des Français estiment « ne plus se sentir chez eux comme avant », une nostalgie bien plus qu'un constat. Des questions toutes simples surgissent, qui ne se posaient plus et ne trouvent plus de réponse. « Que signifie être Français ? », « Quels sont les droits des Français en France ? », « À quoi correspond l'identité nationale ? », « Jusqu'où le mode de vie à la française doit-il évoluer ? » : ces interrogations naissent autant du cosmopolitisme qu'apporte la mondialisation que de l'inquiétude suscitée par la nouvelle immigration à dominante musulmane.

Étant soulevées par Jean-Marie Le Pen en des termes parfaitement inacceptables, ces questions ont été ostracisées selon la stratégie de diabolisation. Jacques Chirac, antiraciste et ennemi du FN s'il en est, n'avait aucune peine à respecter sa ligne politique habituelle : « Moins on en parle et mieux on se porte. »

1. Dominique Schnapper, « La notion d'identité nationale : quelles significations ? » *in* « L'Identité nationale », *Cahiers français* n° 342, La Documentation française, 2008.

Nicolas Sarkozy, lui, entend lever ces ambiguïtés pour récupérer les électeurs, actuels ou potentiels, du FN. Il s'aventure sur les terres interdites et prétend retirer à Jean-Marie Le Pen l'exclusivité des questions qui taraudent les Français : la patrie, la nation, le contrôle de l'immigration, la différence entre Français et étrangers, la laïcité et, en premier lieu, l'identité nationale.

Si réellement la France est sous le coup d'une menace fasciste, le premier résultat à retenir du scrutin de 2007 n'est pas la victoire de Nicolas Sarkozy et de la droite, mais le fait que Jean-Marie Le Pen passe de 16 % des voix en 2002 à 10 %, et que le FN recule aux législatives de 11 % des voix à seulement 2,5 %. Tous les démocrates devraient saluer cette victoire. Pas du tout. La gauche la rejette sous prétexte que ce résultat n'aurait été obtenu qu'au prix d'une « lepénisation des esprits ». Puisque des électeurs sont passés de Le Pen à Sarkozy, cela prouve que Sarkozy est passé chez Le Pen. Remarquez que la même chose s'est produite lors des élections de 1981. La droite n'a guère retenu le recul du parti communiste, qui, à la présidentielle comme aux législatives, a perdu plus de 5 % de voix. Pour elle, ce résultat prouvait que le parti socialiste était devenu marxiste et que la France était en voie de soviétisation. Dans le jeu politique français, le perdant accuse toujours le gagnant d'avoir vendu son âme.

Nicolas Sarkozy a donc fait campagne sur le thème de l'identité nationale. Cela fait-il du nouveau chef de l'État un infréquentable xénophobe ? Les héros de la lutte antilepéniste n'en doutent pas. Ils en voient la confirmation dans la création d'un ministère de l'Immigration, de l'Intégration, de l'Identité nationale et du Codéveloppement, confié à Brice Hortefeux. Prétendre que l'immigration a quelque chose à voir avec l'identité nationale, n'est-ce pas faire du lepénisme ? Oui, sans doute en

1980, certainement pas en mai 2007, quand le fait islamique s'est imposé dans notre société. Nicolas Sarkozy s'efforce de reprendre à son compte l'idée de laïcité en mettant d'abord les catholiques de son côté. Il lance donc en 2009 son grand débat pour rompre avec « cette politique de l'autruche qui laisse le champ libre à tous les extrémismes. C'est pourquoi j'ai voulu ce débat [...] pour que nous réfléchissions ensemble. L'identité nationale, ça nous concerne tous, ça concerne tous les Français ». *A priori*, cette proposition n'engage à rien. On peut toujours discuter, on verra ensuite. Pas du tout ! L'intelligentsia a fait de Nicolas Sarkozy un personnage sulfureux, le Canada Dry de Le Pen, en quelque sorte. Sa proposition est donc rejetée avant tout examen. Le débat espéré n'aura pas lieu.

Un héritage ou un contrat

Le sujet a été traité dans un ouvrage magistral, *L'Identité de la France*, par le plus respecté des historiens, Fernand Braudel, en 1986[1]. Impossible de résumer ces trois volumes en quelques lignes. Mieux vaut s'en remettre au maître lui-même. Répondant à la recherche d'une définition, il explique en préalable qu'elle « doit laisser place à toutes les interprétations, à toutes les interventions ». Nous voilà prévenus, il n'y a pas une carte d'identité de la France qui traverse les siècles inchangée. Mais il précise : « Pour moi, l'identité de la France est incompréhensible si on ne la replace pas dans la suite des événements de son passé, car le passé intervient dans le présent, le "brûle". C'est justement cet accord du temps présent avec le temps passé qui représenterait pour moi l'identité parfaite, laquelle n'existe

1. Fernand Braudel, *L'Identité de la France*, vol. I à III, Paris, Arthaud, 1986.

pas… Le problème pratique de l'identité dans la vie actuelle, c'est donc l'accord ou le désaccord avec ces réalités profondes, le fait d'être attentif ou pas à ces réalités profondes et d'avoir ou non une politique qui en tienne compte, essaie de modifier ce qui est modifiable, de conserver ce qui doit l'être. C'est une réflexion attentive sur ce qui existe au préalable. Construire l'identité française au gré des fantasmes, des opinions politiques, ça je suis tout à fait contre[1]. » On ne saurait mieux dire, mieux répondre à l'anxiété des Français.

Les universitaires, sociologues, historiens, philosophes, adorent le sujet, ils en ont même fait un pont aux ânes. Depuis 2000, trente livres ont été publiés qui font apparaître l'identité nationale dans le titre. Autant en une décennie qu'au cours des vingt années précédentes ! De fait, le sujet est inépuisable. On trouve dans ce fourre-tout, selon ce qu'on cherche ou qu'on apporte, la mémoire historique, la langue, la religion, le territoire, les valeurs partagées, le cadre juridique, la gastronomie, le patrimoine culturel, le code civil, etc. Le tout débouchant sur cette constatation toute bête que 65 millions d'individus vivant en France ont le sentiment d'être français.

Retenons que les identités nationales ne sont pas des faits de nature qui s'imposent aux hommes, mais des constructions politico-culturelles polymorphes, plurielles, diverses, floues, évolutives, mêlant le passé et le présent, qui se dérobent à l'analyse et se résument en un sentiment fort, puissant, évident, un sentiment profondément populaire. Retenons aussi le poids du passé que souligne Braudel. La nation trouve dans son histoire une quille pour aider le navire à traverser les tempêtes. S'il est un domaine dans lequel il ne faut pas « du passé faire table rase », c'est bien celui-là.

1. Entretien réalisé par Michel Kajman, *Le Monde*, 24-25 mars 1985.

Parmi les slogans archaïques que ressasse la gauche, « les prolétaires n'ont pas de patrie ! » n'est pas le moins stupide. C'est évidemment le capital qui n'a pas de patrie et nous en fait tous les jours la démonstration. Dans la société industrielle, le peuple n'a jamais trouvé que l'État pour le protéger. La menace de la guerre ayant disparu, cette protection est devenue en premier lieu sociale. Notre fameux « modèle social » est national, pas européen, encore moins mondial. Pour bénéficier de la déesse Sécu, du code du travail, du SMIC, des allocations familiales, pour avoir un « village » dans lequel sa propre culture est majoritaire, il faut d'abord vivre en France et, de préférence, être français. Le prolétaire sans patrie, c'est le travailleur esclavagisé du Qatar ou du Koweït. Voilà pourquoi « l'identité nationale reste un sentiment profond et puissant », comme le constate Dominique Schnapper. J'ajouterais : surtout dans les couches populaires.

La genèse des identités nationales a dégagé au cours des derniers siècles deux grands courants, l'identité historique et l'identité civique. D'un côté, les hommes appartiennent à la même nation parce qu'ils partagent le même sang, le même héritage, la même culture, la même langue, le même pays, qui leur sont propres et les distinguent ; de l'autre, les hommes appartiennent à la même nation parce qu'ils ont en partage les mêmes valeurs incarnées dans les mêmes institutions. Ici, un héritage qui soude la communauté ; là, un contrat qui unit des individus. Ici, le poids du passé qui nous détermine ; là, une construction qui fonde ce que Renan appelait « le plébiscite de tous les jours », qui soude les citoyens.

Poussées à l'extrême, ces deux notions conduisent à des aberrations. D'un côté, la nation se referme sur elle-même, de l'autre, elle s'ouvre à tout le monde pour peu que ses principes fondateurs, comme l'ont toujours pensé les Français, aient valeur universelle. L'héritage ne connaîtrait de Français que ceux dont les parents l'ont toujours été ; le contrat admettrait comme Français tous ceux qui signeraient un acte de reconnaissance à nos institutions. En pratique, il faudra se fonder sur l'héritage tout en s'ouvrant à l'Autre et s'appuyer sur le passé tout en le faisant évoluer vers l'avenir. Dans la réalité, les différentes acceptions se mêlent. Dominique Schnapper affirme ainsi : « On est français par le fait qu'on s'exprime dans une certaine langue, qu'on intériorise une certaine culture, et qu'on participe à une vie politique et économique[1]. »

L'impossible débat

Comment pourrait-on prétendre que la France, confrontée aux changements du monde comme à la poussée islamique, ne doit pas s'interroger sur un tel sujet ? Le débat n'aura pourtant pas eu lieu. Parler de l'identité nationale ? Quelle honte ! La gauche intellectuelle a répondu par un concert d'indignation.

Emmanuel Todd estima que « ce débat est vraiment pervers » et s'en expliqua en ces termes : « La réalité de la France est qu'elle est en train de réussir son processus d'intégration. Les populations d'origine musulmane de France sont globalement les plus laïcisées et les plus intégrées d'Europe, grâce à un taux élevé de mariages mixtes. Pour moi, le signe de cet apaisement est précisément l'effondrement du Front national[2]. » Pourquoi discuter d'un problème qui n'existe pas, face à un Front national

1. Dominique Schnapper, « Unité nationale et particularismes culturels », *Commentaires*, éd. Paris, été 1987.

2. Emmanuel Todd, propos recueillis par Jean-Baptiste de Montvalon et Sylvia Zappi, *Le Monde*, 28 décembre 2009.

qui va disparaître ? La déclaration prend tout son sel avec cinq ans de recul. Vincent Duclert écrit de son côté : « Il faut ignorer le débat sur “l’identité nationale”, il enferme une question légitime, “qu’est-ce qu’être français ?” dans le cadre idéologique de “l’identité nationale” emprunté aux bagages de l’extrême droite[1]. » Démographes, historiens, philosophes, c’est à qui trouvera un argument de plus pour refuser de débattre. Parmi les rares exceptions, le toujours imprévisible Michel Onfray : « Je trouve cela très bien de prendre la balle au bond et de montrer qu’il y a des définitions différentes et divergentes de l’identité nationale. Pour moi, il y a deux façons de concevoir l’identité. Celle de l’identité du sang, de la race, et l’autre de la raison et de l’intelligence. Donc je trouve très bien de dire ce qu’est la France et comment elle fonctionne. Et ce n’est pas parce que la droite et l’extrême droite ont défini une certaine idée de l’identité de la France qu’il faut leur laisser dire[2]. »

Une fois de plus, les réactions du monde intellectuel sont en décalage avec le sentiment populaire, car 57 % des Français pensent que « le débat sur l’identité nationale est justifié, car il correspond à un sujet qui les intéresse. » Ce qui ne les empêche pas de penser à 71 % que l’initiative sarkozyste « constitue une stratégie pour gagner les élections régionales[3] ». De ces déclarations, que retenir ? Tout d’abord, la suspicion d’une récupération politicienne perçue par les chercheurs comme par la population. Elle est légitime, mais non décisive. Toute initiative prise par le pouvoir en place joue en sa faveur si elle se révèle positive. Faut-il donc s’y opposer dès lors que l’on se situe dans

1. Vincent Duclert, LDH, article de la rubrique « Histoire et colonies, “l’identité nationale” », 6 novembre 2009.

2. Michel Onfray, *Le Nouvel Observateur*, 3 novembre 2009.

3. Pascal Perrineau, *La France au Front*, *op. cit.*

l'opposition ? C'est effectivement l'attitude de guerre civile larvée qui caractérise notre vie politique. Voilà bien une posture typiquement française qui, hélas ! fait partie de notre identité nationale.

L'opportunité politique du débat pouvait être mise en cause, mais, en réalité, c'est sa légitimité même qui fut contestée. Derrière toutes ces argumentations se devine une autre inquiétude, toujours la même, celle de faire le jeu de Le Pen en parlant publiquement de ces choses-là. Comment comprendre qu'on s'intéresse soudain, en 2009, à une inquiétude qui agite les Français depuis si longtemps ? Si la mondialisation et la revendication musulmane remettaient en cause l'identité nationale et notre conception de la laïcité, c'était dans les années 1990 qu'il fallait en débattre.

Une certaine idée de la France

« Toute ma vie, je me suis fait une certaine idée de la France. » La phrase emblématique du général de Gaulle a inspiré toute sa politique. Le fondateur de la Ve République n'en a fait qu'à son idée, imposant à des Français qui n'en demandaient pas tant sa claire vision de notre pays et de son avenir. Pour ses successeurs, à de rares exceptions près, la France est devenue une figure de style, une bonne formule à trouver avant de lancer le « Vive la France » final.

La question ne s'est réellement reposée qu'à propos de l'aventure européenne. Fallait-il en rester à « l'Europe des nations », fallait-il s'orienter vers une Europe fédérale ? Elle fut résolue dans une ambiance de consensus irréfléchi. Les Français crurent que l'Union européenne conforterait leur « modèle social », alors qu'elle ouvrait la voie à un libéralisme économique qui ne pouvait que le remettre en cause. Pour le reste, nous avons vécu sur l'idée d'une France éternelle. Il n'y avait pas lieu de débattre sur l'évidente ambiguïté entre la France historique à ce point enracinée dans son passé et la France civique dont les valeurs devaient baliser l'avenir pour le monde entier, entre une identité si fortement européano-chrétienne et l'arrivée d'une population afro-musulmane.

Tandis que la classe politique laisse dépérir le national pour se focaliser sur le social, Christophe Guilluy observe une évolution en sens contraire : « Si le contexte socio-économique pèse fortement, la question identitaire est aujourd'hui centrale pour les habitants qui se perçoivent comme les perdants de la société multiculturelle. Cette France périphérique, potentiellement majoritaire, participe à l'introduction de la question identitaire dans le débat public[1]. » Or cette atonie de nos hommes politiques cachait l'effervescence du monde intellectuel qui, coupé de toute réalité, se livrait à d'interminables jeux de déconstruction avec la nation. Par bonheur, ces controverses jargonnantes sont restées confinées dans le petit cercle des spécialistes.

Une coupable identité

Sur de tels sujets, les querelles de chapelle sont innombrables. Ainsi le politologue Jean-François Bayart assène-t-il : « Les identités n'existent pas. Il n'y a pas d'identité française, mais des processus d'identification contradictoires qui définissent la géométrie variable de l'appartenance nationale et citoyenne[2]. »

1. Christophe Guilly, *La France périphérique*, *op. cit.*
2. Jean-François Bayart, propos recueillis par Gaïdz Minassian, *Le Monde*, 10 novembre 2009.

Un professeur de Sciences Po qui annonce la mort de l'identité et son remplacement par « la géométrie variable de l'appartenance », voilà qui démontre l'impossibilité de tout dialogue entre notre establishment et les classes populaires. Pour le peuple, l'identité est une évidence vécue avant d'être une essence pensée. Et le fait que se superposent les identités locales, religieuses, professionnelles, sexuelles, culturelles, sportives, que sais-je encore ? ne change rien au sentiment d'être français.

Mais, de proche en proche, la contestation intellectuelle finit par mettre en charpie l'identité nationale. Cette volonté de singulariser une population, de l'isoler dans ses spécificités, a-t-elle encore un sens dans un XXIe siècle qui abat les frontières, multiplie les échanges, s'enrichit de tous les mélanges ? Mettre le passé au musée et ouvrir la France sur le monde, n'est-ce pas la vocation de notre contrat civil, autre composante de notre identité ? Les Lumières qui l'inspirent sont d'origine française, mais à vocation universelle. En enseignant l'appartenance à la nation, l'école de Jules Ferry posait les bases d'un nationalisme belliqueux. Or la France des droits de l'homme doit être par nature pacifique, accueillante. Il convient donc de réduire nos différences ethniques et culturelles au rang de simples particularismes. La France doit se reconnaître dans les valeurs qu'elle a apportées au monde plus que dans son histoire ; nos cathédrales, notre langue, nos rois et nos batailles ne sont jamais que l'ornement de nos principes. Certains, comme Alain Finkielkraut, n'admettent pas ce sacrifice consenti à l'air du temps et défendent mordicus notre héritage : « Quand je dis qu'il faut enrichir, préserver le trésor de la civilisation française, je ne choisis pas le particulier contre l'universel. Ces deux dimensions sont enchevêtrées : la langue française est particulière, mais c'est la contribution de la France à la culture humaine[1]. »

Dans un tel milieu, ce genre de positions vous classe parmi les conservateurs, voire les réactionnaires. C'est dire qu'elles sont assez rares. Comme l'a prouvé le déchaînement des attaques contre son ouvrage-manifeste *L'Identité malheureuse*[2]. Ce qui paraît suspect à nos maîtres penseurs, c'est le sentiment d'appartenance que crée la nation. Il n'est de convenable que l'adhésion à des valeurs abstraites. Ce qui n'interdit pas, au paragraphe suivant, de plaider pour la reconnaissance des minorités.

Faire société

De telles remises en cause conduisent à relativiser notre culture, non pas entre les nations, ce qui est tout à fait normal, mais à l'intérieur de notre pays. Dans le prêt-à-penser multiculturel, il faut l'amalgamer avec ses concurrentes dans notre enseignement et dans nos pratiques. En définitive, la France n'est plus un contenu, rien qu'un contenant ; elle n'est riche que de sa faculté d'accueillir les autres, et, plutôt que vivre sur son acquis, doit se nourrir des apports qu'elle reçoit.

C'est la « société inclusive » prônée par Thierry Tuot, membre du Conseil d'État et spécialiste de l'immigration, dans un rapport qui fit scandale lorsqu'il fut découvert sur le site du gouvernement en 2013, mais qui avait été complimenté par Jean-Marc Ayrault : « Faire société commune dans ces condi-

1. Entretien d'Alain Finkielkraut avec Élisabeth Lévy, « Finkielkraut/Badiou : la Guerre des braves », *Le Point*, 27 mai 2010.
2. Alain Finkielkraut, *L'Identité malheureuse*, *op. cit.*

tions [celles que connaît la société française aujourd'hui], écrit l'auteur, ne présuppose pas que ce qui fait le commun soit prédéterminé, préétabli par la société majoritaire et ses élites, mais, au contraire, soit le fruit d'un processus à la fois ascendant et descendant, fait de coopérations, de compromis, d'apprentissages réciproques, de confrontations pour *in fine* constituer le commun comme nouvelle forme d'universalité au bénéfice de tous. » Comprenez que tout ce qui fait le cadre de vie, les traditions, les comportements des Français, perd sa légitimité et doit être remis dans un *melting pot* commun qui donnera naissance à un gloubi-boulga cosmopolite. Ainsi la France cessera-t-elle d'infliger aux « Autres » son arrogance nationaliste. Voilà bien le langage à tenir dans une France périphérique qui ne sait plus où elle en est entre les changements qu'elle subit, les rumeurs qui se propagent et les frayeurs qu'agite le Front national.

Cette nation réduite aux droits de l'homme n'est plus territorialisée, elle devient hors-sol. Les Français n'en sont pas propriétaires, tout au plus des occupants. C'est dire que tout individu peut être reconnu comme Français du seul fait qu'il se réclame de nos principes. Il nous faut désarmer nos frontières et mettre le distributeur de passeports en libre-service. Une France qui rompt avec l'histoire rompt aussi avec la géographie et n'est plus qu'un espace ouvert à tous les amis de la liberté. C'est un peu ce que prévoyait la constitution établie en 1793 par une Convention que dominaient les Montagnards, les « gauchistes » de l'époque : « Tout étranger qui sera jugé par le Corps législatif avoir bien mérité de l'humanité est admis à l'exercice des Droits de citoyen français. » Une constitution qui, rappelons-le, ne fut jamais appliquée.

En outre, cette identité nationale, réduite comme peau de chagrin, se voit concurrencée par toutes les autres identités, communautaire, régionale, sociale, linguistique. Pour les communautaristes, ce n'est plus la nation qui peut « faire société », comme disent les étudiants en socio ; l'individu se réalise soit tout seul en libre-service, soit dans son groupe, sa tribu. La France doit éclater dans sa diversité et l'État se contenter d'être le facilitateur des relations interculturelles, voire interethniques.

L'identité communautaire

De proche en proche, au fil de cette surenchère antinationale, la prétention de la France à imposer un modèle à ses habitants se trouve remise en cause. N'est-elle pas une survivance du passé, une atteinte aux droits de l'homme ? Au nom de quoi, une culture, une religion, peut-elle se déclarer dominante ? Nous ne devons pas étouffer les cultures importées comme nous avons étouffé les langues régionales.

À l'étape suivante, les penseurs les plus radicaux reprennent les haines recuites de l'anti-impérialisme, l'anticolonialisme du monde blanc en général. Pour le parti des Indigènes de la République, la France exerce sur les populations immigrées ou d'outre-mer la même domination qu'elle a exercée sur les peuples qu'elle colonisait. Elle est donc justiciable du même combat inégal que doivent livrer les dominés contre les dominants. Pour ne prendre que cet exemple, les « Blancs » seraient toujours suspectés de racisme, tandis que les indigènes en seraient par principe exemptés. C'est donc une France rongée de vergogne, n'en finissant pas d'expier son passé, qui doit se dépouiller de son orgueilleuse identité et s'en forger une nouvelle au contact des anciens colonisés. Le crime colonial serait héréditaire et, puisque nos parents sont allés acculturer des peuples différents, il nous faut aujourd'hui accepter – souhaiter ? –, que les descendants de ces peuples viennent en France nous acculturer.

Bref, on nous propose une France amnésique, unie par un vague contrat civil, et qui accueille tous les individus, toutes les cultures, sans rien imposer, ou bien une France devenant un patchwork de communautés. C'est un bouleversement total par rapport au vécu de millions de Français qui se reconnaissent dans une certaine façon de vivre qu'ils partagent avec leurs compatriotes. Ils tirent de ce sentiment d'appartenance une sécurité qui est indispensable à leur équilibre, à leur bonheur. Et voilà que des intellectuels vivant dans une France unicolore décident, sans les avoir jamais consultés, que ce sentiment n'a plus lieu d'exister et que ce serait faire preuve de racisme de s'y accrocher. Comment peut-on faire évoluer cette identité, l'ouvrir à d'autres cultures, après avoir ainsi agressé les millions d'individus qui se reconnaissent en elle ?

Imaginons que le débat souhaité par Nicolas Sarkozy ait eu lieu, que le monde universitaire ait joué le jeu et que la presse s'en soit fait l'écho. Les Français auraient retenu que, pour ces maîtres penseurs, ils n'étaient plus chez eux en France, que leur façon de vivre, leur culture, cessaient d'être la référence, qu'ils devraient s'accommoder des différents habitus, selon l'expression de Pierre Bourdieu, apportés par les nouveaux arrivants. Chacun le sien. Le « village » dont ils portent la nostalgie ne serait plus qu'une auberge espagnole dans laquelle chacun vivrait à sa façon, selon ses règles, ses traditions. Peut-on faire à un peuple une plus grande violence culturelle que lui retirer son identité, décréter qu'il devra vivre autrement, se soumettre à d'autres valeurs, et cela tout en restant chez lui ?

Il aurait suffi au Front national d'afficher ces propositions à la place de son programme et d'y opposer les proclamations de Marine Le Pen sur la France éternelle, l'amour de la patrie, pour que tous les Français dans le désarroi dont notre intelligentsia semble ignorer jusqu'à l'existence, votent « quitte » plutôt que « double ».

Européanistes contre nationalistes

Il en va de même avec les européanistes, hommes politiques ou technocrates qui, sous prétexte d'aller vers le fédéralisme, n'ont de cesse d'imposer une présence invasive et dominante. L'Europe ne peut exister que dans la diversité, pas dans l'uniformité. Elle fédère des nations, pas des territoires, et, pour être européens convaincus, on en reste pas moins français. Bruxelles doit être au-dessus et pas à la place de Paris. Comment admettre que l'on ne puisse plus rien entreprendre sans se heurter aux normes et règlements édictés par les bureaucraties bruxelloises ? Que nous ayons ajouté une couche supplémentaire à notre millefeuille administratif qui en compte déjà trop ? Que, pour toute procédure, on vise désormais la justice européenne au-delà de la justice française ?

Comment admettre l'attitude des juges de la Cour européenne des droits de l'homme dans l'affaire Vincent Lambert ? Cas douloureux entre tous : celui de ce tétraplégique dont les médecins traitants et l'épouse voudraient interrompre l'alimentation artificielle et dont les parents exigent, au contraire, la poursuite des soins et le maintien en vie. La procédure devant la justice française a duré dix-huit mois, a fait l'objet de quatre jugements dont le dernier rendu par le Conseil d'État, le 24 juin 2014. Les juges du Palais-Royal, constatant que le jeune homme était sans capacité de communication, avec un état de conscience dégradé et aucun espoir d'amélioration, ont estimé que, dans ces conditions, l'alimentation et l'hydratation avaient

« pour seul effet de le maintenir artificiellement en vie », ce qui, aux yeux des magistrats, constitue une « obstination déraisonnable » contraire à la loi française. Ils ont donc autorisé l'arrêt de l'alimentation. La justice avait tranché. Mais les parents de Vincent Lambert ont aussitôt saisi la Cour européenne des droits de l'homme et celle-ci, loin de respecter les décisions de la justice française, a ordonné que Vincent Lambert soit maintenu en vie, le temps pour elle d'étudier le dossier.

À qui fera-t-on croire que les Français ont une meilleure justice parce qu'on fait rejuger à Bruxelles des affaires déjà traitées par les instances nationales ? À qui fera-t-on croire que l'intervention de cette bureaucratie judiciaire améliore le fonctionnement de l'Europe ? En revanche, on impose ainsi l'idée aux Français que leur pays n'est plus qu'un protectorat européen, qu'ils ne doivent plus rien en attendre, que leur sort dépend, jusque dans les moindres détails, de ce monstre froid et lointain : Bruxelles.

Une identité sur le marché

Tandis qu'une classe intellectuelle s'acharne à vider de sa substance l'idée d'appartenance à une nation, qu'une classe européenne prétend dépouiller l'État de toute son autorité et de toutes ses attributions, une classe économique s'éloigne, dans son vécu et pas seulement dans ses pensées, de ses origines françaises, n'y voit plus qu'un point de départ pour une vie à l'échelle planétaire. Il ne s'agit plus ici de surenchères idéologiques dans un espace abstrait, mais du nouveau nomadisme qu'impose un monde globalisé. Ces Français transnationaux ont définitivement aboli les distances, ils font leurs études à l'étranger, travaillent dans des entreprises multinationales, se glissent dans des réseaux intercontinentaux, vivent au rythme d'une finance sans attaches, d'une science planétaire, pratiquent le *globish* et font du français une langue vernaculaire, choisissent les pays comme des voitures, selon le meilleur rapport qualité/prix, sont plus proches de leurs correspondants que de leurs voisins et réservent à leur patrie le souvenir attendri de l'aventurier pour sa vieille mère restée au pays. Ils ont provincialisé la France, qui a cessé d'être leur centre d'intérêt. Il ne s'agit, certes, que d'une minorité de la population, mais la plus dynamique, celle qui s'insère dans la mondialisation, qui maîtrise les nouvelles technologies, qui possède les codes et la symbolique de la modernité, qui fait du changement un multiplicateur d'opportunités et le moteur de sa vie.

Cette France transnationale est porteuse d'avenir, elle doit être exaltée, encouragée, mais il n'y a aucune raison pour que cette valorisation des nomades s'accompagne d'une dévalorisation des sédentaires. Quand des parents ont un pincement au cœur en voyant leurs enfants partir au loin, ils ne sont ni passéistes ni ringards, ils appartiennent à une autre composante du peuple français et c'est tout.

Un patriotisme moderne

Comment faire émerger le patriotisme du XXIe siècle face au triple assaut des contestataires, des eurocrates et des marchands ? Certainement pas en reprenant les slogans du Front national, son nationalisme régressif, sa xénophobie agressive, mais certainement pas non plus en ignorant et en méprisant cette insécurité culturelle dont souffrent les classes populaires.

On ne retiendra pas dans le camp républicain tant de Français sur le bord de la dissidence sans changer radicalement d'attitude à leur égard, sans réaffirmer la place centrale de l'identité et de la laïcité françaises à l'heure de la contestation. Il nous faut concilier l'attachement à la France avec l'ouverture sur le monde, l'irremplaçable indépendance nationale avec l'indispensable intégration européenne, l'accueil de populations différentes avec la préservation de nos spécificités culturelles.

Tout cela n'a rien d'incompatible. Il faut refuser l'hystérisation du débat et, pour cela, ne pas répondre à la provocation raciste, qui existe, hélas, par la provocation antiraciste. Ce n'est pas une élite autoproclamée qui changera un peuple présumé réactionnaire.

Les Français qui redoutent la disparition de notre héritage ne sont pas des ennemis à vaincre, mais des compatriotes à convaincre. Cela ne se fera pas seulement en combattant le FN, mais aussi en écoutant, en comprenant et en respectant ceux qui seraient tentés, à l'heure du rendez-vous, de le rejoindre.

Chapitre IX

LA FRANCE PRÉCAIRE

Face à la nouvelle donne économique, à l'épreuve d'une concurrence accrue, il fallait répartir équitablement les contraintes d'efficacité et d'insécurité pour maintenir la cohésion sociale. La France a préféré le choix des inégalités, pas seulement celles de revenus, mais également celles de statut. Elle a choisi de laisser en place les plus forts et de laisser tomber les plus faibles. « Il y a un quasi-consensus chez les chercheurs reconnus internationalement sur le système français comme machine à créer de l'exclusion et du chômage », tranche notre prix Nobel d'économie Jean Tirole[1]. Ainsi rejetés dans la précarité et l'exclusion, des millions de laissés-pour-compte n'attendent que la prochaine crise pour rejoindre la grande armée lepéniste.

Le parti de la précarité

Le politologue Luc Rouban du Cevipof, le centre d'analyse de l'opinion de Sciences Po, s'est livré à une radiographie des votes qui se sont portés sur Marine Le Pen lors de la présidentielle de 2012. Il a construit pour cela un « indice de précarité », combinant risque de chômage, faibles revenus... La

1. « Les avertissements d'un Nobel », *Challenges*, 3 décembre 2014.

conclusion est sans appel : « L'électorat FN se distingue de tous les autres électorats par sa précarité économique[1]. » Mais le chercheur est allé plus avant en distinguant cinq catégories d'électeurs frontistes : ceux qui ont toujours voté FN, ceux qui, en 2007, avaient voté Sarkozy, Bayrou, à gauche ou qui s'étaient abstenus. Cet indice est le plus élevé pour ces deux dernières catégories. C'est désormais dans le vivier de la gauche que Marine Le Pen trouve ses renforts. « Contrairement aux électeurs de Nicolas Sarkozy, ceux de Marine Le Pen ne viennent pas majoritairement d'un milieu de droite, observe Pascal Perrineau. Plus d'un quart proviennent d'une famille de gauche[2]. » Ces nouveaux arrivants sont moins sensibles aux thèmes identitaires. Ils ne sont que 58 % à penser qu'il y a trop d'immigrés contre 77 % pour les frontistes historiques ; ces derniers pensent à 70 % qu'« on ne se sent plus chez soi comme avant », tandis que les gauchos lepénistes ne sont que 49 % à cultiver cette nostalgie. Mais 36 % d'entre eux voudraient « prendre aux riches pour donner aux pauvres », dans la logique mélenchonesque, tandis que les FN « de souche » ne sont partageux qu'à 29 %, un pourcentage qui tombe à 22 % chez les transfuges du camp Sarkozy. Le Front national recrute désormais sur le social plus que sur l'identitaire. Et Perrineau d'en tirer la conclusion : « On peut fort bien imaginer que, dans les mois et les années à venir, la désillusion de nombreux électeurs de gauche s'impose comme l'un des ressorts premiers de la progression du Front national. »

Géographiquement, ce nouvel électorat s'est déplacé selon le schéma de Christophe Guilluy. Jean-Marie Le Pen a rem-

1. Luc Rouban, « Les électorats de Marine Le Pen ou les contraintes du succès », Cevipof, novembre 2013.
2. Pascal Perrineau, *La France au Front*, *op. cit.*

porté ses premiers succès dans les proches banlieues au contact des populations immigrées. Mais les « petits Blancs » ont déserté ces cités devenues des ghettos et se sont installés dans des communes situées à 30 à 50 kilomètres de l'agglomération principale, des communes qui végètent entre emplois publics, revenus sociaux et chômage. Ils en ont fait des fiefs lepénistes, alors même que le vote FN décline dans les grandes villes où se concentre l'activité économique. C'est bien la France périphérique qui est devenue la terre de recrutement mariniste.

Les électeurs de Jean-Marie Le Pen étaient plutôt masculins, chrétiens, ouvriers, commerçants et assez âgés ; ceux de sa fille sont plus féminins, plus jeunes, plus déchristianisés. Ils se recrutent parmi les catégories précarisées, à savoir les jeunes (30 %) ou les cheveux gris (37 %), mais pas les cheveux blancs : les retraités relativement sécurisés par leur pension ne votent FN qu'à 22 %. Au sein de ces tranches d'âge, les meilleurs scores sont atteints chez les moins diplômés : 33 % chez les jeunes sans diplômes, 42 % chez les titulaires d'un simple CAP et les plus bas revenus où l'on atteint 37 %. Sur le plan professionnel, les ouvriers sont toujours les plus nombreux (43 %), mais suivis de près par les employés (38 %) et les chômeurs (37 %). Oui, le FN est bien devenu le parti des pauvres.

Le politologue Jérôme Fourquet de l'IFOP en apporte la démonstration dans la grande enquête qu'il a consacrée aux résultats des élections européennes de 2014 pour le compte de la Fondation pour l'innovation politique (Fondapol). Il a observé, commune par commune, une forte corrélation entre les situations fiscales et le vote FN : « Plus le taux de personnes imposées est important et plus le vote en faveur de l'UMP sera élevé. La relation avec le vote FN est statistiquement encore plus marquée, mais elle fonctionne en sens opposé : plus la part des ménages imposés est forte et plus le vote FN est faible[1]. » Ceux qui n'ont pas les moyens de payer l'IRPP sont tentés de voter contre le système.

Le choix du chômage

Les leaders frontistes ne manquent jamais de dénoncer les hyper-riches, dont la fortune s'est accrue au cours des dernières décennies, car ils recrutent parmi les pauvres, et la misère croissante ne peut que leur être favorable. Pour la statistique qui situe le seuil de pauvreté à 60 % du revenu médian, il existe en France 8,6 millions de pauvres, soit 14 % de la population active, mais 20 % chez les jeunes, et cet état calamiteux n'a aucune chance de s'améliorer dans un proche avenir.

Les Trente Glorieuses ne le furent pas pour tout le monde. Dans les années 1960, la France comptait quelque 20 % de pauvres. Un chiffre très élevé, mais qui a régulièrement décru dans les décennies 1970-1980. En 2005, il n'était plus que de 12 %. Malheureusement, cette embellie appartient au passé. Au cours des dix dernières années, le nombre de personnes vivant en dessous du seuil de pauvreté a augmenté de 17 %. Et la progression, si l'on peut dire, est d'autant plus forte que les revenus sont plus faibles. Le FN, qui se veut le premier parti des pauvres, n'aura qu'à moissonner les tristes récoltes que nous avons semées.

Plus encore que la pauvreté, c'est la précarité qui alimente le tropisme Le Pen. Or la France précarisée ne cesse de s'étendre face à la France sécurisée. C'est bien une société duale qui s'est

1. Jérôme Fourquet, « UMP-FN : comment comprendre le rapport de force électoral ? », *Le Figaro*, 15 octobre 2014.

mise en place. Dans le camp des garantis, outre les véritables riches qui ne risquent à peu près rien, nous comptons tout d'abord 6 millions de travailleurs dans le secteur public ou parapublic. On pourrait ajouter les professions protégées qui vivent à l'abri de la concurrence et représentent plus d'un million de personnes. Pour les professions libérales, le chômage se concentre sur les employés salariés : les avocats, médecins, architectes, experts-comptables sont beaucoup moins touchés que leur personnel. Dans la catégorie des salariés proprement dits, ceux qui travaillent dans les grands groupes, le plus souvent multinationaux, et qui sont couverts par un CDI, jouissent d'une bonne sécurité. Un salarié français reste en moyenne douze ans dans la même entreprise, une durée qui constitue une « exception française » de plus. Au total, une très large majorité de la population active ignore la hantise du chômage, la menace de la misère. Le discours lepéniste ne pourrait l'atteindre que sur le plan idéologique, pas dans sa composante sociale.

Le chômage est l'image emblématique de la précarité. Il doit toucher aujourd'hui près de 6 millions de Français. Un chiffre très élevé qui ne traduit pas une maladie conjoncturelle, mais un mal chronique. En effet, depuis quarante ans, nous n'avons pu retrouver, même épisodiquement, ni le plein emploi ni l'équilibre budgétaire. La France ne peut plus vivre qu'avec 5 millions de chômeurs et un déficit égal à 3 % du PIB. Cette chronicité implique des causes structurelles et non pas accidentelles. La France s'est organisée autour d'un chômage de masse et, qui plus est, d'exclusion.

Il y a vingt ans déjà, Denis Olivennes dénonçait la « préférence française pour le chômage[1] ». La formule a fait florès, car

1. Denis Olivennes, « La préférence française pour le chômage », *Le Débat*, n° 82, 1994.

elle oblige à regarder en face une réalité toujours occultée. Le chômage « à la française » n'est pas une fatalité mais un choix, celui des plus forts contre les plus faibles. D'un consensus général, nous préférons réserver les emplois et les salaires aux plus productifs et dédommager les plus faibles par une protection sociale généreuse.

Nous avons donc prétendu réduire le chômage en diminuant le nombre des travailleurs. N'est-il pas logique de penser que s'il y avait moins de gens qui voulaient travailler, il y aurait moins de chômeurs ? De fait, la France se distingue par la faiblesse de sa population active, et cela ne tient pas seulement au chômage. Notre taux d'emploi n'est que de 64 %, le plus faible des pays comparables. Royaume-Uni, Allemagne, Autriche, Canada, Suède, Danemark dépassent tous les 70 %. Notons que la Suisse, qui connaît le plein emploi, fait travailler 81 % de la population. Michel Godet donne l'explication de cette anomalie lorsqu'il affirme : « En France, les acteurs dominants du jeu social ont tout fait pour préserver le noyau dur des actifs[1]. »

Les universités-parkings pour les plus jeunes comme les préretraites pour les anciens ont donc servi d'amortisseurs pour contenir le chômage. En outre, le jeune Français sait ce qui l'attend : stages, CDD, voire l'auto-entrepreunariat. Toujours derniers recrutés, premiers licenciés. Inutile d'espérer trouver un emploi stable avant vingt-cinq ans, téméraire d'espérer le conserver après cinquante-cinq ans. Car les quinquagénaires n'ont rien à attendre. Présumés moins productifs et plus chers, ils sont indésirables sur le marché du travail.

Ce qui est vrai à l'échelle du pays l'est tout autant au niveau des entreprises. Le licenciement sert à opérer des ajustements

1. Michel Godet, *Libérez l'emploi pour sauver les retraites*, Paris, Odile Jacob, 2013.

conjoncturels. La démonstration en fut apportée une fois de plus lors de la crise financière des années 2008-2010. En 2007, avant que déferle le tsunami venu d'Amérique, l'Allemagne et la France comptent 8 % de chômeurs. Deux ans plus tard, le taux germanique n'a pas varié et entame sa décrue, tandis que le taux français bondit à 10 % et augmente irrésistiblement. Que s'est-il passé ? En France, quand les affaires vont mal, les entreprises réduisent le personnel. En Allemagne, elles réduisent les horaires et les salaires. Dans un cas, on reporte la crise sur les plus faibles, dans l'autre, grâce à des accords d'entreprise ou de branche, on la répartit entre tous les salariés et les actionnaires. Il ne s'agit pas d'un simple défaut de régulation, mais d'une rigidité sociale qui résiste à toutes les corrections. Le gouvernement de Jean-Marc Ayrault, conscient des effets désastreux de ce système, a obtenu des partenaires sociaux qu'ils recherchent des formules plus souples, inspirées des exemples étrangers. Des négociations interminables finirent par accoucher aux forceps d'un accord bientôt transformé en loi. Il devenait possible de négocier dans les entreprises en difficulté des accords dérogatoires prévoyant des baisses de salaires et/ou des allongements d'horaires contre le maintien de l'emploi. Un succès célébré comme historique tant il dérogeait à notre tradition syndicalo-bureaucratique, mais les nouvelles discussions d'entreprise ont été verrouillées par tant de clauses, de réserves, de conditions et de précautions que, dans l'année suivant l'entrée en vigueur de la loi, on n'a compté dans toute la France qu'une dizaine d'accords de ce type.

Les intermittents de l'emploi

Le chômage français n'est pas seulement très élevé, il est aussi très injuste et totalement inhumain. C'est un chômage d'exclusion. Sur un marché du travail dynamique, les inscriptions sont de courte durée. Au bout de six mois, les chercheurs d'emploi se sont recasés. Sur le plan humain, c'est une épreuve, ce n'est pas un désastre. Mais, en France, la population qui se presse à Pôle emploi stagne dans l'attente et la désespérance. Elle est à la dérive. Le taux du chômage de longue durée a toujours été anormalement élevé chez nous. Pour trouver pire, il faut aller dans les pays d'Europe naufragés : Espagne, Portugal, Grèce, etc. En décembre 2012, 1,8 million de personnes étaient inscrites à Pôle emploi depuis plus d'un an. Un chiffre qui a doublé depuis 2009. Encore est-il loin de dire toute la vérité. Car, à ces chômeurs répertoriés « de longue durée », il faudrait ajouter les « chômeurs récurrents » qui basculent d'un « petit boulot » ou d'un CDD à une nouvelle période de chômage. Un constat accablant que dresse le Conseil d'orientation pour l'emploi : « En élargissant la définition du chômage de longue durée aux demandeurs d'emploi ayant au moins douze mois d'inscription dans les 18 derniers mois, le nombre de chômeurs de longue durée s'élève alors à 2 110 000 en décembre 2010, soit l'équivalent de 51,5 % des demandeurs d'emploi[1]. » La moitié des chômeurs sont donc en désespérance professionnelle et sociale.

Notre fameux « modèle social », qui prétend s'opposer aux modèles « libéraux » fauteurs d'insécurité, n'a créé en définitive

1. « Le chômage de longue durée », note du Conseil d'orientation pour l'emploi, La Documentation française, 2011.

qu'un archipel sécurisé dans un océan de précarité. Ses défenseurs, politiciens, syndicalistes ou intellectuels, n'ont pas de mots assez durs pour fustiger la cruauté des systèmes anglo-saxons ou germaniques : que n'ont-ils dit sur les mini-jobs allemands, l'indemnisation dérisoire des chômeurs britanniques ou américains, ou sur la pression intolérable que subissent les demandeurs d'emploi chez nos voisins ? À l'évidence, les sans-travail sont mieux traités chez nous que dans les pays étrangers. Une présentation qui cache l'essentiel. En France, le marché du travail est figé pour des raisons sociales autant qu'économiques, les postes à pourvoir sont très peu nombreux, la moitié des chômeurs n'est pas ou plus indemnisée, les chercheurs d'emploi ne bénéficient d'aucune aide efficace, la formation professionnelle n'est pas pour eux, etc. Pour leur venir en aide, nous n'avons su développer que l'assistanat. Il est vrai que nos prestations sociales à l'adresse des plus faibles sont sans égales. Au point qu'il faut sans cesse veiller à ce qu'elles ne rendent pas la condition du chômeur plus favorable que celle des salariés. Nous payons au prix fort la résignation des chômeurs, mais on ne peut éternellement acheter la paix sociale à crédit. Nos dépenses sociales ont fini par atteindre 32 % du PIB, un record du monde. Et un niveau totalement incompatible avec la réduction de nos déficits.

Qui plus est, l'idéologie de gauche, voyant dans le chômeur une victime et pas un chercheur d'emploi, dans l'indemnisation un dédommagement et pas un accompagnement, s'indigne à l'idée de contrôles, se révulse à celle de sanctions. Une telle surveillance, bienvenue quand il s'agit de contribuables ou d'employeurs, devient inutile et stigmatisante lorsqu'elle porte sur les bénéficiaires de prestations sociales. Les Français vivent donc sur l'idée fausse que les prestations sociales sont distribuées à guichet ouvert. Les sondages sont éloquents. 58 % des personnes interrogées pensent que les chômeurs trouveraient un emploi s'ils voulaient vraiment travailler. 70 % approuvent l'idée d'un renforcement des contrôles. Une opinion en décalage complet avec la réalité. L'immense majorité des demandeurs d'emploi est prête à tout pour avoir un travail. Les vérifications et les radiations des profiteurs se font régulièrement et les gouvernements de gauche n'ont pas été les derniers à en demander le renforcement. Mais sans jamais les assumer. Dans la honte, en toute discrétion. Les Français sont convaincus que la fraude est générale, qu'il s'agisse de l'indemnisation du chômage ou des autres prestations sociales. Pour peu qu'ils relient cette rumeur à un préjugé anti-immigrés, ils vont tout droit au FN.

France, terre de chômage

On se souvient du constat désabusé de François Mitterrand en 1993 : « Contre le chômage, on a tout essayé. » La formule juste est : « Contre le chômage, on a essayé, et on continue d'essayer tout ce qui ne marche pas. » Or la bataille du chômage se gagne moins sur les emplois préservés que sur les emplois créés. Pour notre malheur, nous avons été aussi mauvais dans la défensive que dans l'offensive.

Pour la défensive, nous avons multiplié les garanties qui protègent les agents à statut et les salariés en CDI, les *insiders*, selon la terminologie des économistes. La France est, après l'Italie, un des pays dans lesquels il est le plus difficile de réduire son personnel… pour autant qu'il jouisse de ces garanties. Conséquence prévisible, les chefs d'entreprise ont peur d'embaucher. Nous n'avons toujours pas compris que l'ouverture et la fermeture de la porte de l'embauche dépendent directement des mouvements de celle du licenciement.

Cette politique centrée sur les salariés en place s'est traduite par la hausse constante du SMIC, en oubliant que le smicard vit en concurrence avec la machine et que celle-ci l'emporte quand le coût du travail non qualifié augmente. Les entreprises françaises ont lancé la guerre contre les emplois substituables. Elles cherchent sans cesse à les supprimer au profit de systèmes automatiques, nous conduisant tout droit à une société d'automates et de chômeurs. Grand progrès ! L'Allemagne a fait le choix inverse du nôtre : « des petits boulots plutôt que pas de boulot du tout ». Ainsi la précarité germanique se vit-elle au grand jour et au travail, tandis que la précarité française se cache dans le chômage. Au nom de la défense des travailleurs !

Comble de la bêtise, nous avons géré le partage du travail en confondant la défense et l'attaque. Les promoteurs de cette politique ont donc posé en postulat que l'économie dispose d'une quantité de travail déterminée et distribuable. Tant de millions d'heures à répartir parmi la population active. Si certains n'ont rien, c'est que les parts du gâteau sont trop grosses. Réduisons-les, et chacun aura la sienne. Sur cette proposition électoraliste de Dominique Strauss-Kahn, Martine Aubry a imposé à la France entière les 35 heures, qui devaient permettre de créer 700 000 emplois. Inutile de se perdre dans les comptes de résultats qui n'ont aucune signification. La seule évaluation crédible, c'est le jugement de nos voisins. Martine Aubry a voulu croire qu'elle était une pionnière et qu'elle serait bientôt suivie par toute l'Europe. Et nous nous retrouvons seuls avec cette mesure absurde qui, loin de créer des emplois, a réussi ce miracle de dégrader notre compétitivité, donc de réduire l'emploi, tout en alourdissant le déficit de l'État avec les exemptions de charges qu'il a fallu consentir aux entreprises.

La leçon à en tirer est claire : le partage du travail ne peut pas créer des emplois supplémentaires. En revanche, c'est une excellente méthode défensive pour préserver les emplois existants en conservant tout le personnel, comme l'Allemagne des années 2007-2010 en a fait la démonstration. Mais, refusant de partager le revenu en même temps que le travail, nous l'avons dédaignée.

Dans notre offensive contre le chômage, le partage du travail n'était encore qu'un expédient de circonstance. Notre arme fatale, qui doit nourrir la croissance et ramener le plein emploi, reste la relance par la consommation, autant dire le déficit. Après quarante années de relance à crédit, nous avons toujours le même chômage de masse, tandis que notre voisin allemand, après une sévère cure d'austérité, s'approche du plein emploi. Qu'importe ! La gauche de la gauche et la droite de la droite en tiennent toujours pour une forte relance de la consommation, quitte à crever tous les plafonds de déficit et d'endettement.

Tout gouvernement, quelle que soit sa couleur politique, sait qu'il n'a plus l'argent pour accentuer ni même maintenir cette politique. Il nous faut réduire le chômage en faisant sauter les vrais blocages de l'économie française. Mais quand sortirons-nous de notre pathologique procrastination ?

Le choix de la précarité

Le nouvel ordre économique mondial, le poids de la finance, la mondialisation ont imposé la reconfiguration de l'appareil productif que l'on retrouve dans la plupart des pays. Mais nous avons tout fait pour qu'elle soit la plus protectrice d'un côté, la plus inhumaine de l'autre. Afin de respecter les normes de rentabilité exigées par les nouveaux maîtres du capital, les grandes entreprises ont protégé le noyau dur des travailleurs qualifiés. Elles ont suivi en cela le modèle administratif. Car le secteur public, rigidifié par ses statuts, ne peut s'adapter qu'en s'entourant de 800 000 contractuels condamnés à une insupportable précarité.

À mesure qu'ils se repliaient sur « leur métier de base » à plus haute valeur ajoutée, les grands groupes externalisaient toutes les activités banalisées. Les « donneurs d'ordre », se réservant la recherche, la conception, le marketing, l'assemblage, la finition, la commercialisation, délèguent la fabrication à des sous-traitants. Ils peuvent ainsi améliorer leur rentabilité en imposant une impitoyable concurrence aux PME satellites, en les remplaçant par d'autres lorsqu'ils les ont acculées au dépôt de bilan. Ce schéma dual se retrouve dans toute notre économie et se lit dans les résultats. Les grandes entreprises, généralement multinationales, dégagent des profits confortables tandis que les PME peuvent tout juste maintenir la tête hors de l'eau. Aujourd'hui, une PME n'est plus menacée par les revendications excessives de ses salariés, mais par les exigences insupportables des donneurs d'ordre dont elle dépend. Et le secteur public agit de même. Il s'efforce de ne pas mécontenter ses agents statutaires et de dévier les contraintes vers ses contractuels et ses fournisseurs.

Cette dualité économique crée donc une dualité sociale. Les travailleurs pauvres, qui ne peuvent faire vivre leur famille sur leur rémunération, qui ne savent jamais de quoi l'avenir sera fait, ne sont pas à l'EDF, chez Total ou chez Renault. Ce sous-prolétariat se trouve dans les PME, chez les sous-traitants et les sous-traitants de sous-traitants. Et la même injustice peut être constaté lors des restructurations ou des faillites. Dans les grandes entreprises, sous le regard des médias, des plans sociaux plus ou moins généreux sont proposés au personnel. Rien de tel dans les PME satellites, qui sont les premières touchées et qui, dans l'indifférence générale, procèdent à des licenciements secs.

Notre législation, notre réglementation, nos procédures et nos contrôles, toujours plus complexes et plus tatillons chez nous qu'à l'étranger, prétendument édictés pour protéger les salariés, étouffent les entreprises de petite taille. Les grandes sociétés disposent de services du personnel, services juridiques, services d'hygiène et de sécurité, qui parviennent à maîtriser les 3 400 pages et les 4 000 articles de notre code du travail, les 400 000 textes réglementaires et circulaires en vigueur. Les petits patrons ne peuvent que s'y perdre. L'inspection du travail et la justice sont assurées de les prendre toujours en défaut. Ils ne peuvent que répercuter ce mal-vivre sur le personnel. Pour se protéger, ils embauchent le moins possible et toujours dans la plus grande précarité. Et, lorsque le gouvernement se décide à lancer un salutaire « choc de simplification », les partenaires sociaux ne trouvent rien de mieux à faire qu'imposer l'invraisemblable compte individuel de pénibilité et ses dix critères pour le calcul de l'âge du départ à la retraite. Une folie que seuls des syndicrates professionnels, ayant de longue date quitté le secteur productif, ont pu imaginer.

Or la concurrence à mort qu'organisent les donneurs d'ordre n'est pas une fatalité. En Allemagne, les grands groupes sont à la tête de filières industrielles et entretiennent un véritable partenariat avec leurs sous-traitants pour maintenir leur compétence, leur excellence... et leur rentabilité. Les entreprises accompagnent les jeunes à travers l'apprentissage. Dans les pays scandinaves, la flexisécurité concilie la souplesse indispensable aux employeurs et la sécurité du travailleur – assistance, accompagnement et formation, mais aussi obligations, contrôles et sanctions – qui évitent la précarisation. Le paritarisme nous a donné l'apparence de la protection et la réalité de la précarisation. Il a bien travaillé pour Marine Le Pen.

L'oligopole syndical

Les sociétés libérales qui, pour les individus comme pour les entreprises, se fondent sur la loi du marché assument pleinement l'insécurité. À l'opposé, notre modèle social cache la précarité derrière l'assistance. Ce contrat social fait consensus dès lors que cette solidarité se paie à crédit. Mais l'homme ne vit pas que d'allocations, si généreuses soient-elles. Il veut d'abord une place dans la société, souffre de ne pas l'avoir et, en prime, de se sentir ignoré, rejeté. Cette souffrance de la France précaire est en quelque sorte étouffée par la Sécurité sociale, l'école pour tous, l'indemnisation du chômage, l'aide au logement, le RSA... Elle n'a, surtout, aucun moyen d'expression, car l'exclusion exclut précisément la représentation, interdit de faire entendre sa voix. Quelques commandants de bord d'Air France, inquiets de leur avenir, ont plus de surface médiatique que des millions de pauvres qui, eux, n'en ont aucun.

C'est donc notre incapacité à relever les défis de notre temps qui a provoqué cette désocialisation. Car on ne peut indéfiniment payer les plus faibles pour jouer les variables d'ajustement. Les perdants finissent par être si nombreux, si malheureux, que la société se déchire et le pays se ruine. Quels sont donc les mécanismes pervers qui ont créé un système si injuste, si inefficace ? Il faut évidemment les chercher au niveau social, qui s'intercale entre l'économique et le politique. Un monde encombré par la représentation des intérêts particuliers : syndicats, corporations, organismes en tous genres qui décomposent la France par centres d'intérêt. Il ne s'agit plus d'une représentation de la société, mais d'un système institutionnalisé dans ses prérogatives et ses privilèges, respecté pour ses nombreux moyens de pression et pouvoirs de nuisance. À ce niveau se trouve le béton, qui rend notre société si réfractaire au changement.

Les défauts à corriger, les insuffisances à compenser, les nouveautés à faire naître sont connus, répertoriés, les remèdes à apporter, les réformes à effectuer aussi. Nous avons une pleine bibliothèque de rapports à notre disposition. En leur for intérieur, les hommes politiques connaissent et reconnaissent la nécessité de ces changements. Certains seraient même tentés de s'y risquer. Des velléités bien vite balayées par le souvenir des expériences précédentes, toutes terminées en catastrophes. Cette menaçante inertie du *statu quo* ne vient pas du système politique, elle lui est imposée par l'« oligopole social », selon l'expression si juste de Michel Godet.

Prenant le contre-pied de l'idéal révolutionnaire incarné dans la loi Le Chapelier de 1791 qui interdisait toute représentation des intérêts particuliers sous forme de syndicats, de corporations, de compagnonnage, la République, après avoir reconnu les organisations syndicales salariales, patronales ou corporatistes, a instauré le paritarisme qui leur délègue de véritables fonctions étatiques dans la gestion de la Sécurité sociale, la formation permanente, la collecte de taxes... Un système excellent dans son principe, dont les pouvoirs n'ont cessé de s'accroître et la représentativité de diminuer. Un système aujourd'hui à bout de souffle.

Le syndicalisme à la française ne représente pas les travailleurs. Ses 8 % d'adhérents se recrutent, pour l'essentiel, dans le secteur public, très peu dans les grandes entreprises, encore moins dans les PME et pas du tout chez les chômeurs ou les précaires. Il couvre en priorité les agents des services publics déjà protégés par des statuts, mais ne peut rien pour les salariés du privé qui subissent de plein fouet l'exploitation capitaliste. Il est centralisé et signe des accords nationaux, uniformes, à l'issue des grand-messes célébrées à Paris, mais est aussi féodalisé avec des bastilles corporatistes qui défendent leurs privilèges jusqu'à détruire l'emploi. Il est totalement intégré à l'appareil étatique dont il tire ses ressources, qui lui fournit places et prébendes, mais auquel il s'oppose par fidélité à la lutte des classes originelle. Il dispose d'armes redoutables dans les grands services publics, mais se trouve totalement démuni dans les entreprises privées. Il tire sa force de ses prérogatives institutionnelles et non pas de la confiance des travailleurs. Ce n'est, en définitive, qu'une structure de permanents plaquée sur un monde du travail qui lui apporte un soutien sans participation dans une relation de client plus que d'adhérent. Ce n'est pas un syndicalisme mais une syndicratie. Il en va de même, *mutadis mutandis*, pour le syndicalisme patronal. On retrouve partout cette professionnalisation qui se coule avec bonheur dans la cogestion des organismes sociaux et cette méfiance atavique qui rejette le consensus par concessions réciproques.

Ce syndicalisme représente mal les travailleurs, mais reflète parfaitement l'éclatement de la société française entre surprotection et surexposition. Il en est à la fois l'organisateur et le garant. L'organisateur, car il défend chacun selon son pouvoir de nuisance. À ce jeu, il existe un siècle d'écart entre l'électricien travaillant dans une PME et le même électricien disposant du disjoncteur national à EDF. Il en est le garant, car il défend bec et ongles les corporations les mieux armées. Au total, nous avons un syndicalisme d'opposition qui, en dépit des efforts méritoires des syndicats réformistes, a partie liée avec le *statu quo* et ne voit dans le paritarisme qu'un moyen de le maintenir en l'état. Or l'exécutif, ayant perdu l'essentiel de son autorité, lui a reconnu un pouvoir quasi législatif en soumettant toute réforme dans le champ social à des consultations préalables entre partenaires sociaux. Sous la présidence de François Hollande, ce rôle consultatif est devenu quasi décisionnel. Le pouvoir politique se contente de lancer les thèmes de discussion, puis attend les accords issus de ces négociations pour les transformer en lois. Le paritarisme est ainsi devenu le garant de l'immobilisme à la française.

Le comble de l'impuissance fut atteint avec la formation professionnelle. Au début de 2014, Michel Sapin présenta comme une « révolution culturelle » qui assure le système « pour quarante ans » la réforme née des négociations avec les partenaires sociaux. Rien qu'une farce sinistre. La formation professionnelle est, en France, un scandale à nul autre pareil. Elle coûte 32 milliards d'euros par an, de l'argent, pour l'essentiel, gaspillé. Les premiers bénéficiaires devraient être les chômeurs, les non-qualifiés et les précaires. D'autant qu'il existe quelques centaines de milliers d'offres d'emplois non pourvues faute de trouver les compétences demandées. En pratique, c'est tout le contraire qui se produit. Ces crédits profitent essentiellement aux cadres supérieurs et aux fonctionnaires et financent n'importe quoi. Les chômeurs n'en reçoivent que les miettes. Le système, d'une complexité inimaginable, est d'une opacité totale. Ses prestations sont facturées à un prix défiant toute concurrence – il est toujours plus élevé. Les contrôles, en dépit des admonestations de la Cour des comptes, sont totalement inopérants. Bref, tout est à reprendre de fond en comble. Or l'accord « historique » auquel sont parvenus les partenaires sociaux ne change pratiquement rien, hormis la création d'un compte personnel de formation qui ne sera pas financé. Précisons que ce scandale est parfaitement connu, qu'il est, en quelque sorte, sur la place publique depuis des années[1]. Mais les partenaires sociaux étaient bien décidés à le garder en l'état et auraient fait de toute remise à plat un *casus belli*. La raison est fort simple : ils se sont tous branchés sur cette usine à gaz qui est leur première source de financement, occulte comme il se doit. La France doit jeter des milliards par les fenêtres, les chômeurs doivent rester inemployables faute de formation, tout ça pour que les organisations, syndicales ou patronales, récupèrent les millions qui leur manquent faute d'adhérents.

Le système syndicalo-corporatiste, ayant fait de la défense des *insiders* son principal objectif, a puissamment contribué à plonger une moitié de la France dans la précarité. Il ne restait au FN qu'à passer de Jean-Marie à Marine Le Pen pour lancer son OPA sur ce peuple à l'abandon et pouvoir un jour se présenter au jeu de l'alternative pour le pouvoir.

1. « Formation professionnelle : un scandale d'État », en couverture du *Point*, le 25 septembre 2014.

Chapitre X

LE CAMÉLÉON DE LA RÉPUBLIQUE

Au cours des trente dernières années, les Français sont passés de la préoccupation à l'inquiétude, jusqu'à basculer dans l'angoisse. Aujourd'hui, la moitié d'entre eux redoutent de se retrouver ruinés, sans ressources, et même à la rue. Une aubaine pour le FN qui a toujours prospéré sur le marché de la peur. Mais, pour en tirer tout le bénéfice, il lui a fallu surfer sur les vagues des frayeurs collectives, lesquelles n'ont cessé de changer. À ce sport difficile, les frontistes se sont révélés de première force, toujours prêts à troquer la peur de la veille contre celle du lendemain. Grâce à cette stratégie du caméléon, les Le Pen font office de providentiel recours face au sentiment d'abandon éprouvé par des millions de Français.

Le FN est créé en 1972 dans un monde qui ne lui est guère favorable : la France euphorique des Trente Glorieuses. Comme ennemis de la nation, le nouveau parti n'avait trouvé que les communistes et les Juifs. Dans les années 1980, il transforme les immigrés en épouvantails, entre en résonance avec une large population et passe du stade groupusculaire à celui de petit parti. Dans les années 1990, nouveau péril et nouveau discours, c'est l'islam qui met la patrie en danger. Le Front national défend l'église contre la mosquée, rencontre un écho encore plus large, et devient un grand parti. Dans les années 2000, il lance l'OPA sur la crise et ses victimes pour devenir le premier parti d'une France qui se déglingue.

Le rendez-vous des ouvriers

Tout au long de cette histoire politique, le Front national a été combattu, en apparence ou en réalité, par l'unanimité de la classe politique. Il n'a eu aucun allié, n'a passé aucun accord, ne s'est connu que des ennemis. Or, curieusement, cette coalition générale n'a eu aucune influence sur son parcours politique. Dès les années 1980, il défie la rage impuissante de ses ennemis en s'installant durablement dans le paysage politique. Il rassemble quelque 40 000 adhérents et récolte plus ou moins 15 % des voix lors des différentes élections. Il ne participe pas au pouvoir, mais ce n'est pas son objectif. Et lorsque, à la fin du millénaire, sa marche en avant subit un coup d'arrêt, la diabolisation et ses croisés n'y sont pour rien, ce sont les dissensions internes qui menacent jusqu'à son existence. La crise de croissance qui éclate en 1998 est violente, déchirante. Bruno Mégret et ses amis claquent la porte, vont fonder un parti dissident. Pour le FN, le choc est rude, et pourrait être fatal. L'année suivante, il ne compte plus que 13 000 militants et n'atteint que 5,7 % lors des européennes. Même la divine surprise du 21 avril 2002, Le Pen au second tour – qui l'eût cru ? –, ne peut assurer le redressement. Les élections de 2007 sont catastrophiques : 10 % à la présidentielle, moins de 5 % aux législatives. Un verdict confirmé aux européennes de 2009. Le parti est sclérosé, au bord de la faillite, ses dirigeants ont vieilli. Des politologues croient venir l'heure, tant attendue, de son déclin. Il va redevenir le groupuscule sectaire d'extrême droite qu'il n'aurait jamais dû cesser d'être.

En réalité, le parti a déjà beaucoup évolué, mais sans que ses adversaires y prêtent attention. À ses débuts, le Front national avait attiré sur le thème de l'immigration un électorat populaire, les « petits Blancs », et un électorat de droite traditionnaliste. Il avait aussi recueilli des votes ouvriers, mais sans qu'on y prêtât trop attention. Focalisé sur la nation et la sécurité, Jean-Marie Le Pen reléguait l'économie au second plan, et le social à l'arrière-boutique. Il se situait dans la continuité de son poujadisme originel : un libéralisme clairement affirmé avec ses déclinaisons antiétatistes et antifiscales. Son modèle de référence s'appelait Ronald Reagan. Jean-Marie Le Pen se rendit même à la convention du Parti républicain à Dallas en 1984 et fut tout fier de se faire photographier à côté de son idole. Revenu en France, il expliquera qu'il avait anticipé le reaganisme. Le politologue Gilles Ivaldi, qui quantifie ses options sur l'axe droite-gauche, calcule que : « Au total, 82 % des mesures mises en avant dans le programme législatif de 1986 se situent à droite sur l'axe économique[1]. »

À l'élection présidentielle de 1995, les ouvriers, qui ne votaient qu'à 3 % pour le Front national dans les années 1970, donnent 30 % de voix à Jean-Marie Le Pen, le double de son score national. Il est de même le champion des chômeurs et des déshérités. Le parti saute sur cette opportunité. Une semaine plus tard, les banderoles du 1er Mai devant la statue de Jeanne d'Arc affichent de nouveaux slogans : « Le social, c'est FN », « Le social sans le socialisme ». L'année suivante, les mesures économiques et sociales prennent une place nouvelle dans le programme frontiste. Il est question d'augmenter le SMIC, de créer un revenu parental, de supprimer l'impôt sur le revenu, etc. C'est une rupture par rapport aux années 1980. Le parti trouve surtout une cohérence entre le politique et l'économique en repoussant la globalisation et en adhérant au protectionnisme. Le nationalisme

1. Gilles Ivaldi, « Vers un nouveau chauvinisme du welfare ? La transformation du programme économique du Front national (1984-2012) », 2013.

se décline de la préférence nationale aux droits de douane. Quant à Jean-Marie Le Pen, il se déclare « ni de droite, ni de gauche ». En attendant de devenir, en 2002, « socialement de gauche et économiquement de droite » et de se présenter en protecteur des « petits, des obscurs, des sans-grade, des travailleurs pauvres ou retraités ». Le programme présenté aux législatives de 1997, calcule Gilles Ivaldi, comporte, dans sa partie économique et sociale, autant de mesures venues de la gauche que de mesures venues de la droite.

Dans les années 1990, avant même la prise de pouvoir par Marine Le Pen, le parti a donc très sensiblement fait évoluer sa doctrine. La cause de cette inflexion est moins endogène qu'exogène. Ce ne sont pas les idéologues frontistes qui ont découvert le social, ce sont les Français des classes populaires qui, par leurs votes, déportent le mouvement sur sa gauche. Le parti suit son nouveau public et s'éloigne toujours davantage de ses origines. Si les brigades antilepénistes ne voient rien venir, les militants frontistes, en revanche, ne manquent pas de réagir à ces changements de ligne. Tout au long des années 2000, les ultras protestent vigoureusement et vont jusqu'à claquer la porte.

L'évolution sur le thème-clé de l'immigration est très révélatrice. Dans les années 2000, les leaders frontistes observent que des Français d'origine maghrébine, toujours plus nombreux, s'intéressent au parti. Nouveau public possible, nouveau discours. L'accent est désormais mis sur l'intégration et l'assimilation, l'éloignement passe au second plan. Le FN sort une affiche présentant une beurette, piercing et ventre nu, en personnage emblématique. De nombreux adhérents ont un haut-le-cœur. Jean-Marie Le Pen avait toujours pris soin de mettre en avant quelques personnalités d'origine maghrébine. Le « bon Arabe de service », en quelque sorte. Mais, là, trop c'est trop. Beaucoup de militants refusent de coller l'affiche. Historienne scrupuleuse du FN, Valérie Igounet a retracé, à chaque étape, les oppositions et les déchirements que provoquent ces bifurcations. « À l'hiver 2007, écrit-elle, Jean-Marie Le Pen a donc rompu idéologiquement avec l'histoire de son parti[1]. »

Un parti pour gagner

Derrière la façade décrépie du FN au début du millénaire, la relève se prépare. La génération montante n'entend pas seulement redresser le parti, elle veut prendre les commandes pour abandonner le frileux cabotage des années Jean-Marie Le Pen et mettre le cap au grand large vers d'inaccessibles Amériques. Depuis une dizaine d'années, les trentenaires, devenus quadragénaires, se sont lancés à l'assaut du parti. Ils ont fixé leur stratégie et tiennent un atout maître : la fille du chef. Aidée par son père mais barrée par les caciques, Marine Le Pen rejoint les instances dirigeantes. La télévision la fait connaître, le public adopte cette jeune femme avenante, assurée, ayant son franc-parler, qui n'oublie jamais de sourire lorsqu'elle décoche ses flèches. Sa féminité tranche avantageusement sur la force souvent brutale, parfois inquiétante, du leader historique. Marine, c'est « Le Pen sans les défauts ». Les électrices, qui avaient toujours boudé le père, prêtent l'oreille à sa fille.

La tactique est toute trouvée : Marine Le Pen se servira des médias et s'appuiera sur les militants. Car la garde rapprochée de Jean-Marie Le Pen, composée des compagnons historiques qui lui sont restés fidèles lors du schisme Mégret, est bien décidée à barrer la route à sa fille. En 2003, lors du congrès de

1. Valérie Igounet, *Le Front national*, *op. cit.*

Nice, elle n'a été élue au comité central qu'en 34e position, bien qu'elle ait été la seule candidate frontiste à s'être qualifiée pour le deuxième tour lors des législatives de 2002. Son père doit l'imposer à un poste de vice-présidente. Jusqu'à sa prise de pouvoir, elle se heurtera au « tout sauf Marine » de l'appareil. Pour le contourner, elle cajole inlassablement les militants. En janvier 2011, c'est enfin la victoire. Une large majorité des adhérents la préfèrent à Bruno Gollnisch pour remplacer un Jean-Marie Le Pen qui a fait son temps, et même beaucoup plus. Avec elle, c'est une nouvelle équipe qui élimine les anciens et prend le pouvoir. Le FN de Marine Le Pen se met en ordre de bataille.

La présidente fixe tout de suite son nouvel objectif : « Moi, je fais de la politique pour arriver au pouvoir et pour changer les choses… » C'en est fini du parti de protestation, figé dans ses vieux schémas, coupé de son époque et, somme toute, satisfait de sa position marginale. Elle entend construire une machine à gagner des électeurs et des élections, à devenir majoritaire. Elle a jeté son dévolu sur le peuple à conquérir : ce sera la France des petits, des perdants, des sans-grade, la France précarisée, à l'abandon, qui a été préparée par trente ans de pouvoir « UMPS », selon la formule lancée comme un cri de guerre. Son apanage est là, et, pour s'en emparer, elle donnera au caméléon des habits rouge foncé.

Cet électorat ne peut pas se gagner sur les seuls thèmes de la nation, de l'immigration, de l'islam et de la sécurité, ne peut s'accommoder des relents d'antisémitisme, des remugles de l'Occupation et des traditions de l'extrême droite catholique. Il faut renouveler les équipes, la stratégie et les programmes. Deux impératifs, lever l'hypothèque de l'antisémitisme et répondre aux demandes économiques et sociales de cette France précaire.

L'antisémitisme obsolète

Dès lors qu'elle rompt avec la culture de la protestation et entreprend la marche vers le pouvoir, la jeune équipe bute sur l'antisémitisme, objet premier de la stigmatisation du parti, qui s'oppose à toute véritable progression. Les nouveaux leaders, tel Louis Aliot, l'ont parfaitement compris : « C'est l'antisémitisme qui empêche les gens de voter pour nous. Il n'y a que cela[1] », explique-t-il à Valérie Igounet. Une épuration du discours frontiste devrait permettre de lever l'obstacle. Plus simple à décider qu'à faire admettre dès lors que Jean-Marie Le Pen se maintient comme président d'honneur du parti. Les croisés de l'antilepénisme n'entendent pas laisser les frontistes s'en sortir à si bon compte, échapper à la diabolisation et s'ouvrir le chemin de la respectabilité. La lutte contre le Front national devient une lutte contre son renouvellement. Afin de démontrer que, au FN, « plus ça change, plus c'est pareil », une casuistique se développe pour recoller l'étiquette de l'antisémitisme chaque fois que Marine Le Pen veut la détacher.

En 2009, Jean-Marie Le Pen, ayant cru bon de reprendre son « point de détail », se fait tacler par sa fille, à l'époque vice-présidente du FN : « Je dis ce que j'ai toujours dit : je ne partage pas sur ces événements la même vision que mon père… Non, je ne pense pas que cela soit un détail de l'histoire. » Par la suite, elle précise : « Ce qui s'est passé dans les camps est le summum de la barbarie. » Les choses sont-elles claires ? Pas du tout ! Les exégètes antilepénistes jugent ses propos trop vagues et peu crédibles. Pourquoi n'a-t-elle pas prononcé le mot

1. Valérie Igounet, *Le Front national, op. cit.*

« Shoah » ? N'est-elle pas en train de faire disparaître la spécificité, la singularité du génocide des Juifs ?

Lorsque Jean-Marie Le Pen sort sa dernière ignominie avec « la fournée », la présidente du FN le reprend sèchement. La presse entière souligne le désaveu d'autant plus saisissant qu'adressé par une fille à son père, par l'héritière au souverain qui l'a choisie. Mais cela ne suffit pas : n'a-t-elle pas parlé de « faute politique » ? Or il s'agit d'une faute morale et non pas politique. En n'y voyant qu'une maladresse, la fille l'avalise et prouve qu'elle est toujours dans la ligne du père. D'ailleurs, Marine Le Pen, alors qu'elle était à Vienne, n'a-t-elle pas assisté à un bal organisé par l'extrême droite et auquel participa l'extrême droite xénophobe la plus dure ? Une présence des plus fâcheuses, il est vrai, mais qui, sur les réseaux sociaux, devient aussi grave qu'une adhésion au parti nazi. À cette différence, qui est d'importance, que Jean-Marie Le Pen, lui, était condamnable dans ses propos et pas seulement dans ses fréquentations.

Ces controverses n'intéressent, une fois de plus, que cette moitié de la France qui jamais ne donnera ses suffrages au FN. Mais l'autre moitié retient que, depuis une dizaine d'années, l'image et le discours du parti se sont renouvelés. Alors, quand Dominique Sopo, le président de SOS Racisme, éructe : « Je dis à Mme Le Pen qu'elle appartient à une famille politique qui porte en elle le crime… Je dis à Mme Le Pen que son programme comprend les pires propositions formulées naguère par son père. Je dis à Mme Le Pen que son tournant étatiste constitue un rapprochement avec l'idéologie fasciste[1] », peut-on douter que ces outrances ne feront que pousser les hésitants dans le camp mariniste ?

1. Dominique Sopo, « Marine le Pen a un problème avec la Shoah », *L'Express*, 7 février 2012.

La bataille politique ne se livre pas sur les convictions intimes mais sur les faits, les paroles et les actes. À ses débuts, le Front national a recruté sur les thèmes de l'extrême droite, c'était tout à la fois sa force et sa limite. Sa force, car il y a trouvé ses premiers militants, sa limite, car une telle base le condamnait à n'être qu'un parti minoritaire de protestation, certainement pas un grand parti à vocation majoritaire. Pour atteindre cet objectif, le nouveau FN a donc fait le ménage. Un toilettage qui n'a pas fait disparaître comme par enchantement l'héritage très lourd du lepénisme.

Dans son étude « L'antisémitisme dans l'opinion publique française[1] », la Fondation pour l'innovation politique a constitué un « indicateur d'antisémitisme » à partir de six propositions qui reprennent les préjugés les plus courants : « Il existe un complot sioniste à l'échelle mondiale », « Les Juifs ont trop de pouvoir dans la politique… dans les médias… dans la finance », etc. Première constatation : 53 % des Français rejettent tous ces items. 18 % en retiennent un, 9 % en retiennent deux et 9 % sont d'accord avec cinq ou six. Or, parmi les personnes proches du Front national, ce dernier pourcentage est trois fois plus fort : 28 %. On observe d'ailleurs le même taux chez les musulmans. La conclusion est évidente : le Front national ne veut plus être un parti antisémite, c'est-à-dire qui fait de l'antisémitisme un produit d'appel, mais reste, héritage de son histoire, un parti d'antisémites.

Quant à l'antisémitisme lui-même, il n'est plus seulement le préjugé spécifique contre « le peuple déicide », « le complot juif », etc., il est lié, comme le constate Dominique Reynié, à « la manière dont la globalisation a affecté les sociétés démocra-

1. Dominique Reynié, « L'antisémitisme dans l'opinion publique française », *Nouveaux éclairages*, Fondation pour l'innovation politique, novembre 2014.

tiques, sur le plan matériel comme sur le plan culturel ». Et le directeur général de la Fondapol de citer « les conséquences de phénomènes migratoires entamés il y a plusieurs décennies, mais dont les effets se font sentir comme soudainement, dans l'affirmation d'une société de fait multiculturelle ». Ce regain de tensions intercommunautaires s'inscrit dans une poussée générale des sentiments racistes, xénophobes et antisémites que l'on observe dans toutes les sociétés occidentales, et pas seulement en France. Ainsi, la détestation des Juifs tend à se fondre dans une détestation générale du monde contemporain et des Autres dès lors qu'ils imposent une différence, et dans un appel au repli sur soi.

Tout naturellement, le parti caméléon fait sa mue de la xénophobie anti-immigrés à l'identitarisme centré sur le fait national. Au reste, cet aggiornamento est également une affaire de générations. Le vieil antisémitisme français, hérité de l'affaire Dreyfus, a marqué les esprits des septuagénaires et des octogénaires, mais ne représente plus qu'une survivance, une relique historique, pour les moins de cinquante ans. Sur ce point, une quadragénaire comme Marine Le Pen ne pouvait éternellement s'aligner sur sa vieille ganache de père. En laissant tomber cette référence historique, elle se met à l'unisson de la nouvelle clientèle, plus large et plus jeune, que vise le parti, elle tient même à souligner que des Juifs rejoignent son mouvement, et dénonce les jeunes beurs qui voient dans tout Juif un défenseur d'Israël, un ennemi des Palestiniens et des Arabes en général.

La question est maintenant posée : peut-on traiter la fille comme le père quand la France entière fait la différence ? Peut-on lancer les attaques au nom du peuple quand le parti lepéniste recueille plus de voix populaires qu'aucun parti de gauche ? Peut-on rester obstinément figé sur la stratégie de diabolisation alors que le nouveau FN se révèle plus dangereux que l'ancien, puisqu'il vise le pouvoir, auquel Jean-Marie Le Pen n'avait jamais pensé. Mais les croisés antilepénistes n'acceptent pas cette mutation que leur impose l'adversaire. Ils tiennent à leur stratégie et n'entendent pas s'en laisser déposséder par les ruses du caméléon.

Les orphelins de la gauche

En politique comme en économie, pour passer de la start-up au grand groupe, il faut élargir son marché. Or la France du XXIe siècle offre au FN un public disponible et, pour tout dire, en déshérence. L'échiquier politique, tel qu'on le présentait à Sciences Po, suivait l'échelle sociale. Plus on est en bas, plus on vote à gauche ; plus on s'élève, plus on vote à droite. Ajoutez que les jeunes se situent plus volontiers à gauche, les seniors à droite, et vous avez une première vision du corps électoral. Mais la société a subi de tels bouleversements au cours des dernières décennies que ce schéma n'est plus pertinent. C'est le constat de la Fondation Terra Nova, proche du parti socialiste, au printemps 2011. Elle propose donc une nouvelle grille de lecture conduisant à une nouvelle stratégie pour le PS[1].

Point de départ de sa réflexion, la classe ouvrière, cœur de son électorat, est perdue pour la gauche. Non seulement elle est en recul sur le plan démographique, mais, surtout, elle adopte « des réactions de repli : contre les immigrés, contre les assistés, contre la perte des valeurs morales et les désordres de la société contemporaine ». Et cette attitude est partagée par toutes sortes de catégories populaires. Le parti socialiste se trouve en porte à

1. Bruno Jeanbart, Olivier Ferrand, Romain Prudent, « Gauche, quelle majorité électorale pour 2012 ? », Terra Nova, 2011.

faux, car c'est précisément sur des valeurs culturelles qu'il attire son nouvel électorat, plus jeune, plus diplômé, plus féminin, bref, situé à un échelon supérieur dans la hiérarchie sociale, sans parler des nouvelles générations d'immigrés, toutes acquises à la gauche. Pour Terra Nova, c'est une nouvelle configuration qui s'est constituée de manière spontanée et qui ne recoupe plus la division droite-gauche. Elle y voit d'un côté « la France de demain », qu'elle décrit « unifiée par ses valeurs culturelles progressistes : elle veut le changement, elle est tolérante, ouverte, solidaire, optimiste, offensive », et, de l'autre, une France « qui défend le présent et le passé contre le changement », qui considère que « la France est de moins en moins la France », que « c'était mieux avant », un électorat inquiet de l'avenir, plus pessimiste, plus fermé, plus défensif. Pour faire court, la France des gagnants face à la France des perdants. La gauche se trouve donc entre deux chaises, risquant fort de finir à terre si elle ne choisit pas l'une ou l'autre.

Très lucides, les auteurs ont compris le défi que le nouveau Front national de Marine Le Pen lance au parti socialiste. Pour lui disputer l'électorat conservateur, pour ne pas dire réactionnaire, il devrait renier ses valeurs, son attirance multiculturelle, son progressisme sur le plan sociétal, son ouverture sur le monde et l'Europe. Avec un résultat des plus incertains, car, sur ce terrain, il sera toujours dépassé par le FN. Mieux vaut se concentrer sur l'électorat progressiste de gauche et tout faire pour l'élargir.

Cette note souleva un beau tollé à gauche. Elle avait tous les défauts plus un : celui de dire la vérité. Le fait est que, pour la France précaire, le PS est devenu inaudible et que la droite, hormis le bref épisode Sarkozy, ne l'atteint pas davantage. Sur le plan politique, cette France précaire est, de plus en plus, « hors système », et ne se reconnaît plus dans les partis de gouvernement. Le nouveau Front national vise donc cet électorat en jachère et s'efforce de répondre point par point à toutes ses inquiétudes.

Le souverainisme social

Cet électorat attend surtout des réponses dans les domaines économique et social, des réponses qu'il cherche traditionnellement à gauche. Le programme du parti est à revoir pour faire sauter les barrières édifiées par la diabolisation, mais aussi pour répondre aux demandes de ce nouveau public à conquérir. L'évolution qui s'était amorcée dans les années 1990 est poussée à son terme. Si le socle identitaire, nationaliste et sécuritaire est conservé, les références à l'extrême droite sont gommées. Le national est désormais au service du social. Le nouveau discours qui se construit met en avant l'Europe, la mondialisation, l'euro, la dette, le chômage, les mesures sociales. Un discours dont les thèmes s'apparentent à ceux des autres partis.

De ce fait, la récusation et la dénégation deviennent inopérantes. Elles permettaient de refuser le débat sur le renvoi des immigrés, la préférence nationale, le retour au droit du sang, etc., elles deviendraient incompréhensibles à propos du protectionnisme, de la monnaie commune ou de la politique de relance. Pourquoi accepter la discussion sur l'austérité quand Jean-Luc Mélenchon en parle et la refuser face à Marine Le Pen ? Ce serait d'autant plus difficile qu'ils disent à peu près la même chose. Le Front national impose donc à ses adversaires un nouveau rapport de force fondé sur l'argumentation et pas seulement sur l'indignation. S'opposer au FN, c'est, et ça ne peut être que cela, déconstruire son programme, en démontrer l'inanité. Face aux électeurs à conquérir, le parti national-populiste a gagné la bataille de la banalisation.

Chapitre XI

LE PROGRAMME ATTRAPE-TOUT

Le programme traditionnel du FN était centré sur la nation, l'immigration et la sécurité. L'économique et le social n'arrivaient qu'en arrière-plan. Tout bascule avec le nouveau projet. Car il s'adresse à des Français qui vivent dans la précarité, craignent pour leur emploi, pour leurs enfants, tirent le diable par la queue. Leurs demandes ne se limitent pas à la venue des étrangers, à la présence de l'islam ou à l'identité de la France. La crise dans toutes ses dimensions – chômage, mondialisation, euro, dettes – passe au premier plan. Et le discours se déporte brutalement de l'extrême droite à l'extrême gauche.

Le marche contre la nation

La rupture est consommée avec le libéralisme paternel. Marine Le Pen reprend sans aucune réserve le réquisitoire anticapitaliste. Dans son ouvrage électoral de 2012, *Pour que vive la France*[1], elle fait de l'ultralibéralisme « l'idéologie d'une classe dominante internationale mondialisée », de la mondialisation « une alliance du consumérisme et du matérialisme, pour faire sortir l'Homme de l'Histoire et le précipiter dans ce que Gilles

1. Marine Le Pen, *Pour que vive la France*, Paris, éd. Jacques Grancher, 2012.

Lipovetsky nomme l'"ère du vide" ». À l'appui de ses démonstrations, elle réquisitionne quantité d'auteurs de gauche.

Au capitalisme mondialisé, elle oppose le primat de la nation. Le libre-échangisme est le monstre qui plonge les malheureux Français dans la précarité et la servitude ; la nation est la déesse qui les met à l'abri de la concurrence, toujours déloyale, et du capitalisme, toujours sauvage. Or le monde entier, gangrené par le mal, est devenu néfaste et même hostile. La France doit fermer portes et fenêtres, relever les ponts-levis, construire des lignes de défense et, s'étant ainsi fermée au monde et à ses dangers, régler les affaires des Français avec les Français, entre Français. Je force les traits, pour les faire mieux ressortir. Le programme du FN ne pousse pas la volonté d'indépendance jusqu'à l'autarcie, mais une telle fermeture, si, par malheur, elle était appliquée, ne manquerait pas de nous entraîner dans une fuite en avant. Quand on déclenche les guerres des monnaies, des tarifs, des traités, des passeports, on sait d'où l'on part, mais on ne sait pas où l'on arrive. Or c'est bien dans une telle aventure que Marine Le Pen prétend entraîner la France.

Contre la mondialisation, qui pousse les entreprises à délocaliser et les usines à fermer, qui accule les PME à la faillite et les travailleurs au chômage, le FN veut taxer les importations à nos frontières. Marine Le Pen joue sur du velours, car les Français, comme tous les peuples aujourd'hui, sont tentés par le protectionnisme. Inutile, donc, de pousser les hauts cris : pour la combattre, il faut montrer l'inanité du diagnostic comme de la prescription. Les difficultés de notre économie tiennent-elles au dumping social étranger ? C'est oublier que la majeure partie de notre commerce extérieur se fait avec nos partenaires européens et que, partout, nous sommes déficitaires. Est-ce en sous-payant leurs ouvriers que, en 2013, les Pays-Bas ont accumulé plus de quatre milliards d'euros d'excédent dans leurs échanges avec la France ? Est-ce la concurrence internationale, dont ils sont totalement protégés, qui plonge les secteurs du bâtiment et du logement dans une crise épouvantable ? Il faut sans cesse rappeler que notre perte de compétitivité a des causes franco-françaises et que les taxes à l'importation n'y changeraient rien.

Mais ce protectionnisme national est, en outre, impraticable. Combien de temps faudrait-il pour rétablir nos services de douane ? Comment procéderait-on ? De façon unilatérale, au risque de provoquer des mesures de rétorsion dévastatrices ? Devrait-on renégocier des traités bilatéraux avec une centaine de pays ? Et comment reconnaître le *made in France* dans une production industrielle mondialisée ? Va-t-on taxer les voitures que Renault fait construire à l'étranger ? Doit-on considérer Airbus comme un avion français alors qu'il est fabriqué à l'échelle européenne ? Comment nous passer des produits de nécessité que nous ne fabriquons plus ? Comment éviter le boycott de nos produits de luxe, vins fins comme armement ?

Le retour au protectionnisme national n'est pas une horreur idéologique, mais, tout simplement, une stupidité. Pour la France de 2014, le seul niveau possible d'un protectionnisme « intelligent » serait le niveau européen. Comment pousser l'Union européenne à mieux se protéger contre la concurrence déloyale, à ne plus se laisser griser par le paradigme de la concurrence à tout-va ? Il faudrait convaincre nos partenaires, mais, pour cela, il faudrait d'abord regagner la crédibilité que nous avons perdue.

Hors de l'Europe

Second monstre du pandémonium lepéniste, l'Union européenne. Elle serait la principale cause de nos maux, nous asservirait, provoquerait notre déclin et notre chômage. Il nous faut en sortir au plus vite. Là encore, il n'est pas difficile de montrer que le diagnostic est aussi faux que le remède. On peut toujours s'interroger sur une France qui, à l'image de la Suisse, se serait tenue à l'écart de l'Union ou qui, à l'image du Royaume-Uni, ne serait pas entrée dans l'union monétaire. Mais, en vérité, la seule question est d'y rester ou d'en sortir.

Marine Le Pen n'a aucune peine à faire huer l'Europe lorsqu'elle la rend responsable et coupable de l'austérité. Dans son discours, ce ne sont pas nos déficits récurrents et notre endettement pharaonique qui nous mettent au pain sec, c'est Bruxelles, toujours Bruxelles. Elle donne à croire que si la France avait conservé toute sa souveraineté elle n'aurait pas à équilibrer ses finances, qu'elle pourrait faire bombance et relance à tous les repas. En réalité, les Français savent que nous avons vécu au-dessus de nos moyens, que la Commission de Bruxelles ne nous demanderait rien si nos finances avaient été bien gérées, mais ils savent aussi que gauche et droite en sont également responsables. Un bilan partagé qui permet à Marine Le Pen de fustiger l'UMPS, coresponsable de ce désastre. Mais ce n'est certainement pas en suivant les disciplines européennes que nous avons ruiné le pays, c'est même en les violant obstinément. Et, avec un tel bilan, notre situation serait pire encore si nous nous retrouvions seuls face aux marchés. Tous les pays qui ont cédé au laxisme budgétaire ont dû s'imposer des cures d'austérité ; certains furent acculés à la faillite, avec des conséquences dramatiques, non pour les riches, qui avaient mis leurs capitaux à l'abri, mais pour les peuples. N'oublions donc pas que nous devons à la caution européenne de n'en être pas encore là. Oui, tout cela doit être dit, mais ce discours de vérité est accablant pour les partis de gouvernement et peut, à tout moment, ouvrir l'alternative avec le parti qui n'a aucune part dans ce désastre.

Notre déclin économique, pas plus que notre délabrement financier, n'est imputable à l'Europe, puisqu'en son sein d'autres réussissent mieux que nous. Là encore, le jeu de la responsabilité est délétère. Faire de l'Europe un bouc émissaire pour justifier nos propres insuffisances est le plus sûr moyen de n'en jamais sortir, c'est vrai, mais, à l'inverse, céder à l'optimisme officiel qui nie la réalité de notre déclin pour n'en pas porter la responsabilité ne laisse aucune chance au redressement.

Ne pas charger l'Europe, certes, mais ne pas ignorer cette bureaucratisation qui rend les institutions européennes insupportables. Entre la folie réglementaire et normative qui s'abat sur les PME, l'application vétilleuse et dogmatique de la concurrence, l'arrogance d'une magistrature drapée dans ses principes et coupée de toute réalité, l'Europe a un art sans pareil de se faire détester. C'est elle aussi, il est vrai, qui a impulsé les rares efforts de modernisation dans la société française.

Le diagnostic du FN est faux, mais la gauche de la gauche, depuis les socialistes « frondeurs » jusqu'aux mélenchoniens, ne dit pas autre chose. Elle n'a pas de mots assez durs pour fustiger une Commission trop libérale à son goût, un pacte de stabilité inepte. Elle pousse le gouvernement à envoyer paître les comptables de Bruxelles qui nous étouffent avec leur austérité. Si elle ne réclame pas le retrait pur et simple, elle prône une politique qui conduirait la France à se soumettre ou à se retirer. Elle voudrait pousser nos déficits des 4 % actuels à 6 % et plus selon nécessité, assurée que les marchés y verraient une preuve de bonne gestion et nous maintiendraient les taux epsilon dont nous bénéficions. Elle focalise ses attaques contre Angela Merkel, dont le monétarisme stupide nous interdit de puiser dans cette corne d'abondance. Les champions de la gauche ne doutent pas qu'ils en viendraient à bout et font d'une relance européenne la nouvelle panacée.

Marine Le Pen est crédibilisée par cette germanophobie, ce keynésianisme sans freins. Elle n'est pas seule à vouloir faire sauter le verrou européen. Elle a seulement l'audace d'aller au bout de cette logique. Mais, plutôt qu'attendre le salut de la BCE, elle entend quitter l'Union, rendre à la Banque de France le privilège de battre monnaie et faire tourner à vitesse supersonique la planche à billets. Les Français sont pris entre ces deux discours qui reposent sur une même analyse et ne diffèrent que par le choix des moyens. Si le divorce pur et simple les inquiète, Marine Le Pen se fait fort de le négocier avec nos partenaires. Peu probable que la chancelière nous accorde sa bénédiction, mais tout aussi improbable qu'elle se convertisse à la relance de la relance dans la relance.

L'omelette et les œufs

Nous ne pouvons ni défier l'Europe ni la quitter sans provoquer une crise majeure dont les répercussions seraient catastrophiques. La France y perdrait son crédit sans avoir résolu aucun de ses problèmes. La sortie de l'Union est, une fois de plus, un slogan aussi faux dans l'analyse que dans l'exécution. Libre à chacun de penser que nous avons fait une erreur en nous engageant dans cette aventure ; est-ce une raison pour en commettre une autre, beaucoup plus grave, en voulant sauter du train en marche ?

Quant à la sortie de l'euro, autre recette-miracle lepéniste, elle est aussi fausse dans l'analyse qu'irréalisable dans l'exécution. Mais on ne convaincra pas des Français de plus en plus sceptiques en se contentant de chanter les louanges de la monnaie unique. Pour ma part, je regrette d'avoir voté pour le traité de Maastricht. Je n'y voyais qu'un avantage : la discipline budgétaire enfin imposée à la France. Je n'avais pas prévu l'usage catastrophique qu'en ferait Jacques Chirac. En supprimant les soupapes des crises monétaires et des dévaluations, l'euro, loin de nous imposer la sagesse financière, nous a permis de persévérer dans le déficit sans en supporter les conséquences. Mais l'impossibilité de faire jouer la dévaluation ou l'inflation nous pénalise lourdement à l'heure des comptes. Tous les pays qui se sont sortis de tels pétrins ont eu recours à ces expédients monétaires devenus inaccessibles. Bref, la monnaie commune était bonne pour les États disciplinés, mauvaise pour les autres, donc pour la France.

En revanche, l'euro trop fort n'est pas la catastrophe toujours dénoncée. Outre qu'il s'est mis à baisser au moment même où il devenait insupportable et que nul ne sait comment il est possible de manipuler une telle monnaie, rien ne prouve qu'un euro plus faible que le dollar nous serait favorable. Cela ne ferait qu'augmenter nos importations, notamment de pétrole, et ne faciliterait nos exportations que si nous avions un appareil productif performant. Ce qui est loin d'être le cas.

Là encore, il faut réussir à poser la bonne question. Ne pas se contenter d'argumenter pour ou contre l'euro, mais centrer le débat sur la sortie de l'euro. Serait-elle réalisable et quel en serait le coût pour la France ? Marine Le Pen se veut rassurante, mais elle se paie de mots. Pour passer des monnaies nationales à la monnaie unique, il suffisait de casser les œufs et faire l'omelette. Ce n'est pas bien difficile. Pour revenir aux monnaies nationales, il faudrait casser l'omelette et refaire les œufs. Et, cela, personne n'en a la recette. Les Français doivent savoir qu'il n'existe aujourd'hui aucun scénario fiable d'une sortie contrôlée, aux effets maîtrisés. Un pays qui, en situation de détresse monétaire, annoncerait son retour à la monnaie nationale serait pris dans une incontrôlable tornade. Comment ferait-on la transition, comment fabriquerait-on, dans l'urgence, la nouvelle monnaie, comment referait-on les comptabilités et les distributeurs automatiques, comment organiserait-on le passage de l'euro au franc, comment, enfin, ferait-on tout cela en même temps ?

Les Français ne l'ignorent pas et sont en majorité hostiles à une telle aventure. Pour surmonter cette appréhension, le FN a présenté un plan de sortie de douze points qui peut faire grande impression. En réalité, les experts frontistes sont encore dans le flou et ne savent pas trop s'ils veulent passer de la monnaie unique à une monnaie commune autour de monnaies nationales, s'ils envisagent une rupture solitaire ou bien concertée avec certains pays méditerranéens qui se plaignent de l'euro trop germanique.

Pour la sortie de l'euro comme pour la charge contre l'austérité, Marine Le Pen se barde de cautions à gauche. Elle cite volontiers l'économiste Jacques Sapir, clairement situé à gauche, qui prêche depuis longtemps pour un abandon de l'euro. Caution abusive : Jacques Sapir, après avoir examiné les propositions du Front national, y trouve un grand amateurisme et un manque de cohérence. « Il y a ici, dit-il, deux discours qui se superposent. Un discours politique sur la sortie de l'euro, et un discours issu d'un programme économique qui n'a pas intégré le choc systémique d'une telle décision. » Et il conclut :

« Ce n'est pas un programme mais un mensonge politique[1]. » Marine Le Pen a d'ailleurs peu à peu réduit la sortie de l'euro à un effet de tribune. Dans les débats plus approfondis, elle envisage des négociations ou un référendum, oubliant que, à la seconde où l'on annonce de tels changements monétaires, on déchaîne la spéculation et on ne contrôle plus rien.

À la rigueur, et c'est peut-être ce qui finira par se passer, une puissance comme l'Allemagne, ayant accumulé tant d'excédents monétaires, pourrait, si elle le décidait, réussir une telle opération. Il ne nous resterait alors que nos yeux pour pleurer le temps béni où nous pouvions bénéficier de sa caution. Mais ce serait mission impossible pour un pays au bord de la cessation de paiement, qui prouve au monde entier depuis trente ans son incapacité à tenir ses finances.

Si le Front national en est réduit à imaginer un tel numéro de trapéziste, c'est à seule fin d'accréditer sur le plan financier le reste de son programme. Car le premier avantage de ce fantasmatique retour au franc serait d'aller chercher à la Banque de France tout l'argent que nous voulons. Une perspective effectivement aussi séduisante que totalement illusoire. Certes, nous pourrions emprunter sans intérêts, mais en provoquant une dévaluation qui appauvrirait tous les Français ; notre dette, libellée en euros, augmenterait vertigineusement, nos taux d'intérêt aussi. Et le crédit de la banque centrale reste toujours un endettement. Ainsi, la Grande-Bretagne, modèle toujours cité par la présidente du Front national, qui a conservé la livre et cédé à toutes les facilités du financement par sa banque centrale, a plus que doublé sa dette depuis 2008, qui approche les 100 % du PIB, et doit se soumettre à une très dure austérité.

1. Jacques Sapir, « Le chiffrage du projet économique de Marine Le Pen est-il crédible ? », *Challenges*, 15 janvier 2012.

Les avantages d'une sortie de l'euro sont hypothétiques et évanescents lorsqu'on s'efforce de les évaluer ; les conséquences pour notre pays seraient, elles, aussi catastrophiques que certaines.

Guerre éclair contre le chômage

Le chômage est la première source de précarité et, par conséquent, la première préoccupation des électeurs que le Front national cherche à conquérir. Pour être à l'unisson de son électorat, Marine Le Pen doit à la fois reconnaître cette priorité et annoncer une politique radicalement neuve.

Dans ses interventions, elle feint de découvrir ce que tout le monde sait, que les difficultés socio-économiques de la France tiennent au chômage et que nous serions bientôt tirés d'affaire si nous retrouvions le plein emploi. Cette constatation, difficilement contestable, la place au pied du mur. Une ancienne « plume » de Ronald Reagan, outrée de voir que l'ancien acteur prononçait ses discours sans même les avoir lus, se plaisait à imaginer que, dans le message annuel sur l'état de l'Union, il écrirait les phrases suivantes : « Enfin, les États-Unis se doivent, dans l'année à venir, d'en finir avec l'interminable conflit du Moyen-Orient. Voici donc le plan de paix qui, à coup sûr, rétablira définitivement une cohabitation pacifique entre Israéliens et Palestiniens. » Le président tournerait la page et trouverait cette seule phrase : « Et maintenant, démerde-toi. » Marine Le Pen se met à peu près dans cette situation lorsqu'elle se fait fort de venir à bout du chômage.

Le Front national des années 1980 avait expédié la question dans le fourre-tout de l'immigration. Ses affiches proclamaient : « 1 million de chômeurs, c'est 1 million d'immigrés de trop », puis « 2 millions de chômeurs, c'est 2 millions d'immigrés de trop ». La solution coulait de source : les Maghrébins rentrent chez eux et laissent la place aux Français. Face à une immigration de peuplement et non plus de main-d'œuvre, cette solution expéditive perd toute crédibilité, il faut trouver autre chose. Mais les remèdes supplémentaires ne doivent pas être pris dans la pharmacopée de l'UMPS. Par définition, les Français ne croient plus aux solutions déjà utilisées, qui ont fait la preuve de leur inefficacité. Voilà donc Marine Le Pen obligée, tel Ronald Reagan, de trouver la solution d'un problème réputé insoluble. Elle préfère renverser la table, changer les données à sa convenance. C'est ainsi qu'elle lance en préambule de ses proclamations anti-chômage : « Seul un changement radical de politique économique impliquant la fin de l'euro, la mise en place d'un protectionnisme intelligent à nos frontières et l'utilisation de tous les leviers de pouvoir d'un État stratège, indépendant et souverain, pourront permettre à la France de sortir de la prison européenne dans laquelle l'UMPS l'a enfermée[1]. »

C'est le mythe gauchiste de « l'autre politique » en version lepéniste. On change tout, on se place dans une autre logique, et les problèmes trouvent tout naturellement leur solution. Rien de plus commode pour désamorcer les critiques. Les solutions mirifiques proposées par Marine Le Pen dans une France ayant quitté l'Europe et vivant à frontières fermées ne peuvent être exposées ou critiquées que dans le virtuel.

En fait, sous couvert de rupture avec l'UMPS, le Front national ne fait que pousser à l'extrême, à l'absurde, la démagogie qui paralyse l'action publique depuis trente ans. L'indépendance gaullienne avait un prix élevé, que les Français ont

1. Communiqué du 25 avril 2014.

payé ; l'indépendance lepéniste, elle, est gratuite. Elle nous ruinerait toutefois à coup sûr.

Le catalogue de La Redoute

Un programme électoral se doit de marier le général et le particulier. L'électeur ne se gagne pas seulement en posant des principes et en proposant une politique. Il faut aussi que chaque catégorie y trouve son compte. Les partis confectionnent donc des catalogues qui multiplient les mesures ciblées pour, au total, atteindre tout l'électorat. Ce sont les « promesses » que l'élu s'entendra rappeler tout au long de son mandat. Le candidat qui ne prétend pas à la victoire peut puiser sans limites dans la hotte du père Noël, assuré que jamais les gogos ne viendront chercher les cadeaux. Telle était la position de Marine Le Pen en 2012. De ce privilège, elle a fait le plus large usage, et l'incroyable collection de ses engagements permet de mieux cerner sa stratégie attrape-tout. Car la France qu'elle vise recoupe un peu toutes les catégories. Sa seule véritable caractéristique, c'est d'être celle des « petits » contre les « gros ».

Dans le monde des entreprises, elle affiche ses préventions contre les multinationales et réserve son attention aux PME, de préférence très petites. Les premières devront supporter un prélèvement exceptionnel de 15 % sur leurs profits, une mesure que même l'extrême gauche n'a pas prévue ; les rémunérations excessives des PDG seront pénalisées, les délocalisations frappées à hauteur de 33 % ; quant aux banques, elles pourraient se faire nationaliser. Au contraire, une politique « les PME/PMI d'abord » est lancée, prévoyant de nouveaux financements, une préférence dans les commandes publiques, un recours contre les délais de paiement... De quoi attirer nombre de petits patrons.

D'une façon générale, les riches seront plus imposés. Elle ne va pas jusqu'aux 75 % de François Hollande, mais relève déjà la tranche supérieure. L'ISF est évidemment maintenu. Sans doute aura-t-elle quelques difficultés en 2017 pour aller encore plus loin que les socialistes dans l'imposition des hauts revenus, des plus-values et des revenus du capital, mais ce ne sera pas l'envie qui lui manquera.

Son public étant celui des pauvres, elle prévoit une augmentation de 200 euros par mois des rémunérations inférieures à 1,4 SMIC, l'indexation des salaires sur les prix, la réhabilitation de la retraite à soixante ans. Elle cible les femmes, qui seraient plus aisément attirées par son profil. Les pensions de réversion sont donc augmentées, le congé parental pour les mères célibataires est amélioré. Quant aux seniors, à ne pas oublier, ils bénéficieront d'un quota à l'embauche dans le secteur public.

Traditionnellement, le FN n'aime pas trop le monde du service public, l'administration, les fonctionnaires. Et ce n'est pas dans cette catégorie qu'il fait ses meilleurs scores. L'équipe de Marine Le Pen se lance dans une grande opération de séduction en direction de ces terres hostiles. Elle réhabilite l'État en lui conférant des pouvoirs oubliés depuis des décennies. Il ne va pas seulement imposer des droits de douane, il pourra instaurer le contrôle des changes, bloquer les prix, intervenir sur les salaires, comme aux plus beaux jours des Trente Glorieuses. Le processus de privatisation qui réduisait le secteur public sera arrêté, les participations de l'État seront « sanctuarisées », mais, en outre, l'État reprendra le contrôle dans les domaines des transports, de l'eau, des télécoms. Les fonctionnaires détestent le changement, c'est bien connu. Qu'ils se rassurent, on ne touchera à rien. Pas question de revoir le millefeuille administratif,

Marine ne touchera pas au statut de la fonction publique. L'État cessera de réduire le nombre de ses fonctionnaires, de geler le point d'indice. Il sera simplement exigé des hauts fonctionnaires qu'ils soient patriotes. Le syndicat FO ne dirait pas mieux. C'est bien le diable si les agents de l'État dans les plus basses catégories ne se laissent pas séduire. N'a-t-on pas enregistré des taux de 30 % en faveur de Marine Le Pen parmi les fonctionnaires de catégorie C à la présidentielle de 2012 ?

Impossible de détailler tous les cadeaux de ce programme qui surpasse tout ce que la gauche a jamais fait en matière de clientélisme. Il est vrai que, jouant le coup d'après, Marine Le Pen pouvait s'autoriser toutes les promesses. N'oublions pas que, si les socialistes ont promis les 35 heures en 1997, c'est parce qu'ils ne pensaient pas être élus.

La France que vise Marine Le Pen, celle des petits, des perdants, des laissés-pour-compte, des oubliés, est, plus que toute autre, allergique aux réformes. Lui proposer de tout moderniser, de tout changer, est le plus sûr moyen de perdre ses suffrages. Ce programme à visées totalement électoralistes, qui préfigure sans doute celui de la prochaine présidentielle, instaure donc l'immobilisme absolu. La France se recroqueville un peu plus sur toutes les scléroses qui la paralysent. Mais, dans le même temps, elle renonce à toute forme de rigueur, pour ne pas dire d'austérité, et laisse ses finances aller à vau-l'eau. Marine Le Pen n'ignore pourtant pas la contrainte budgétaire. Elle sait que les Français s'inquiètent de nos déficits, de notre endettement, et se méfieraient d'un programme, si séduisant soit-il, qui ne serait pas financé. Qu'à cela ne tienne ! Elle n'élude pas la question : elle présente ses comptes, excellents, pour qui veut dormir debout.

Les comptes de Marine

Dans sa campagne de 2012, la candidate du FN proclamait sa volonté de lutter contre le déficit et la dette. Elle se faisait même fort de remettre nos finances à l'équilibre dans les dix prochaines années. Un pari difficile après avoir tant chargé la barque, et dès lors que l'on récuse toute mesure impopulaire. Pour réduire notre déficit, elle n'a d'autre choix que de couper dans les budgets. Comment faire alors qu'elle veut renforcer à ce point l'État ? Le compte n'y est pas, mais Marine Le Pen se révèle une excellente illusionniste.

Elle ouvre la chasse aux « mauvaises dépenses », mais n'en donne que quatre exemples : les « niches fiscales », les fraudes, les gaspillages de la décentralisation et les dépenses liées à l'immigration. De ces coupes, elle attend des économies par dizaines de milliards. Tout est dans la présentation.

Premier tour de prestidigitation : annoncer des chiffres impressionnants en faisant croire qu'il s'agit de trésors dans lesquels on peut puiser à sa guise. Pour les niches fiscales, qui constituent un manque à gagner pour l'État, leur montant est chiffré à 82 milliards dans le budget 2015, un montant effectivement considérable, du même ordre que le déficit de la France et de 50 % supérieur au produit de l'impôt sur le revenu. Tous les ministres des Finances lorgnent de ce côté et tous ont annoncé qu'ils allaient procéder à des coupes claires. Pour quel résultat ? Le gouvernement Valls, pourtant talonné par Bruxelles, en a augmenté le montant de 2 milliards dans le budget 2015. La règle est toujours la même : plus on dénonce les niches et moins on y touche, car dans chacune se cache un molosse qui se fait menaçant sitôt qu'on en approche. Marine Le Pen n'a jamais cité que « la niche Copé » sur les plus-values des entreprises. Même cette mesure, emblématique de la droite par le nom de son créateur, Jean-François Copé, et par ses bénéficiaires, les grandes entreprises, n'a été que « rabotée » par la gauche.

Pour la fraude, il s'agit encore de chiffres énormes. Probablement – car l'évaluation est toujours incertaine – entre 60 et 80 milliards d'euros pour la fraude fiscale et 20 milliards pour la fraude sociale. On se retrouve donc, à nouveau, avec un trésor caché. Mais largement inaccessible. Nos démagogues citent ces chiffres comme de l'argent disponible. C'est se moquer. Le pouvoir ne peut compter que sur les sommes récupérées par les contrôles. Elles sont en augmentation et c'est une fort bonne chose. En 2013, l'État a ainsi récupéré 10 milliards sur la fraude fiscale et 1,5 milliard sur la fraude sociale. Des rentrées d'ailleurs prévues au budget. Le FN, en dépit de ses antécédents antifiscalistes, aura beau stimuler les limiers de Bercy, appeler à la délation, il ne gagnera jamais que quelques milliards de plus.

Pour la décentralisation, il y a effectivement beaucoup d'économies à faire, mais il faut d'abord revoir de fond en comble toute l'administration territoriale, ce que le Front se refuse à faire, et attendre des années que ces réformes rapportent après avoir coûté. Il tient même à préciser qu'il ne supprimera pas la moindre sous-préfecture ! Dans le court terme, le seul « rabotage » est bien décevant, comme le constate tous les jours Manuel Valls.

Quant au chiffrage lepéniste des dépenses liées à l'immigration, 70 milliards d'euros, il est, comme l'on sait, fantasmatique, et, là encore, les économies seraient bien décevantes. D'autant que, pour réduire fortement l'immigration, il faudrait multiplier les contrôles et les reconduites, qui coûtent fort cher. Au total, Marine Le Pen est dans la lignée de tous nos politiciens, qui affichent les économies dans les discours et les dépenses dans les budgets.

Pour les recettes, le FN se limite à « faire payer les gros ». François Hollande était parti dans la même direction, qui affirmait même que 10 % seulement des Français supporteraient l'effort. On a vu le résultat. En 2014, l'augmentation des recettes n'est plus de saison, à l'exception des mirobolantes taxes sur les importations, qui devraient rapporter 70 milliards, mais elles sont hypothéquées par les incertitudes qui planent sur la politique protectionniste et par les mesures de rétorsion qui frapperaient nos exportations.

Il ne reste plus, pour financer la hausse phénoménale des dépenses entraînée par le catalogue des promesses, qu'à faire émettre par la Banque de France quelques centaines de milliards de francs. Marine Le Pen ne manque jamais de rappeler que c'est exactement ce que fait la Réserve fédérale des États-Unis. Elle oublie de faire remarquer que, à la différence des Américains, nous ne disposons pas de la monnaie mondiale. Venant d'un pays fragile, une telle cavalerie serait très rapidement contrée par les marchés.

Mais le Front national, qui veut avoir réponse à tout, a prévu de « renationaliser » notre dette. Comme l'on sait, celle-ci est détenue aux deux tiers par des investisseurs étrangers. Nous dormirions plus tranquilles si nous étions dans la situation du Japon, dont la dette faramineuse est placée auprès des Japonais. Voilà ce que voudrait tenter Marine Le Pen. Le FN lorgne sur un nouveau « trésor », caché celui-là dans le portefeuille des Français. « La France jouit d'un fort taux d'épargne (16 % du revenu disponible brut des ménages, soit plus de 200 milliards d'euros par an) qui doit être mobilisé en soutien de notre indépendance nationale. » « Mobilisation », le mot ne fait pas peur. En français courant, cela s'appelle un emprunt forcé. Pour être tout à fait sincère, je suis convaincu que la France n'aura d'autre choix dans un avenir plus ou moins lointain que d'en venir là. Puisque le Front national a, sur ce point, plus de franchise que les autres partis, mieux vaut aller jusqu'au bout et appeler les choses par leur nom. Les Français sont désormais cautions de l'État et, tôt ou tard, le débiteur défaillant fait appel à sa caution.

Pour financer son programme, Marine Le Pen ne fait qu'empiler les expédients. Nul besoin d'un audit de la Cour des comptes pour savoir que, si l'on soumettait le pays à pareil traitement, les déficits et la dette augmenteraient jusqu'à la faillite. Ce qui n'empêche pas, bien au contraire, le Front national de proclamer : « La maîtrise dans la durée de l'endettement public sera inscrite dans une loi cadre qui instaurera à terme l'obligation d'un déficit structurel égal à zéro afin qu'aucune mesure budgétaire ne soit gagée par la croissance. » Dans le droit des affaires, cela s'appellerait de l'abus de confiance ; en politique, ce n'est que de la démagogie. À sa décharge, elle ne fait que pousser à l'extrême la stratégie électorale de nos partis politiques depuis quarante ans. Tous les candidats ont faussé les prévisions, sous-évalué les dépenses, surévalué les recettes et outré la croissance. Les présidents ont toujours été élus à crédit. Une fois à l'Élysée, on découvre qu'ils n'ont pas de quoi payer. Marine Le Pen ne se situe pas, comme voudraient le croire nos antifascistes, en dehors de notre espace politique, elle n'en est, hélas ! que la triste caricature.

Chapitre XII

LA RÉPUBLIQUE EN PANNE

Selon la formule lapidaire de Pascal Perrineau : « Quand la France va mal, le Front national va bien[1]. » Or la société française s'est délitée au cours des trente dernières années. Les sondages d'opinion sont unanimes à traduire un pessimisme noir, une perte totale de confiance. La République nécessite précisément que le peuple ait confiance dans ses institutions. Nous sommes en pleine crise de régime et le caméléon peut, sans grands efforts, transformer cette descente aux enfers du « système » en montée vers le pouvoir de son parti.

Pourtant, la Ve République avait été conçue par le général de Gaulle pour instaurer le pouvoir le plus fort qui puisse exister dans une démocratie. On ne retrouve nulle part ailleurs l'équivalent de ce monarque républicain, élu au suffrage universel, auquel une majorité parlementaire confère la toute-puissance. Comment se fait-il que ces institutions, faites pour tenir le pays en toutes circonstances, n'arrivent plus à fonctionner ? Que l'État ne puisse ni s'opposer aux évolutions nuisibles ni imposer les changements bénéfiques ? Par manque d'autorité, tout simplement. Car le pouvoir n'est jamais qu'un cadre, c'est l'autorité qui le remplit. Le premier vient d'en haut, il est conféré par les institutions ; la seconde vient d'en bas, elle est reconnue par le peuple. C'est elle, et elle seule, qui permet de gouverner.

1. Pascal Perrineau, *La France au Front*, *op. cit.*

L'habit constitutionnel avait été taillé aux mesures de son fondateur. Mais le décorum monarchique ne suffit pas à faire le régime fort quand l'autorité s'est perdue. En dépit de leur arsenal constitutionnel, nos monarques républicains ne sont que des souverains de pacotille face à la chancelière allemande, dont les pouvoirs sont pourtant beaucoup plus limités que les leurs.

Le régime ne s'est jamais remis du coup qu'il a reçu en mai 1968. La classe politique a redécouvert à cette occasion que la société française peut à tout moment et au moindre prétexte exploser. En 1995, les Français ont adressé à leurs gouvernants une piqûre de rappel lorsqu'ils ont soutenu la grève des cheminots qui paralysait le pays en plein hiver. Depuis lors, les gouvernements vivent dans la crainte du peuple, s'abstenant de toute mesure impopulaire et faisant machine arrière au moindre signe de mécontentement.

La classe politique étant totalement décrédibilisée, le Front national se présente comme « la » solution neuve. Dans une situation aussi particulière, il peut même faire une force de ses faiblesses. Ainsi de son rejet total par la classe dirigeante. En dépit de ses succès électoraux, il n'a pu attirer à lui aucun de ses membres. Pas un nom connu, pas un professeur au Collège de France, pas un grand PDG, pas un écrivain, pas un professeur en médecine, pas un éditorialiste, pas un intellectuel, pas un créateur, pas un artiste, pas un scientifique, et tout juste un avocat, maître Collard, qui tient à préciser qu'il est au Rassemblement Bleu Marine, pas au FN. C'est *a priori* une faiblesse terrible. Ainsi, lorsque Marine Le Pen prétend être en état de gouverner, chacun se dit : « Mais où trouverait-elle ses ministres ? » Hormis Florian Philippot, on ne reconnaît aucun « ministrable » dans son entourage. Quelle peut être la crédibilité d'un parti à ce point coupé des élites ?

Mais Marine Le Pen se fait une gloire d'être ainsi rejetée. Quand on avance aux cris de « tous pourris », il faut d'abord n'avoir aucune personne connue aucun dans ses rangs. Face à un régime en crise, cet ostracisme situe le Front national en position d'alternative.

Devant la montée du Front national et du péril financier, le monde politique semble paralysé, il n'est plus acteur mais simple spectateur d'une histoire dont tout le monde connaît l'issue détestable et qu'il subit comme une fatalité. Comment imaginer que les institutions glorieuses de la Ve finissent dans l'impuissance, à l'image des institutions piteuses de la IVe qu'elles ont remplacées ?

Le Général était parti en guerre contre un parlementarisme débilitant qu'il détestait et qui, d'ailleurs, le lui rendait bien. Il n'était pas sitôt disparu que les partis reprirent à leur profit la configuration binaire imposée par la Constitution de 1962. Ils n'y eurent pas grande peine, car cette dramaturgie correspond au goût français pour l'idéologie et l'affrontement. Le jeu politique consiste donc à opposer deux mondes qui doivent toujours se tenir aux antipodes l'un de l'autre : l'empire du bien contre l'empire du mal. Cette République à grand spectacle débouche sur notre système d'alternance, qui confie le pays tantôt à un parti, tantôt à l'autre, en imposant des politiques entièrement différentes, une opposition démocratique en forme de guerre civile, voire religieuse. La France devient donc « hémiplégique », selon l'expression de Raymond Aron, ne mettant jamais en œuvre que la moitié des moyens de gouvernement au service de la moitié de nos valeurs. Elle a pu avancer cahin-caha, tantôt paralysée de droite, tantôt paralysée de gauche, sur la route somme toute paisible du déclin. Mais, dans la phase chaotique de décrochage que nous traversons, elle ne le peut plus, et le pourra encore moins face aux chocs qui s'annoncent. Sous des apparences banales, ce sont des circonstances extrêmes que nous allons vivre, l'équivalent des circonstances de guerre lorsque l'ouverture d'un conflit change du tout au tout le mode de gouvernance.

L'alternance en panne

Trente années d'irréalisme démagogique ont donné à la réalité un poids qui devient écrasant. Cela ne laisse aucune latitude de liberté pour les choix politiques, interdit l'alternance manichéenne et impose aux deux camps les mêmes objectifs, les mêmes impératifs, débouchant sur des politiques similaires, sinon semblables. D'un côté comme de l'autre, il faut réduire la dépense publique et le déficit, augmenter notre compétitivité et la croissance, maîtriser l'immigration, faire baisser la délinquance, sans avoir l'argent de sa politique. Les leaders se trouvent ligotés comme des administrateurs judiciaires et le volontarisme qu'ils affichent a perdu toute crédibilité. Lorsqu'ils arrivent à l'Élysée ou à l'hôtel Matignon, ils découvrent une feuille de route qui reproduit à peu de choses près la politique de l'adversaire, employant les mêmes méthodes.

Comment s'étonner que les notions de droite et de gauche n'aient plus grand sens pour les trois quarts des Français ? Or la classe politique, loin de reconnaître ce pragmatisme de nécessité, d'assumer cette inévitable convergence, s'efforce d'exacerber ses dissemblances. Du mariage pour tous au droit de vote des immigrés, elle invente sans cesse des différences pour masquer les ressemblances économiques et sociales. Un micmac qui, évidemment, sonne faux et accentue la coupure entre le jeu des représentants et l'attente des représentés. D'autant que le Front national n'oublie jamais de rappeler la coresponsabilité des partis dans le déclin, l'endettement et la perte de compétitivité. Droite et gauche n'ont-elles pas augmenté les impôts dans les mêmes proportions et fait preuve de la même incapacité à réduire les dépenses ? Plus elles veulent se différencier et plus les électeurs les fourrent dans le même sac. Dans des sociétés de consensus, les convergences sont pleinement assumées et renforcent la crédibilité de la classe politique. Dans une société de conflit comme la nôtre, c'est tout le contraire. Ces rapprochements sapent la confiance dans les partis de gouvernement. Le malaise est particulièrement sensible à gauche et, plus que tout, au sein même du parti socialiste.

En soi, les oppositions et les rivalités à l'intérieur d'un parti n'ont rien que de très naturel. À droite, elles sont plus personnelles, à gauche, plus doctrinales. Mais la détestation mutuelle n'a jamais empêché de gouverner ensemble, et pas seulement en période de cohabitation. Bien des couples président-Premier ministre ont vécu de grandes histoires de haine : Pompidou-Chaban-Delmas, Giscard-Chirac, Mitterrand-Rocard, etc. Pour être connues, ces dissensions n'étaient pas mises sur la place publique et, en dépit des bourrades échangées, l'attelage suivait la même voie. Les tensions qui sont apparues dans la majorité de gauche depuis 2012 sont d'une tout autre nature. Elles ne portent pas sur la tactique, mais sur la stratégie. Les opposants de l'intérieur n'ont qu'un slogan à la bouche : « une autre politique ». On ne sait pas laquelle, mais une autre. Et ce ne sont pas seulement les soi-disant « alliés » qui prônent ce changement de ligne. Les « frondeurs », à l'intérieur même du parti socialiste, réussissent ce tour de force de participer à la majorité sans la soutenir. Comprenne qui voudra.

Les électeurs ahuris voient des députés socialistes s'abstenir, ou même voter contre, lors de scrutins importants, certains participer à des manifestations hostiles au gouvernement, et des ministres tenir un langage d'opposition sitôt qu'ils quittent leurs fonctions. Les Français retiennent de ce foutoir que la politique appliquée est éminemment contestable puisqu'elle ne peut même pas faire l'unanimité dans les rangs du parti majoritaire.

Près de la moitié des électeurs de François Hollande estiment qu'il mène une politique « semblable ou très semblable » à celle que ferait Nicolas Sarkozy[1]. Mais leurs propres opinions pourraient aussi bien se retrouver dans le camp opposé. Quand 44 % des électeurs de gauche pensent que « les chômeurs pourraient trouver du travail s'ils le voulaient vraiment », quand 56 % d'entre eux souhaitent que « l'État laisse plus de liberté aux chefs d'entreprise » tandis qu'ils ne sont que 47 % à considérer que « l'immigration rapporte à la France plus qu'elle ne lui coûte[2] », le schéma de l'opposition manichéenne entre droite et gauche se perd dans les esprits autant que dans les politiques.

L'attracteur FN

Que des Français, à ce point brouillés avec la politique, votent de moins en moins, cela n'a rien de surprenant. L'augmentation de l'abstention est telle qu'elle peut fausser le résultat du scrutin et, paradoxalement, faire le vote. Le record pour un premier tour de présidentielle fut atteint en 2002 avec 28,4 % d'abstention, une dizaine de points au-dessus de la moyenne. De ces urnes délaissées sortit un Jean-Marie Le Pen

1. « Être de gauche aujourd'hui », sondage IFOP pour *L'Humanité,* 12 septembre 2014.
2. Étude Délits d'Opinion parue dans *L'Express*, 1er octobre 2014.

qualifié pour le second tour. Ces abstentions étaient de lassitude, de scepticisme et d'indifférence, c'est pourquoi elles reculèrent d'une dizaine de points au second tour, face à la menace lepéniste. Pour 2017, les abstentions ne seront pas seulement très nombreuses, elles seront aussi d'une autre nature, dictées par le refus, le rejet et la colère. Il n'est pas du tout assuré que, au second tour, ces objecteurs de suffrage se mobiliseront pour soutenir « le candidat du système », il n'est même pas exclu que certains d'entre eux viennent délibérément soutenir « la candidate hors système ».

Sur l'échiquier politique, le Front national, même « dédiabolisé », reste en dehors des accords électoraux. Des transferts de voix ont pourtant lieu, mais c'est à chacun de braconner sur le terrain de son voisin, en l'absence de toute négociation et de tout accord. À ce jeu, Nicolas Sarkozy a gagné en 2007 et perdu en 2012. Comment ces mécanismes électoraux vont-ils fonctionner dans l'avenir ? On sait déjà que la mobilité des électeurs n'est plus ce qu'elle était, elle n'est pas dirigée d'en haut et ne glisse plus automatiquement du bord extrême du spectre vers les partis plus modérés au second tour. Depuis deux ans, les élections partielles ou générales montrent que des électeurs, sans rien demander à personne, troquent un bulletin UMP, PS ou autre contre un bulletin FN. Lors des sénatoriales, on a même vu de grands électeurs passer de la droite au Front national. C'est un mouvement continu, qui est indépendant des consignes, et qui, surtout, se fait toujours dans le même sens. L'aspirateur de voix FN, modèle Sarkozy 2007, n'opère plus ; à sa place, c'est le Front national qui attire à lui des électeurs d'autres partis sans que ceux-ci puissent lui rendre la pareille.

La mécanique partisane, avec sa taxinomie et ses alliances, est aujourd'hui en panne. L'éclatement de la majorité de gauche ne résulte pas d'une crise circonstancielle tenant à la personnalité du président. Aujourd'hui, tout socialiste au pouvoir se coupe de sa gauche. Quant au système des alliances, il se trouve en porte-à-faux. Selon ce schéma, les socialistes achètent des voix communistes, gauchistes ou écologistes contre des sièges en plus ou des centrales nucléaires en moins. Les centristes et « divers droite » se rallient pour quelques strapontins à l'UMP. Les socialistes frondeurs voudraient réunir toutes « les gauches » en renvoyant les sociaux-libéraux à la droite, et des électeurs UMP, de plus en plus nombreux, souhaiteraient des accords UMP-FN qui seraient le pendant des accords PS-PC des années 1970 et que la logique électorale semble appeler. Ne vaut-il pas mieux former une majorité, quitte à perdre son aile centriste, que rester en opposition perpétuelle ? C'est oublier que le Front national n'est plus celui des années 1990, quand Bruno Mégret rêvait d'alliances à droite. Marine Le Pen ne recherche pas des alliés, tout au plus des ralliés à intégrer dans un rassemblement plus vaste que le FN. Des changements majeurs sont donc en train de se produire au sein de la classe politique, auxquels correspondent ceux du corps électoral.

Le principe d'opposition

Les électeurs se répartissent en quatre grandes sensibilités que j'appellerais pour simplifier : extrême gauche, centre gauche, centre droit et extrême droite. Si l'on retrouvait cette répartition à l'Assemblée, elle imposerait les alliances d'un côté ou de l'autre pour former une majorité. Sur le front de gauche, l'heure n'est pas aux accords mais aux constats de désaccords. Sur le front de droite, un FN dominateur n'en est pas à l'heure des alliances. Les quatre blocs sont donc incapables de former des majorités. Peut-on gouverner à partir d'un petit quart de l'électorat – de l'électorat qui s'exprime ? Peut-on le faire quand on doit prendre les mesures les plus impopulaires ?

Nicolas Sarkozy, conforté par le recul du FN, avait pu s'appuyer sur une majorité homogène de centre droit. François Hollande a dû troquer en cours de route sa large majorité de gauche contre une autre, étriquée, de centre gauche. Il ne peut plus agir, car, à chaque faux pas, il risque de se faire retoquer. Or la fracture qui s'approfondit au sein de la gauche paraît beaucoup plus significative que la division droite-gauche. Entre PS et UMP, on ne s'accuse pas de faire la rigueur, mais de mal la gérer. Au contraire, c'est la base même de cette politique qui oppose les socialistes entre eux. D'un côté, on est d'accord sur le problème et sur le remède, mais on diverge sur l'application ; de l'autre, le désaccord est fondamental puisque c'est la solution qui est accusée de créer le problème. Mais il faut toujours jouer au « plus on se ressemble, plus on s'affronte ».

Exemple typique de cette ambiguïté : le rapport Attali. Sitôt élu, Nicolas Sarkozy charge Jacques Attali de former une commission et de faire des propositions pour moderniser le pays. Un choix qui surprend, car Jacques Attali, ancien conseiller spécial de François Mitterrand, est étiqueté « homme de gauche », mais, dans le même temps, un choix qui crédibilise l'entreprise en la plaçant au-dessus des clivages partisans, en la confiant à une personnalité de stature internationale. Et, de fait, c'est un aréopage de très haute volée, mêlant les compétences de personnes de tous milieux, de tous horizons, qui se met au travail. Dès le mois de janvier 2008, son rapport, « Une ambition pour dix ans », dégage vingt décisions fondamentales déclinées en 316 propositions. Les sages ont passé en revue toutes les scléroses qui entravent la France et proposent des mesures propres à la libérer. Seuls les extrémistes des deux bords contestent ce diagnostic, qui rejoint ceux de nombreuses autres études. Les réformes proposées ne sont ni de droite ni de gauche, elles sont simplement indispensables, encore devraient-elles bénéficier d'un large soutien politique pour surmonter les résistances corporatistes. La guerre civile l'interdit et Nicolas Sarkozy s'en tient à quelques réformes sans risques, comme le statut de l'autoentrepreneur, la rupture conventionnelle ou la représentativité syndicale.

François Hollande se retrouve face à la même France bloquée, avec le même traitement en attente d'application. Il nomme Emmanuel Macron ministre de l'Économie. Ayant été le rapporteur de la commission Attali, celui-ci reprend un certain nombre de ses propositions dans son projet de loi « croissance et activité ». Mais la droite, qui eût approuvé ces mesures si elles avaient été proposées par le gouvernement Fillon, se doit de s'y opposer lorsqu'elles sont présentées par le gouvernement de Manuel Valls, tout comme la gauche les avait combattues lorsqu'elle était minoritaire. En dépit de l'urgence et des périls, les partis ne peuvent se convertir au pragmatisme et entretiennent le cafouillage qui rend leur action illisible pour les Français et inefficace pour le pays. La mécanique de l'alternance paraît chaque jour plus artificielle, plus dérisoire, aiguisant le désir de tenter l'alternative.

La conjonction des extrêmes

Le Front national se veut le champion de cette France qui se sent perdante, exclue, bafouée, ignorée, laissée-pour-compte, et qui veut se refermer sur elle-même et sur son passé. Mais il est concurrencé dans ce rôle par les partis d'extrême gauche, qui, tous ensemble, approchent tout de même les 20 % de voix dans les plus récentes simulations. Or, là aussi, la fracture est chaque jour plus marquée entre gauche et extrême gauche. Là aussi, on voit des déplacements du PS vers le Front de gauche et beaucoup plus difficilement en sens inverse. L'addition des voix socialistes + extrême gauche d'un côté, celle des voix UMP + FN de l'autre, n'a sans doute plus grand sens. Celle des suffrages extrême gauche + FN n'est-elle pas plus révélatrice ?

Certes, elle peut sembler aberrante. Comment imaginer Jean-Luc Mélenchon appelant à voter pour Marine Le Pen ? Mais les ouvriers qui votaient à gauche n'ont pas attendu une autorisation des dirigeants de l'extrême gauche pour rejoindre le Front national. Ils ont fait leur choix spontanément après avoir cessé de se reconnaître dans l'un ou l'autre des partis existants. Oublions donc les dirigeants et interrogeons-nous sur ces électeurs en rupture de système, sinon de république. Une telle fusion est naturelle dans le cadre d'un référendum. Lors du vote sur le traité constitutionnel de 2005, l'extrême gauche et l'extrême droite n'ont éprouvé aucune gêne à mêler leurs suffrages. D'une façon ou d'une autre, ces Français qui appartiennent aux mêmes couches sociales, qui partagent le même ressentiment, les mêmes aspirations, se retrouveront, non pas dans le même parti, mais côte à côte, unis dans une même détestation du système. Pour peu que l'actualité renverse la table, alors ils constateront qu'ils sont dans le même camp.

Ainsi, le corps électoral échappera de plus en plus aux états-majors des partis. Indifférents aux consignes et aux étiquettes, les citoyens, qui sont aussi des internautes branchés sur les réseaux sociaux, se déplaceront, au gré de leurs humeurs, d'une formation à l'autre. Ce sont donc les affinités individuelles, pas les stratégies d'appareil, qui présideront aux recompositions en cours. À ce nouveau jeu du « qui se ressemble s'assemble », les partis centraux, qu'ils se réclament de la droite ou de la gauche, devront constater que ce qui les unit est beaucoup plus important que ce qui les sépare. D'un côté comme de l'autre, le principe de réalité commande, et ce pragmatisme impose le même type de politique. Entre eux n'apparaît aucune opposition de principe, rien que des divergences dans la répartition des prélèvements, les clientèles de la redistribution. Tous les Français font ce même constat. Reste à savoir comment il pourra se traduire dans les faits.

Il en va de même pour les extrêmes. Les clientèles sont identiques, les analyses débouchant sur des politiques qui se recoupent. Le seul écart sur les questions d'immigration, d'identité nationale et de communautarisme sera progressivement tranché par la marginalisation des immigrationnistes, des communautaristes, des postnationaux. Ces chapelles idéologiques pour soixante-huitards attardés n'ont plus aucun contact avec les catégories populaires et se retrouveront dans des clubs bobos liés aux partis du centre. En revanche, les formations qui trouveront une solide assise populaire gommeront les différences qui les séparent en ce domaine du Front national. Nous voyons déjà se dessiner un gauchisme souverainiste, laïciste, identitaire. Marine Le Pen soutient le gauchiste grec Aléxis Tsípras avec le même enthousiasme que Jean-Luc Mélenchon. Jamais les extrêmes ne fusionneront, ni même ne feront alliance au niveau des appareils, mais, dans l'action, ils se retrouveront côte à côte, formant une alliance de fait contre le bloc central de gouvernement. Ainsi se recompose progressivement notre vie politique. On ne peut envisager de tels renversements que pour l'avenir, lorsque le choc financier nous confrontera au choix crucial : ouverture et mise sous tutelle ou faillite et repli sur soi. Quitte ou double. C'est alors, et alors seulement, qu'au terme de ces années de survie la configuration de l'alternance s'effondrera. Il faudra trouver autre chose pour assurer le salut public.

La grande coalition

Il y a deux ans, m'interrogeant sur les scénarios de notre avenir, je ne pensais qu'au péril financier. En 2012, la montée du Front national, pour déplaisante qu'elle soit, ne semblait pas inquiétante. Elle permettrait des succès locaux, il fallait s'y résigner, mais n'atteindrait jamais le niveau national. En cet hiver 2014-2015, le ton a bien changé, les mécanismes d'alternance sont complètement dépassés ; c'est l'alternative qui s'est invitée dans le jeu. Cette confrontation des partis de gouvernement à des partis populistes peut entraîner une restructuration de la classe politique, voire la formation d'une grande coalition pour barrer la route aux nouveaux venus.

En France même, cette recomposition reste un vœu pieux. Bien que les trois quarts des Français rêvent d'une union nationale, les partis, prisonniers de leur base idéologique et du système binaire de l'élection présidentielle, en tiennent toujours pour l'affrontement. Une exception française de plus. Car les autres pays européens sont confrontés aux mêmes contraintes que nous. Celles-ci dictent partout les mêmes politiques impopulaires qui suscitent l'apparition de nouveaux mouvements extrémistes. Et partout, l'on retrouve la panne des mécanismes de l'alternance, la remise en cause des partis de gouvernement. Bien souvent, la classe politique réagit en élaborant, sous une forme ou sous une autre, de nouvelles alliances de gouvernement, des mécanismes de grande coalition.

En Allemagne, où la poussée populiste reste encore très minoritaire, les élections de septembre 2013 ont été un triomphe pour Angela Merkel. Mais la défaite de ses alliés libéraux l'empêche d'avoir une majorité au Bundestag. Il faudra trois mois de négociations avec le SPD pour mettre au point un programme commun, base d'une grande coalition entre gauche et droite. Tandis que les Français cherchent toujours mille prétextes pour s'opposer, le pragmatisme germanique constate que l'on peut, dans la période que nous vivons, surmonter les différences partisanes. Les conservateurs et les socialistes autrichiens sont arrivés à la même conclusion et gouvernent ensemble depuis sept ans pour contenir une extrême droite toujours menaçante.

Aux Pays-Bas, où le charismatique Geert Wilders prospère sur un anti-islamisme radical, les élections de 2012 ont clairement opposé des partis de gouvernement européens à des partis protestataires antieuropéens. Ce sont, en définitive et contrairement aux prévisions, les premiers qui l'ont emporté. Mais le libéral Mark Rutte, bien qu'arrivé en tête, a dû, pour former une majorité, faire alliance avec son rival, le travailliste Diederik Samsom. Les négociations permettent, là encore, de jeter les bases d'une grande coalition fondée sur une alliance programmatique.

Plus significatif encore, le nouvel accord politique passé en Suède. Au départ, il y a une fois de plus la poussée populiste. En l'occurrence, celle du parti des Démocrates suédois qui atteint 13 % aux élections de septembre 2014. Arrivé en tête, Stefan Löfven, responsable syndical devenu patron des sociaux-démocrates, forme un gouvernement minoritaire. Mais le rejet du budget l'oblige à annoncer des élections anticipées, et les sondages révèlent une forte progression des Démocrates suédois. La sage Suède va-t-elle devenir ingouvernable ? Les différents partis de droite, de gauche, du centre et les Verts négocient et offrent comme cadeau de Noël une grande coalition qui assure la stabilité politique pour les deux années à venir et dispense de recourir à de nouvelles élections.

Partout les gouvernements doivent faire face à ces poussées populistes. En Espagne, ce sont les indignés de Podemos qui arrivent à 27 % dans les sondages. Une menace terrible pour le parti populaire au pouvoir et les socialistes dans l'opposition. Ils s'étaient retrouvés côte à côte pour s'opposer au référendum catalan ; ne devront-ils pas regrouper leurs forces pour contenir le trublion qui ose les défier ? Et comment David Cameron va-t-il gérer l'irrésistible ascension de Nigel Farage et de son Parti de l'indépendance du Royaume-Uni (UKIP) ? Le bipartisme, inscrit dans l'architecture de la Chambre des communes, avait trouvé sa patrie d'élection en Grande-Bretagne. Depuis un siècle, la vie politique britannique est scandée par l'alternance conservateurs-travaillistes. Prétendre créer un nouveau parti relève de l'excentricité *very british*, mais sans plus. L'UKIP, qui a longtemps vivoté dans la marginalité, est passé en tête lors des élections européennes de 2014, avec 26,6 % des voix. Certes, ce scrutin lui est très favorable et les résultats étaient moins brillants lors des élections nationales. Mais il faut parler au passé, car le parti a gagné des législatives partielles et les sondages le créditent de 17 % des voix lors des prochaines législatives. Que peut faire David Cameron, qui qualifiait en 2006 les militants de ce parti de « barjots, cinglés et racistes » ? Ne cherchera-t-il pas à refaire avec les travaillistes une grande coalition comme celle qui se forma pour contrer le référendum d'indépendance en Écosse ?

Certes, les expériences d'union nationale ou de front républicain ne sont pas toutes convaincantes. En Grèce, la droite et les socialistes ont barré la route à Syriza en 2012, mais n'ont pas tenu en 2015 face à la déferlante du populisme de gauche. L'équation grecque comporte-t-elle une solution, quelle qu'elle soit ? C'est la question à ne pas poser. Quant à l'Italie, elle n'a pu mener à bien l'expérience Mario Monti, qui a certes été soutenue dans un premier temps par 90 % des députés, mais fut torpillée par Silvio Berlusconi.

Ainsi ces grandes coalitions, qui semblent encore impensables en France, sont-elles très largement pratiquées autour de nous et le seront de plus en plus à mesure que se développeront les poussées national-populistes. Des partis condamnés à pratiquer les mêmes politiques, à combattre les mêmes ennemis, n'ont de choix que de s'allier ou de se sacrifier. Parce que nous sommes un peuple aux réactions très lentes, notre avenir se lit, une fois de plus, dans le présent de nos partenaires étrangers. À l'heure du quitte ou double, quand les fronts de droite et de gauche se retrouveront ensemble, les partis républicains auront-ils d'autre choix que de s'allier ?

Chapitre XIII

LE CHOC FINANCIER

La France est prise en tenaille et le Front national n'est jamais qu'une des deux mâchoires. L'autre, encore plus redoutable, c'est le péril financier.

D'un côté comme de l'autre, le futur est inscrit dans le passé. L'histoire du FN nous annonce son devenir, il en va de même pour nos finances : le courant qui les emporte hors de tout contrôle est celui-là même qui, depuis trente ans, a facilité la tâche de nos gouvernants. Un laisser-aller que Marcel Gauchet résume de manière cinglante : « Jusqu'à présent, gouverner était, en somme, assez aisé ; en gros, on redistribuait. On en était arrivé à un "redistributionisme" méthodique en direction des clientèles électorales ciblées. Dans un pays où l'impôt rentrait, où la docilité des contribuables était acquise, il y avait des recettes que l'on répartissait un peu différemment selon que l'on était de droite ou de gauche. » Or, explique le philosophe, la situation économique a changé, transformant « un rôle facile en un métier très difficile » puisque, désormais, « il s'agit de répartir la pénurie[1] ». Disons qu'il faut reprendre les commandes du pays après l'avoir laissé dériver au cours des dernières décennies jusqu'à fixer comme une tumeur un déficit de 80 milliards par an et accumuler une dette de 2 000 milliards d'euros.

1. Marcel Gauchet : « Hollande est le plus irréformable des Français », *L'Express*, 22 octobre 2014.

La gestion de la pénurie

La France s'est donc ruinée au cours des trente dernières années, une perte financière qui n'est inscrite ni dans notre histoire ni dans notre géographie. Dans le passé, un tel surendettement était toujours la conséquence de la guerre ; or nous venons de vivre le premier demi-siècle de paix en deux mille ans. Quant à la France des années 1970, elle avait les finances les plus solides de toute l'Europe, la croissance la plus forte, bref, tous les atouts pour assurer la prospérité du pays et le bonheur de sa population. Nous étions à la mesure des défis que nous devions relever : la mondialisation, l'Europe, la finance internationale. Le désastre des dernières décennies n'est économique que dans ses conséquences, l'origine en est bel et bien politique.

Gérer la pénurie, selon l'expression si juste de Gauchet, c'est la première fonction du politique, tout pouvoir s'y trouve confronté. Le monde est ainsi fait que, en tout temps et en tout lieu, la somme des besoins, des envies et des revendications dépasse la totalité des richesses à distribuer. Le partage, quelle qu'en soit la forme, fera toujours des insatisfaits, des mécontents, et peut générer la violence. Il appartient à l'État de faire preuve d'autorité pour la contenir et d'imposer cette répartition. En démocratie, lorsque le pouvoir s'en révèle incapable, il cherche dans l'emprunt un complément de recette. Notre déficit récurrent ne correspond pas à un choix économique et ne peut se réduire à « un problème comptable » ; il traduit l'incapacité de nos gouvernants à exercer leur fonction d'arbitrage. C'est un déficit politique.

On ne gouverne qu'à partir d'un budget et, pour qu'il soit à l'équilibre, il faut savoir refuser. Rien n'est plus difficile dans un pays drogué à la dépense publique. Dans les années 1980, François Mitterrand, s'appuyant sur les gouvernements Mauroy puis Fabius, a dû imposer le plan Delors avec des mesures nécessaires autant qu'impopulaires qui assurèrent le redressement du pays ébranlé par le carnaval de 1981... et entraînèrent la défaite du parti socialiste aux élections de 1986. Cette politique était à ce point atypique qu'elle fut qualifiée de « parenthèse » par Lionel Jospin et que les socialistes, honteux d'avoir gouverné, se dépêchèrent de l'oublier.

Depuis lors, la France n'a été dirigée que par des paniers percés ; la démagogie, qu'elle prenne les couleurs de l'un ou l'autre camp, l'a toujours emporté, et les finances publiques ont dévalé la pente confortable qui conduit à la cessation de paiement. Jacques Chirac assura avec Lionel Jospin la meilleure cohabitation au laisser-aller financier. Premier ministre pendant cette période bénie des dieux où la croissance était au plus haut, l'euro, le prix du pétrole et les taux d'intérêt au plus bas, où les recettes des privatisations assuraient les fins de mois, Jospin réussit pourtant à maintenir un déficit qui avait disparu chez nos voisins.

Quant à Chirac, il réduisit la lutte contre les déficits à une clause de style qui revenait dans ses discours, mais, lorsque son ministre des Finances, Francis Mer, s'alarmait de voir nos finances ainsi délabrées, il lui répondait : « Écoutez, Mer, ça fait trente ans qu'on se débrouille comme ça, alors on peut bien continuer un peu, non ? » En 2003, il se fit l'allié de Gerhard Schröder pour obtenir la mise en veilleuse du pacte de stabilité maastrichtien qui obligeait à contenir le déficit public à moins de 3 % du PIB. À cette différence que le chancelier allemand mit à profit cette période de laxisme budgétaire pour imposer à son pays les très dures réformes de l'Agenda 2010, tandis que notre roi fainéant se vautrait dans les déficits sans rien changer.

Le temps d'une campagne, Nicolas Sarkozy et son inépuisable énergie ont pu faire illusion. Mais, sitôt l'élection passée, le nouveau chef de l'État s'est rendu à Bruxelles pour annoncer qu'il ne respecterait pas les engagements budgétaires de la France, puis a entrepris d'augmenter les dépenses et de distribuer des cadeaux fiscaux avec son absurde loi TEPA. Au total, il a réussi à accroître la dette de 300 milliards d'euros, compte non tenu de la crise financière qui, à partir de 2008, vient bouleverser le jeu et relancer la partie. Avant d'en arriver là, nous nous étions offert la retraite à 60 ans, les 35 heures, les réductions d'impôts et une protection sociale généreuse. Toujours à crédit, en feignant de croire qu'à vivre au-dessus de ses moyens on finit par s'en donner les moyens. Le déséquilibre budgétaire s'est incrusté comme une drogue dont notre société ne peut plus se passer.

Au nom de Keynes

Dans nos vieilles démocraties, la démagogie ne peut se présenter à visage découvert, elle a donc revêtu les habits plus présentables du keynésianisme. En pratique, il suffisait de baptiser relance le déficit pour en faire la vitamine de la croissance et la semence des emplois à venir, pour donner à l'impuissance l'apparence de la volonté. La gauche, qui s'impose de croire à toutes ses erreurs, a bardé de pathos et d'équations son économie sans peine sous l'égide de Keynes ; la droite, elle, s'est contentée de prendre la posture pour justifier son laxisme financier. On se souvient de Jean-Pierre Raffarin, incapable de boucler son budget et de contenir le déficit, qui invectivait les comptables de Bruxelles et bombait le torse en proclamant qu'il avait fait le choix de la croissance et de l'emploi. Peu ou prou, tous les chefs de gouvernement ont conduit la même politique prétendument keynésienne. Les Français, pour leur part, ne demandaient qu'à être convaincus. Comment résister à cette panacée qui prescrit de dépenser plus qu'on ne gagne ?

L'illustre John Maynard Keynes ne méritait assurément pas de devoir cautionner le financement à crédit, pendant quarante ans, d'un État trop dispendieux. Car une politique keynésienne ne saurait être que conjoncturelle, faisant se succéder les déficits en années de vaches maigres et les excédents en années de vaches grasses ; en outre, elle ne recourt au crédit que pour financer des investissements et sûrement pas pour boucler des budgets de fonctionnement.

Cette impuissance à maintenir nos équilibres ne nous a pas été imposée de l'extérieur. Certes, la plupart des États européens se sont lourdement endettés, mais un certain nombre d'entre eux ont su redresser la barre. Certes, nous avons subi la crise financière venue des États-Unis en 2008. Mais celle-ci ne compte que pour 300 milliards d'euros sur 2 000 milliards. N'oublions pas, enfin, que, au tournant des années 1970, la France gaullienne n'avait pas de dette, alors que ses voisins avaient déjà beaucoup emprunté. Nos finances se sont dégradées plus tard et plus vite que celles de nos voisins. Il existe donc bien une débilité spécifique qui nous interdit de rester proches de l'équilibre. Cette faiblesse ne tient pas à une orientation idéologique : ni le libéralisme ni le socialisme n'interdisent d'avoir des finances en équilibre. La discipline financière n'est pas un choix politique, c'est une règle générale imposée par le principe de réalité. Nul ne peut vivre durablement en dépensant plus qu'il ne gagne. Sur cette base, il est possible de construire une politique socialiste, libérale ou autre ; mais, avec le déficit et en l'absence d'autorité, on ne construit jamais que sur le sable.

Depuis quatre décennies, ces vérités premières n'ont plus droit de cité dans notre pays. Qu'à nos frontières l'Allemagne ait vaincu le chômage par la rigueur et non par le laxisme, alors que nous obtenions l'effet inverse avec une politique contraire, n'y changeait rien. L'équation déficit-croissance-emplois s'est imposée comme credo de la gauche et alibi de la droite tandis que le retour à l'équilibre financier devait, pour des raisons conjoncturelles toujours reconductibles, être reporté à des jours meilleurs. Pour gagner son élection, François Hollande s'est fait fort d'abolir la limite des 3 % du PIB. Le temps d'une visite de bienvenue à Angela Merkel, tout fut oublié. Mais la gauche de la gauche n'en démord pas et redécouvre tous les matins sa pierre philosophale qui transmute les déficits en croissance et les dettes en richesses. Reprenant à contre-sens les recommandations du FMI ou d'autres organismes financiers en faveur de la croissance, elle ne cesse de condamner une réduction des dépenses publiques qui n'existe encore que dans les discours officiels.

À force de faire de la relance sans le dire et de prétendre faire des économies sans les faire, la classe dirigeante a fait croire aux Français qu'ils supportaient l'austérité, alors que les dépenses augmentaient et qu'ils étaient privés de relance, le déficit dépassant 4 % du PIB. Bref, le peuple demandait que le gouvernement cesse une politique qui n'a pas commencé pour commencer une politique qui n'a jamais cessé.

L'échéance

L'ensemble de la classe dirigeante feint d'imputer nos difficultés financières aux caprices d'une Europe sous influence germanique. Une pitoyable fuite devant la réalité, car l'assainissement de nos finances est une affaire entre les marchés financiers et nous. Si nous étions restés en dehors de l'Union, les contraintes seraient exactement les mêmes, et la Commission européenne ne nous les impose que de façon, en quelque sorte, préventive. Faute d'une autodiscipline budgétaire, nous feignons d'« obéir à Bruxelles ». Mais, à faire croire que cette nécessité n'est rien qu'une obligation arbitraire de l'Europe germanique, nous laissons se développer une europhobie dont le FN fait son miel.

La France devra emprunter en 2015 plus de 200 milliards, qu'elle ira chercher pour les deux tiers auprès d'investisseurs étrangers. Ce recours au crédit pose deux problèmes, l'un à long terme, celui du remboursement, l'autre, à court terme, celui des taux d'intérêt. Le premier est insoluble et le second paradoxal. À la fin de 1999, les taux dépassaient 5 % ; aujourd'hui, ils se promènent autour de 1 %. Disons que l'argent ne coûte plus rien et que nous en trouvons tant que nous voulons. Le bénéfice pour le budget français est considérable. Nos frais financiers se sont trouvés réduits de plusieurs dizaines de milliards d'euros. Une économie providentielle qui n'a en rien diminué notre déficit.

La France n'est pas la seule à connaître ce printemps de l'argent bon marché, tous les pays en profitent. Cela tient à la politique des banques centrales, qui, au cours des dernières années, ont inondé les marchés de liquidités, autant dire de fausse monnaie. Ce ne sont donc plus les emprunteurs qui cherchent des prêteurs, mais les prêteurs qui doivent coûte que coûte placer leurs milliards. Comme toute bulle, celle créée par la surabondance monétaire finira au mieux par se dégonfler, au pire par éclater. Alors chaque pays sera jugé sur sa valeur.

En principe, les taux traduisent la confiance des prêteurs dans l'emprunteur. Ils sont au plus bas quand la solvabilité est au plus haut. C'est aujourd'hui le cas de l'Allemagne, dont les obligations s'arrachent sur les marchés, mais, curieusement, et indépendamment de la conjoncture mondiale de taux très bas, c'est aussi le cas de la France. Avec des finances méditerranéennes, nous avons des taux germaniques. Cette anomalie tient à de multiples raisons, qui, hélas ! ne sont pas appelées à durer éternellement. Pour aller au plus simple, disons que, aux yeux de financiers asiatiques, américains ou moyen-orientaux, la France bénéficie de deux cautions : celle de l'Allemagne et celle des Français. Les marchés financiers pensent qu'il existe une solidarité monétaire franco-germanique qui résistera à toute épreuve. Si nous risquons de tomber, l'Allemagne viendra à notre secours pour ne pas chuter avec nous. L'avenir seul dira si cette croyance est fondée. D'autre part, les étrangers constatent que, si l'État français est ruiné, les Français, eux, ne le sont pas. Ils ont même d'énormes économies, ce qui n'est pas le cas des Américains ni des Britanniques. Le patrimoine des Français est de l'ordre de 10 000 milliards d'euros, soit cinq fois la dette du pays, dont 3 000 milliards d'actifs financiers, à mettre en regard des 2 000 milliards de passif accumulés par l'État. Pour nous, ça n'a évidemment rien à voir. Mais les prêteurs internationaux considèrent que l'État pourra toujours prendre dans la poche des Français l'argent nécessaire pour les rembourser.

La France bénéficie donc de conditions d'emprunt sans rapport avec l'état de ses finances. Cette situation est aussi confortable dans le présent qu'inquiétante pour l'avenir. En effet, les marchés vivent moins sur des faits que sur des opinions. Celui qui prête de l'argent, quelques garanties qu'il prenne, fait toujours un pari et, pour se rassurer, adopte un comportement assez moutonnier. Les financiers s'appuient sur un certain consensus qui peut changer à tout moment. Basculement que la spéculation risque toujours d'amplifier. Nous bénéficions aujourd'hui d'un décalage de plusieurs points entre les taux qui nous sont faits et ceux qui correspondraient à notre mauvaise santé financière. C'est dire que le réajustement pourrait être brutal et que, se fondant sur des opinions plus que sur des faits, il pourrait intervenir à tout moment ou bien, au contraire, être retardé très longtemps. Une seule chose est assurée : nous ne pourrons pas éternellement trouver de l'argent gratuit pour nous surendetter. Si nous ne rétablissons pas de façon rapide et crédible notre situation financière, nos taux d'intérêt s'élèveront.

Nul ne saurait prédire la date de ce retournement, mais tout le monde en connaît les conséquences. Nos frais financiers se mettront à gonfler de plusieurs dizaines de milliards d'euros. C'est alors que nous risquons le fameux « effet boule de neige ». Les taux augmentant, il faudra emprunter davantage, ce qui réduira encore notre crédibilité et poussera les taux à la hausse. Nous arriverions rapidement au bord de la cessation de paiement. L'euphorie actuelle est donc lourde de menaces, et nous devrions au plus vite revenir à l'équilibre pour ne pas être étranglés par la corde que nous nous sommes passée autour du cou. Le choc financier se prépare, un choc qui nous confronte à l'extérieur et met en cause la souveraineté nationale.

Le mur de la dépense

Depuis une trentaine d'années, la France remettait à des jours meilleurs le redressement de ses comptes et goûtait les commodités d'un crédit illimité. En 2005, le rapport Pébereau avait bien annoncé que cela ne pouvait pas durer, que nous courions à la cessation de paiement ; il avait même planifié les efforts pour un retour à l'équilibre. Excellent rapport, largement commenté, unanimement loué et resté, comme il se doit, lettre morte. La France de Nicolas Sarkozy laissait tranquillement filer ses finances lorsque survint d'outre-Atlantique la crise financière. Dans la précipitation, elle dut, comme les autres puissances occidentales, créer artificiellement de la monnaie et fit exploser tous les déficits pour éviter la grande dépression. Deux ans plus tard, les pays européens se sont retrouvés face à la crise des dettes souveraines et, dans l'urgence, ont dû revenir à la discipline financière. Le pacte budgétaire de stabilité, par lequel tous les membres de l'Union monétaire s'engageaient à remettre de l'ordre dans leurs finances, marquait ce retour à la réalité. Pour la France, qui fait de la cavalerie depuis trente ans, ce pacte s'est rapidement transformé en piège.

L'Europe s'est habituée à la voir prendre des engagements qu'elle ne tient jamais, présenter des budgets qu'elle ne respecte pas. Le pays était si riche que cette légèreté n'inquiétait pas trop. Il était admis que, le moment venu, il ferait les efforts nécessaires et retrouverait l'équilibre de ses finances. De l'extérieur, il était difficile de voir à quel point ces déséquilibres étaient inscrits dans nos comportements individuels et collectifs et résisteraient à toutes les tentatives de correction. Il était surtout difficile de mesurer la perte d'autorité qui avait transformé la toute-puissance de la Ve République en une totale impuissance.

Pour se plier à cette nouvelle loi de nécessité, nos dirigeants, Nicolas Sarkozy d'abord, François Hollande ensuite, se sont rabattus sur la solution la plus facile, la seule qui était à leur portée : l'augmentation des impôts. En quatre années, la charge fiscale s'est alourdie de 70 milliards, mais le déficit n'a pratiquement pas diminué, tandis que la croissance est au plus bas et le chômage au plus haut. Le gouvernement s'est retrouvé face au mur de la dépense publique. Il n'était plus question de faire une politique de droite ou de gauche, il fallait la faire baisser et c'est tout. Or le pouvoir s'en révèle incapable, alors même qu'à 57 % du PIB notre dépense publique est devenue la plus élevée du monde.

Les raisons qui l'ont fait monter aussi haut sont aussi celles qui l'empêchent de descendre. Tout d'abord, une majorité de Français, soit parce qu'elle bénéficie de dégrèvements fiscaux, soit parce qu'elle vit de l'argent public, pense qu'elle a plus à gagner qu'à perdre dans l'augmentation de cette dépense. Les réactions si vives que provoque la moindre diminution ont un effet totalement dissuasif sur le pouvoir. D'autre part, la gauche, qui ne représente pas le peuple mais le secteur public, voit dans les budgets son apanage et dans leur réduction une amputation. Chaque fois qu'elle a été au pouvoir, elle les a augmentés. C'est dire que les militants comme les élus ont été profondément choqués d'entendre un président socialiste parler de réduire la dépense publique de 57 % à 52 % du PIB. Cela n'était jamais arrivé et ne devait pas se réaliser. Car, au principe de réalité, la gauche a toujours opposé une résistance idéologique insurmontable. La Ve République, qui avait laissé la dépense s'accroître par manque d'autorité, n'a toujours pas trouvé l'autorité pour la faire décroître et ne vit que d'expédients.

Premier expédient : l'effet d'annonce. Le budget est présenté comme un résultat, alors qu'il n'est jamais, par définition, qu'une anticipation. Il est donc régulièrement vertueux dans sa présentation et dévergondé dans son exécution. En 2012, François Hollande et Jean-Marc Ayrault avaient multiplié les promesses sur le budget de 2013. C'était juré-promis, le déficit ne dépasserait pas les 60 milliards ! Des socialistes rigoureux ! L'Europe faillit y croire. Dès le printemps, les 60 milliards étaient devenus 80.

Autre annonce : celle des économies. Les Français sont impressionnés d'apprendre que l'État va faire 50 milliards d'économies. Ils ne sont pas obligés de remarquer que ce chiffre, effectivement impressionnant, est gonflé, car il est pris comme annuel, alors qu'il correspond à trois années d'efforts. Mais, surtout, ils entendent le mot « économies » dans le sens courant, c'est-à-dire comme une baisse de la dépense. Or le langage technocratique lui donne une tout autre signification. Les budgets de l'État ou de la Sécurité sociale ont une tendance naturelle à l'augmentation en raison des indexations, du vieillissement de la population, etc. Bercy établit donc un « tendanciel » qui permet de prévoir cette évolution. Et c'est à partir de cet accroissement virtuel que l'on calcule les économies réalisées. Bref, on ne réduit pas la dépense, mais son rythme d'augmentation, et il suffit de mettre un « tendanciel » un peu plus fort pour que, avec les mêmes dépenses, on annonce plus d'économies, tout en dépensant davantage que l'année précédente. Le public a donc l'impression que l'on est dans l'austérité, alors que l'on s'en tient à la rigueur. Imaginons son indignation lorsqu'il faudra faire une baisse en volume et pas seulement en tendance.

Autre expédient : utiliser le rabot, c'est-à-dire faire des économies sans réformes. Le procédé est bête comme chou. On réduit de quelques pourcents les budgets de fonctionnement de toutes les administrations. Aux ministères de se débrouiller. Le plus souvent, d'ailleurs, ils coupent dans les contrats qu'ils passent avec le privé ou retardent le paiement des fournisseurs. Avantage : les économies sont immédiates. Inconvénient, cela peut fonctionner pendant deux ou trois ans, pas plus. Pour les administrations comme pour les automobiles, la conduite économe atteint vite ses limites. Pour aller au-delà, il faut changer le moteur. Traduisez : faire de vraies réformes.

Que le secteur public en France coûte plus cher qu'ailleurs et ne rende pas de meilleurs services, c'est un fait. Il devrait être modernisé afin d'atteindre un meilleur rapport qualité/prix, de devenir aussi performant que nos voisins pour la perception de l'impôt, la protection sociale, l'administration du territoire ou l'opération de l'appendicite. C'est la seule façon de faire des économies pérennes, tout le monde le sait, et tout le monde connaît même les réformes à faire. Si vous pouviez en douter, reportez-vous aux rapports de la Cour des comptes. Comme une véritable modernisation se heurte à des résistances corporatistes très difficilement surmontables, la France a pris l'habitude de remplacer l'action par la gesticulation. La réforme de l'État est devenue un marronnier de la République qui fleurit tous les ans, mais dont les fleurs se fanent sans donner de fruits. En outre, elle ne dégagerait des économies qu'après plusieurs années et, dans l'immédiat, pourrait même entraîner des dépenses nouvelles. Or c'est tout de suite que les déficits doivent être réduits. Cet effet immédiat ne peut s'obtenir qu'en augmentant les impôts – c'est déjà fait –, en coupant brutalement dans les budgets et les dépenses sociales – c'est très difficile.

Sous la pression de Bruxelles

Contraint d'appliquer le pacte budgétaire qu'il devait éliminer et soucieux d'assurer le court terme en attendant le retour de la croissance, François Hollande, nouvellement élu, proclama la rigueur pour se dispenser de la pratiquer. L'élève Hollande avait si bien affiché sa bonne volonté que l'Europe, au lieu de sanctionner sa défaillance budgétaire en 2013, lui accorda un délai de grâce de deux ans pour le retour aux 3 %

du PIB. Combinée avec la baisse des taux provoquée par l'afflux des liquidités, c'était une opportunité à saisir, l'occasion de se ressaisir. Gâchée, comme toujours. Car l'arrosage, si généreux soit-il, n'a jamais fait fleurir le béton. Chez nous, l'excès de dépenses est à l'abri de la conjoncture, bonne ou mauvaise, comme des alternances, droite ou gauche : il est structurel. Les autres pays réussissent tant bien que mal à se restreindre, à faire s'éloigner le spectre de la catastrophe financière ; la France, seule, ne peut tenir aucun engagement. À la fin 2014, il nous faut annoncer que nous n'atteindrons pas les 3 % du PIB promis pour 2015, que nous serons au-dessus de 4 % du PIB, qu'il en ira de même dans les années suivantes, à moins que le bon vent de la croissance, soufflant dans nos voiles, ne nous permette d'améliorer nos résultats sans avoir à fournir les efforts correspondants.

Nous voilà donc reconnus pour ce que nous sommes : le cancre de l'Europe. En 2015, tous les pays de l'Union vont réduire leurs déficits, leurs emprunts sur les marchés ; la France seule devra lever toujours plus de fonds pour combler un déficit toujours plus élevé et laisser sa dette monter toujours plus haut.

Longtemps les technocrates de Bercy se sont livrés à des numéros de haute voltige comptable pour rendre « sérieuses » les prévisions les plus « optimistes », et les ministres des Finances se rengorgeaient en présentant de faux bilans qu'un simple commissaire aux comptes eût payé de sa place. Mais, à présenter toujours le même numéro, les meilleurs tours finissent par s'éventer. Ainsi en va-t-il de nos budgets. Aucune acrobatie ne pouvait dissimuler le déficit énorme que laissait apparaître celui de 2015. Pour éviter les 5 %, il avait fallu multiplier les rustines, les faux-semblants et les trompe-l'œil, que les examinateurs bruxellois avaient repérés au premier regard. Le gouvernement français ne parvenait pas à donner le change avec ses 50 milliards d'économies. Outre que ce chiffre correspondait à de moindres augmentations et pas à des réductions de dépenses, il était aussi aventuré dans les économies qu'il promettait que dans les recettes qu'il espérait.

Pour faire bonne communication sur mauvaise finance, les équipes de Bercy trouvent en permanence de nouveaux « éléments de langage » qui ne trompent personne, mais dont tout le monde doit se satisfaire. Un jour, elles mettent en avant l'argument conjoncturel, qui se décline sur tous les modes : faible croissance, stagnation, récession, déflation, dépression. Justifier nos déficits par l'absence de croissance à l'étranger, c'est oublier que le temps, bon ou mauvais, est le même pour tous et que, pendant les années de croissance européenne, nos finances n'étaient pas moins déséquilibrées. Et que dire quand la baisse du dollar et du baril de pétrole apportent une embellie dont nous ne savons pas profiter ?

Mais voici l'argument germanique : « La France est plombée par l'austérité germanique. » Que l'Allemagne relance et nous repartirons. En fait, l'Allemagne, loin de pratiquer l'austérité, augmente fortement ses budgets de la Santé, de l'Environnement, de la Formation, de la Recherche, a introduit le SMIC, revalorise les salaires, etc. Ce n'est pas la France qui souffre de la sous-consommation germanique, c'est tout juste l'inverse : notre stagnation pénalise sa croissance. L'inquiétude des instances internationales demandant une politique plus accommodante face aux menaces de récession fut également beaucoup invoquée. En oubliant au passage que, pour la France, la relance par l'investissement doit aller de pair avec les économies de fonctionnement.

C'est alors que l'Europe est mise en cause. Ne doit-elle pas effectuer cette relance que nous ne pouvons pas mettre en place dans le cadre national ? Manque de chance, voilà que le nouveau président de la Commission, Jean-Claude Juncker, lance son plan de 300 milliards d'euros. Malheureusement, l'ouverture de ces grands chantiers ne stimulera pas l'économie française avant un fort long temps. Oublions donc l'Europe et rabattons-nous sur l'inflation. « Comment équilibrer les budgets si l'inflation ne fait pas croître les recettes ? » Le bon sens répond : en évitant de faire des prévisions mirobolantes, car l'illusion inflationniste prépare de douloureuses désillusions. L'argument réformateur, enfin : « On ne peut dans le même temps redresser les finances et moderniser le pays. » Pour le coup, Manuel Valls y voit un atout maître.

La Commission européenne estime, à juste titre, que la France ne peut rétablir ses finances qu'au prix d'une modernisation vigoureuse. Elle pousse en ce sens et Paris reprend la balle au bond. Plutôt que vendre des budgets bidon, nos gouvernants mettent en avant des réformes en peau de lapin. Car il n'est pas question de procéder aux réaménagements décrits dans tant de rapports et que préconise Bruxelles. Nul, à Paris, ne dispose de l'autorité politique pour affronter le mécontentement populaire, ou, plus exactement, corporatiste, que susciteraient de telles mesures. Pour se garantir contre toute forme d'audace, le pouvoir s'en est remis aux garants de l'immobilisme : les partenaires sociaux. Ce sont eux qui doivent préparer les réformes. Affermer le changement à FO, il fallait oser !

Nous voilà donc garantis contre toute évolution progressiste de notre société. Fort heureusement, Bruxelles, qui craint d'affronter la France à visage découvert, feint de ne pas voir nos réformes des retraites, du marché du travail, de la négociation sociale, de la formation professionnelle, pour ce qu'elles sont : de simples simulacres.

Le poids de la France

Pour éviter le zéro pointé que mériterait une telle constance dans l'échec, l'élève France n'a plus qu'un argument : sa taille. Nous sommes *too big to fail.* Une France de 10 millions d'habitants et de 300 milliards de PIB aurait déjà été mise sous tutelle. Mais la cinquième économie du monde, comme nos gouvernants le rappellent à chaque discours, ne saurait s'effondrer sans provoquer une catastrophe dont le monde entier subirait les conséquences. Ainsi notre classe politique a-t-elle réduit la valeur de la France à son poids, une masse de dettes qui terrifie le monde. Est-ce être nationaliste que d'en ressentir un sentiment de honte pour son pays ?

En cet automne 2014, lorsque la France rompt avec tous ses engagements budgétaires, nos partenaires savent qu'ils doivent éviter le châtiment du coupable. Après quelques jours de tension, c'est bien le moins, la France feint de trouver sous le tapis des recettes oubliées, les 3,5 milliards manquants. Mais oui, bien sûr ! Bercy, qui surestime toujours les recettes et sous-estime les dépenses, a fait, figurez-vous, l'inverse. Pour les frais financiers, qui dépendent de taux d'intérêt que nous ne contrôlons pas, il suffit de décider qu'ils seront l'année prochaine encore plus bas que prévu et cela fait des économies. Quant aux recettes, rien n'empêche de décréter que nos limiers vont récupérer davantage d'argent dans la lutte contre la fraude. Avec quelques autres mesures tout aussi convaincantes, il devient possible de réduire le déficit sans avoir à diminuer les dépenses ni augmenter les impôts. Les parties en présence ne se donnent même pas la peine de la vraisemblance, tout le monde doit bien voir qu'il s'agit d'un accord de pacotille sur des chiffres bidon. *Alléluia* ! Notre budget 2015 est accepté. Nos gouvernants accueillent cette pitoyable conclusion avec le lâche « soulagement » de circonstance.

Mais la procédure bruxelloise adoptée au printemps 2013, le « Two-Pack », est, comme son nom l'indique, à double détente, et la France ne franchit le premier obstacle que pour trébucher sur le second. Au mois de novembre, la Commission Juncker fait savoir qu'elle conteste le budget français : le compte n'y est pas, il manque 4 milliards d'euros. Comment faire, alors que le président a annoncé le gel des impôts et que toutes les administrations se déclarent étranglées ? La France a cent jours pour donner sa réponse et éviter une condamnation qui, théoriquement, pourrait s'accompagner d'une pénalité de 4 milliards d'euros. Une fois de plus, Manuel Valls s'efforce de mettre en avant les réformes, notamment celles que doit présenter le ministre de l'Économie Emmanuel Macron. Encore faudrait-il, pour convaincre les autorités européennes, mettre sur la table des « mesures chocs », comme la suppression des 35 heures, des seuils sociaux, le blocage des salaires… Mais, chaque fois que partent de tels ballons d'essais, le président se dépêche de les crever et le gouvernement doit aller de capitale en capitale et faire passer notre piquette pour de grands crus.

En vérité, nous sommes ici dans un jeu de rôle dont nul n'est dupe. Les autorités européennes savent fort bien que la France ne respecte pas ses engagements et n'est pas en état de les respecter. Elles savent aussi que la condamnation prévue par les traités aurait des conséquences cataclysmiques. Il est probable que les agences de notation puis les marchés dégraderaient fortement la France et déclencheraient un effet boule de neige. Cela, personne ne le souhaite, et surtout pas l'Allemagne. Pour ce qui est de la situation financière, Paris est la capitale de l'insouciance et Berlin la capitale de l'angoisse. Les Allemands sont convaincus que la France est définitivement incapable de rétablir ses finances et qu'elle continuera sa dérive jusqu'à ce qu'elle soit arrêtée. De l'extérieur, pas de l'intérieur. Imagine-t-on cela ? Notre patrie n'ayant plus de recours que le chantage au suicide : « Si je tombe, vous tombez », « Si je meurs, vous mourrez ». Une dernière carte que nous utiliserons jusqu'à la mise sous tutelle financière.

Si encore nous avions conscience de nos manquements. Mais non, notre classe dirigeante redouble d'arrogance pour imputer aux autres le désastre qu'elle a provoqué. Elle oscille entre germanophobie et europhobie sans mesurer à quel point le monde est excédé par nos leçons perpétuelles et notre modèle sans pareil. Entendre nos économistes atterrants s'imaginer qu'ils nous libéreront de nos dettes en contestant leur légitimité, recommander une relance par la consommation alors que nous « relançons » déjà à hauteur de 90 milliards d'euros, exiger que l'on impose davantage les riches alors qu'ils prennent déjà la poudre d'escampette avec leurs capitaux, se gargariser d'une « autre » économie qui s'oppose sans se définir et n'a jamais fait ses preuves nulle part, le tout en affichant le mépris à l'égard des économistes qui ne croient pas au miracle du déficit salvateur... Oui, il suffit de regarder la France depuis l'étranger pour comprendre la perte de crédibilité que nous subissons et l'exaspération que nous suscitons. Tôt ou tard, nous ne pourrons plus compter sur la protection germano-européenne et devrons nous débrouiller seuls face aux marchés financiers.

Nos déficits continueront donc à courir, notre dette à grimper et notre économie à régresser. Cette dégradation, qui ne se corrigera pas d'elle-même, ne saurait non plus se poursuivre indéfiniment. Nous connaissons, en ce début 2015, une conjoncture incroyablement favorable avec un euro, un prix du pétrole et des taux d'intérêt au plus bas. Nous en ressentirons les effets bénéfiques. Mais ce ne peut être qu'une embellie temporaire. En effet, ces facteurs externes ne sont pas la cause de notre déclin et ne sauraient en être les remèdes. Si longtemps que nous n'aurons pas brisé l'oligopole bureaucratique, syndical, administratif qui étouffe l'économie française, celle-ci restera sous-compétitive et languissante. Dès lors que les réformes ne sont pas faites, ces heureuses circonstances nous apporteront un répit et rien de plus. Elles ne peuvent, à elles seules, changer le scénario dans lequel nous sommes engagés. Il arrivera fatalement un moment où les marchés se retourneront, la spéculation se déchaînera, et la France sera étranglée. L'issue peut être reportée, mais elle reste la même.

Cette crise ne sera pas franco-française, elle opposera la France à la communauté internationale. Il nous faudra choisir entre l'ouverture sur le monde et ses contraintes très dures ou le repli sur soi avec sa contrepartie : l'exclusion. C'est alors que le débat politique basculera et que le Front national et, plus généralement, les souverainistes se poseront véritablement en alternative. Tel est l'avenir auquel nous devons faire face. Combien de temps nous reste-t-il ? Quelle sera la cause immédiate de la crise ? Comment la France réagira-t-elle ? La crise financière sera-t-elle la force d'appoint indispensable pour porter le FN au pouvoir ? Tout notre avenir tient dans ces questions.

Chapitre XIV

MARINE, 51 % ?

Les Français n'attendent plus rien de l'alternance de droite à gauche ou de gauche à droite, du « jeu des partis », comme aurait dit le général de Gaulle. Sont-ils, pour autant, disposés à sauter le pas et à basculer dans une alternative politique en donnant le pouvoir au Front national ? C'est la question à 51 % en faveur de Marine Le Pen.

La diabolisation du FN s'estompe chaque jour davantage. Désormais, des Français de tous les milieux déclarent, sans nulle vergogne, qu'ils vont voter pour Marine Le Pen. La rupture avec l'« UMPS » est déjà acquise dans bien des têtes. En se lepénisant, les mécontents n'auraient pas le sentiment de trahir la République, mais d'avoir été trahis par elle. Seul le monde culturel reste allergique à cette banalisation. Les sondages confirment cette impression première. Lorsque le FN est apparu au début des années 1980, seul un Français sur deux y voyait un danger pour la démocratie, ce qui tenait sans doute à son caractère marginal. La stratégie de diabolisation et Jean-Marie Le Pen ont fait œuvre utile puisque ce pourcentage a dépassé les 70 % dans les années 1990-2000. Mais, depuis dix ans, il n'a cessé de chuter pour n'être plus que de 47 %. Toutefois, le Front national ne s'est toujours pas imposé comme parti de gouvernement : 54 % des Français estiment qu'il n'est bon qu'à regrouper les mécontents. Mais ce pourcentage va diminuant.

En revanche, selon le baromètre de la Sofres 2014, Marine Le Pen, pièce décisive du parti pour l'élection présidentielle, est d'ores et déjà opérationnelle. Elle s'est totalement démarquée de son père. 46 % des Français la voient comme « la représentante d'une droite patriote attachée aux valeurs traditionnelles », exactement ce qu'elle veut être, et 43 % seulement comme la représentante « d'une extrême droite nationaliste et xénophobe » qu'incarnait Jean-Marie Le Pen. À 81 %, elle est jugée « volontaire », à 69 % « capable de prendre des décisions », à 58 % « capable de rassembler au-delà de son camp » et, à 56 %, capable de « comprendre les problèmes quotidiens des Français ». Elle est même « convaincante » à 58 % et « compétente » à 45 %. Que demande le peuple ? Cela, précisément. Elle ne s'est pas seulement « dédiabolisée », elle s'est à la fois banalisée et vedettisée. Encore lui faut-il rallier à ses thèses et à son programme.

Le « made in Le Pen »

Selon ce même baromètre de la Sofres, 34 % des Français « adhèrent aux idées du Front national ». Trois années plus tôt, lorsque Marine Le Pen a pris la tête du parti, ils n'étaient que 22 %. La progression est impressionnante. Dans un premier tour de présidentielle, son étiage se situe entre 25 et 30 %, ce qui la place certainement en tête. Mais, au second tour, on ne choisit pas, on élimine. En 2002, le vote d'élimination avait rassemblé 82 % de suffrages sur Jacques Chirac. Quel pourcentage d'électeurs sur ce total approuvait son programme ? Situation exceptionnelle mais éclairante. Un président est élu par une coalition qui le préfère au concurrent. La volonté d'éliminer, qui a été fatale à Jean-Marie Le Pen, pourrait-elle être favorable à sa fille quinze ans plus tard ? Ce n'est pas impossible. Ne serait-ce que par effet d'entraînement. Si la présidente du FN arrive en tête avec plus de 10 % d'avance, alors bien des Français la légitimeront comme présidente et voleront au secours de sa victoire. Ajoutons la colère populaire à l'encontre de la classe politique, qui fait choisir « le candidat hors système » plutôt que « le candidat du système ». Le second tour de 2017 ne ressemblerait donc pas du tout à celui de 2002, mais, pour trouver les 20 % de voix manquantes, la candidate du Front national devrait d'abord rassembler sur son programme.

Après l'avoir examiné de près, on pourrait être rasséréné. C'est se rassurer à trop bon compte. Ce programme a été payé de 18 % des voix en 2012 et a soutenu le FN lors de ses plus récents succès. Il semble donc crédible pour toute une partie du corps électoral. C'est d'autant plus surprenant que ses deux produits d'appel, la sortie de l'euro et la priorité nationale pour l'emploi, sont tout sauf populaires. Pour l'une comme pour l'autre, le pourcentage de rejet est le même : 72 %.

Concernant le retour au franc, Marine Le Pen est parfaitement consciente de n'être pas crédible. C'est le point faible de son programme, celui qu'elle expose en vitrine pour n'avoir pas à le présenter en magasin. On serait tenté de s'écrier : « Ce n'est pas sérieux. » Mais les populistes ont tous un « trésor caché » et se font acclamer sur la distribution des cadeaux, pas sur le paiement des factures. Le public sensible à ce genre de démagogie admet comme une évidence que « de l'argent il y en a » et que les ressources sont illimitées pour qui sait « prendre l'argent là où il est ». Il n'y a donc rien d'incroyable à imaginer que la Banque de France émette les milliards d'euros dont on a besoin. Ce n'est d'ailleurs pas tellement différent d'une Banque centrale européenne devenant un guichet d'approvisionnement en euros, comme le souhaite l'extrême gauche. Si l'on croit l'un, pourquoi ne pas croire l'autre ?

Voilà l'atout maître du FN : il n'avance que cautionné par la gauche de la gauche. S'il présentait des solutions originales qui le distinguent de toutes les autres formations, il devrait fabriquer ses propres justifications, ne pourrait invoquer aucun argument d'autorité. Une situation qui le mettrait en nette infériorité par rapport à l'extrême gauche, qui puise, notamment dans le monde universitaire, toutes les références nécessaires. Marine Le Pen en est consciente, c'est pourquoi elle ne s'avance que prudemment sur son produit spécifique, la sortie de l'euro, et glane si largement dans les programmes qu'elle a trouvés sur sa gauche. Ces mêmes mesures ne sauraient être discutables quand elles sont présentées par Jean-Luc Mélenchon et sont abominables quand Marine Le Pen les reprend à son compte. Dans un environnement politique à ce point pourri par la démagogie, les aberrations lepénistes se perdent dans le paysage.

Contre la gauche, tout contre

Une fois de plus, ce sont les pires ennemis du Front national qui assurent son service après-vente. De la gauche à l'extrême gauche, tout un petit monde intellectuel offre sa caution au clan lepéniste pour proposer la dépense sans limite, le maintien de tous les droits acquis, la défense du *statu quo*, le refus de tout effort, de toute réforme. L'économie sans peine que préconise Marine Le Pen est un produit importé de nos facultés, de nos clubs intellectuels, de nos chapelles de gauche, voire tout simplement du parti socialiste. On comprend bien pourquoi la garde antilepéniste veut encore et toujours charger contre le fascisme, le racisme et l'antisémitisme : elle sait trop bien que, à contester les propositions économiques, elle se trouverait en pays de connaissance.

Depuis qu'il a jeté son dévolu sur la France précarisée, le FN pille sans vergogne les arguments, les promesses, les dénonciations de son concurrent direct : l'extrême gauche. Pour parler du ministre de l'Économie, Emmanuel Macron, Marine Le Pen et Jean-Luc Mélenchon utilisent exactement les mêmes mots : ils fustigent le « banquier » et affirment qu'il n'a été nommé à ce poste que pour défendre l'intérêt des banques et pas celui des Français. Le FN va même jusqu'à soutenir la grève mal conduite et impopulaire des cheminots en juin 2014 ! N'importe quoi pour se marquer à gauche, à l'extrême gauche. Il épouse toutes les causes, même celle de Jérôme Kerviel.

N'ayant pu convaincre les juges, le trader a porté son affaire sur le plan politique. Il s'est présenté en victime expiatoire, voire en justicier, pour toutes les vilénies commises par le système bancaire en général et la Société générale en particulier. Sitôt sorti de prison, Kerviel se rend à la Fête de l'Humanité recevoir l'accolade de Jean-Luc Mélenchon, lequel n'hésite pas à faire le parallèle entre son cas et celui du capitaine Dreyfus. Ces soutiens de l'extrême gauche contrastent avec l'extrême froideur de la classe politique, mais se retrouvent chez Marine Le Pen : « Parfois, Mélenchon peut avoir raison dans le constat, pas dans les solutions », remarque-t-elle en souriant.

Sous l'impulsion de Florian Philippot, Marine Le Pen a élaboré un discours dans lequel se retrouvent, en amont de son catalogue clientélaire, les plus virulentes critiques contre l'exploitation capitaliste, la financiarisation, la mondialisation, les inégalités... Thierry Lepaon, le secrétaire général de la CGT, aimait à raconter qu'il a présenté au bureau confédéral un tract du FN sans en révéler l'origine. Tous les membres présents ont cru y reconnaître un texte cégétiste. Inutile de se scandaliser : il n'y a en politique ni plagiat, ni droits d'auteur, ni appellation contrôlée.

L'inconvénient d'une telle stratégie, c'est qu'elle impose de faire le grand écart, position inconfortable dans laquelle on finit par perdre à un extrême ce qu'on gagne à l'autre. Ainsi, Marine Le Pen, en gauchissant son projet, séduit assurément un nouveau public, mais peut aussi décourager ses propres militants. Elle a d'ores et déjà perdu l'extrême droite la plus intégriste, ça ne fait pas grand monde, mais ce sont maintenant les gros bataillons, ceux qui ont rejoint le parti dans les années 1990-2010, qui sont déboussolés, voire démobilisés. Sur le plan sociétal, ils regrettent la peine de mort, ne sont toujours pas convertis au mariage gay, et supportent mal que leur présidente s'entoure d'homosexuels et semble se résigner à l'IVG. Sur le plan social, ils se méfient de l'assistanat et attendent de la Sécurité sociale plus de rigueur et moins de générosité ; sur le plan économique, ils ont les plus grandes préventions vis-à-vis du secteur public et des fonctionnaires, sont à l'écoute des petits patrons et des travailleurs indépendants, et, comme eux, ils détestent les impôts, les réglementations et les contrôles. Bref, ils se reconnaissent sur les positions de droite. Pour tous ces adhérents, les positions modernistes et le discours « Lepenenchon », si efficaces sur le plan électoral, pourraient vite devenir insupportables. Or ils ont désormais une porte-parole en la personne de Marion Maréchal-Le Pen, tandis que la ligne mariniste s'incarne dans Florian Philippot.

Ce malaise est apparu lors du congrès du FN en novembre 2014, à Lyon. Marine Le Pen a certes fait l'unanimité, mais les deux tendances se sont bel et bien affrontées dans les élections au comité central. Or les militants se sont d'abord reconnus dans la petite-fille de Jean-Marie Le Pen, arrivée en tête avec

11 points d'avance sur Philippot. Qu'un parti ait une aile droite et une aile gauche, avec un leader charismatique et indiscuté, c'est une configuration presque idéale. Mais c'est peut-être aussi l'annonce que la progression du FN sur la gauche atteint ses limites, alors même que sa progression sur la droite est freinée par ses positions antieuropéennes. On ne peut exclure que, à force de marier les contraires, le parti ne finisse par éclater.

Les immigrés font la différence

Les Français sont donc aussi réservés sur la préférence nationale pour l'emploi que sur la sortie de l'euro, mais ne nous réjouissons pas trop vite. Dès lors que son électorat ne le suit pas, le Front national se garde de concrétiser ses propositions, d'énoncer des mesures précises, de donner des dates : il en reste au niveau des principes, et c'est ainsi qu'il tire le plus grand avantage. Sa « priorité nationale » est le marqueur identitaire qui le distingue des autres partis sur le plan de l'immigration et de l'islam. Un atout gagnant pour Marine Le Pen, car les sondages sont formels et bien inquiétants. Selon le Cevipof, 70 % des Français estiment qu'il y a trop d'étrangers en France, 62 % jugent qu'« on ne se sent plus chez soi comme avant », 46 % croient que « pour réduire le nombre des chômeurs, il faut réduire le nombre des immigrés[1] ». Une étude de l'IFOP pour *Valeurs actuelles*[2] montre que la perception du phénomène migratoire ne cesse de se dégrader chez les Français. Ils étaient

1. « France 2013, les nouvelles fractures », enquête Ipsos/CGI Business Consulting pour *Le Monde*, la Fondation Jean-Jaurès et le Cevipof.
2. « Sondage exclusif : l'immigration n'est pas une chance pour la France », sondage IFOP pour *Valeurs actuelles*, 13 novembre 2013.

encore 49 % en 2007 à penser que « l'immigration est une chance pour la France ». Ils ne sont plus que 37 % en 2013. Ils étaient 45 % à estimer que « les pouvoirs publics luttent efficacement contre l'immigration clandestine », ils ne sont plus que 24 %.

Les enquêtes sur l'islam traduisent un semblable malaise. Or ces réponses, pour certaines nettement teintées d'anti-islamisme, ne sont pas l'apanage des électeurs lepénistes. La seule démarcation que l'on observe sépare le peuple et les élites. Ce sont dans les catégories les plus aisées, les plus instruites, celles qui habitent au cœur des grandes villes, que l'on trouve des opinions plus tolérantes ; en revanche, plus on va dans les catégories populaires et plus les jugements se font négatifs et radicaux. En affichant la préférence nationale, le FN affirme sa différence, répond à cette inquiétude des Français et prend un avantage décisif sur son concurrent direct, l'extrême gauche. Le nouveau Front national veut arracher son étiquette d'extrême droite. Une opération purement médiatique, car le peuple trouve dans les propos de Marine Le Pen le discours entendu et attendu des tribuns populaires : socialistes, communistes, trotskystes, gauchistes, anarchistes, pas du tout l'écho de Maurras ou de Barrès.

L'immigration est la seule vraie différence entre les extrêmes. Quand Jean-Luc Mélenchon affirme qu'il suffit d'adhérer à la devise républicaine « Liberté, Égalité, Fraternité » pour avoir droit à la carte nationale d'identité, alors il se distingue de Marine Le Pen, mais se coupe de son électorat potentiel. Le peuple, et notamment le peuple ouvrier, a toujours été méfiant vis-à-vis de l'étranger. Il y voit un concurrent sur le marché de l'emploi et de la protection sociale. Il est, en outre, conservateur sur le plan des mœurs, des religions. À cette xénophobie larvée s'ajoute la crainte de voir remises en cause la nation et la laïcité, crainte fortement ressentie dans les milieux les plus populaires. Le parti communiste, qui était resté un parti ouvrier, a toujours été hostile à l'immigration. Sur ce point, la coupure est totale entre les socialistes et le peuple, comme l'avait souligné la fameuse note de Terra Nova. Plus la gauche se veut à gauche, plus elle épouse les thèses immigrationnistes, multiculturalistes, communautaristes, postnationales, qui ont cours chez les bobos et qui révulsent la France précaire. L'incohérence de cette pensée, qui prétend combiner l'ouverture des frontières aux hommes, la fermeture aux marchandises et la préservation d'un fort État-providence, est instinctivement perçue au bas de l'échelle sociale. Il n'est de cohérence que dans l'ultralibéralisme qui ignore les frontières ou le nationalisme qui les ferme. La première option n'ayant pas droit de cité en France, il reste la seconde, celle du FN.

Dans la concurrence populiste qui l'oppose au Front national, le parti caméléon a donc pris les couleurs de son adversaire. Ce pourrait être dangereux, car on connaît l'adage, « mieux vaut l'original que la copie », qui devrait profiter à la gauche. Mais, sur ce point, la règle pourrait se retourner ; la copie est meilleure que l'original, car plus conforme à l'attente du peuple sur un point capital : l'immigration. L'extrême gauche est condamnée à perdre pour cette seule raison. C'est tout à son honneur de rester fidèle à ses convictions, mais l'honneur se paie. Au sein de la France périphérique, la jeunesse seule peut se reconnaître dans la défense des sans-papiers, dans le soutien aux femmes voilées, dans l'acceptation des pratiques islamiques...

Le marché de la peur

Depuis toujours, l'argumentaire frontiste repose sur la peur. Marine Le Pen n'hésite d'ailleurs pas à reprendre les « yaka » protecteurs de son père : renforcement de la police et de la répression pouvant aller jusqu'à la peine de mort, réduction drastique de l'immigration légale, suppression du regroupement familial, remise en cause des accords de Schengen, retour au droit du sang, interdiction des régularisations, priorité nationale… Contre l'islamisation, elle se pose en championne de la République laïque et unitaire, en ennemi du communautarisme, insérant son propos dans un débat permanent au sein de la société française.

Il semble facile de démontrer que ces propositions sont de simples effets d'annonce et qu'elles deviendraient de bien « mauvaises solutions » si elles devaient être appliquées. Encore faudrait-il qu'elles ne soient pas crédibilisées par les positions outrancières du camp d'en face. Lorsque les Français s'entendent dire que nous devrions vivre à frontières ouvertes et accueillir tous ceux qui veulent s'établir en France, ils appellent au secours Florian Philippot et son immigration compte-gouttes. Lorsqu'ils lisent les imprécations d'Edwy Plenel, ils veulent se barricader contre l'immigration musulmane. Lorsque l'extrême gauche s'indigne de la moindre mesure de police, ils en appellent au goulag pénitentiaire sur le modèle américain. La seule défense qui vaille contre la démagogie, c'est l'appel à la raison, le retour au réel.

Le défi à relever sera tel qu'il supposera une politique de guerre, donc un discours mobilisateur. Nos hommes politiques n'osent annoncer ni la catastrophe qui nous menace ni les sacrifices qui seraient exigés de tous. Or Marine Le Pen est la moins churchillienne de nos tribuns. Elle ne remet en cause ni l'oligopole social, ni la bureaucratie territoriale, ni les avantages acquis, ni les abus admis, elle ne demande ni réduction des prestations, ni augmentation des taxes, seuls seront mis à contribution les « gros », les entreprises multinationales, les producteurs étrangers, les fraudeurs fiscaux et les immigrés. Les Français « ordinaires » recevront plus et certainement pas moins ; à quoi bon se priver, dès lors que la Banque de France nous donnera tout l'argent dont nous avons besoin.

Sous prétexte de rupture avec la politique de l'UMPS, Marine Le Pen ne fait que pousser à l'extrême la démagogie qui paralyse l'action publique depuis trente ans. Ce discours lui a permis de monter jusqu'au quart des suffrages en période « normale ». Lui permettra-t-il de doubler la mise en pleine tourmente ? Ce n'est pas certain. L'imminence de la catastrophe pousse les uns à nier l'évidence, les autres à affronter le danger. Quelle sera la proportion des Français qui, à l'heure du désastre, voudront encore se bercer d'illusions ? C'est la question à 50 %.

Du possible au probable

Impossible d'éluder cette question, impossible de ne pas céder à la colère. Une colère contre ceux qui nous ont conduits là, non pas les frontistes, mais leurs alliés objectifs, sans lesquels le FN serait resté ce qu'il était : une extrême droite marginalisée. Ont-ils agi par idéologie, par intérêt ou par sottise ? Peu importe, ils ont amené le FN là où il n'aurait jamais dû être : en position de pouvoir.

Toute société comporte une extrême droite nationaliste, autoritaire et xénophobe, toute crise crée une aspiration populiste au repli sur soi. À l'autre extrémité se trouvent des révolutionnaires, des anarchistes, qui rêvent de faire table rase pour entendre chanter les lendemains. Deux *terrae incognitae* en marge de la République, généralement éclatées en de nombreuses sectes et de multiples chapelles. À chaque nouvelle saison électorale, les Français retrouvaient le parler haletant, enfiévré, d'Arlette, lui donnaient ses quelques pourcents de voix et n'en étaient pas autrement troublés. Il en allait de même avec les grandes gueules nationalistes, Jean-Louis Tixier-Vignancour ou Jean-Marie Le Pen, venus nous annoncer que tout fout le camp. La démocratie sait vivre avec ses extrêmes. Pour peu que les dirigeants « fassent le job », le peuple ne cède pas à ces aventureuses incantations. La France a même résisté à la pression, combien plus puissante, du parti communiste. Pourquoi ses défenses ont-elles craqué face à cette nouvelle poussée, pourquoi est-ce la droite et pas la gauche qui en a profité ?

Jean-Luc Mélenchon n'a pas moins de talent tribunicien que Marine Le Pen, mais il n'a pas bénéficié des mêmes complicités ou, plus exactement, n'a pas su en tirer le même parti. Il n'a pas eu droit à toutes les commodités de la diabolisation et n'a pu échapper à sa boboïsation originelle, traînant les nuées délirantes de l'intellogauchisme qui l'ont toujours plombé. Marine Le Pen, elle, a pu faire son marché sans avoir à supporter ces encombrants parrainages et tout en gommant les pires outrances de l'extrême droite paternelle.

Si nous continuons à respecter tous les tabous de l'antilepénisme primaire et de son terrorisme moral, si nous laissons ses imposteurs tenir le haut du pavé, se poser en arbitres du bien et du mal, lancer leurs injonctions et leurs anathèmes, alors, la crise de régime et la crise financière aidant, Marine Le Pen pourrait poursuivre sa progression.

Mais il ne s'agit en rien d'une fatalité. S'il paraît bien difficile de rompre brusquement avec les commodités de l'endettement afin d'éviter le choc financier, en revanche, rien n'oblige à persévérer dans cette stratégie absurde qui pousse tant de Français vers le Front national. Il est encore possible à la classe politique de se ressaisir, d'en finir avec ce coup d'État rampant qui, insidieusement, transforme la France sans que jamais les Français n'aient eu à donner leur avis. Notre pays n'a pas vocation à devenir l'espace multiculturel que prônent les ultralibéraux et les francophobes, il doit conserver son identité nationale nourrie de son passé et ouverte sur l'avenir, il doit l'enrichir des immigrés qu'il assimile et non pas s'appauvrir de populations qui la rejettent. Les autochtones attachés à leur mode de vie ne sont ni des racistes ni des réactionnaires, simplement des gens qui n'ont pas le privilège d'appartenir à une élite mondialisée, qui trouvent leur protection dans la nation à laquelle ils appartiennent et pas seulement dans des principes universels, qui veulent rester majoritaires et référents chez eux, dans leur « village », ce qui n'exclut nullement l'accueil et l'hospitalité. Si nous pouvions comprendre cela et agir en conséquence, alors ils se retrouveraient dans les partis républicains et jamais Marine Le Pen, même au plus fort de la crise financière, n'atteindrait les 50 % fatidiques.

Chapitre XV

LE MÉMORANDUM

Notre avenir se joue entre le programmé et l'improvisé. D'un côté, le programme se déroule, implacable, conduisant la France vers l'insolvabilité et le Front national ; de l'autre, les péripéties, naissant au hasard de la contingence, jalonneront la chute du pays comme l'ascension du parti. Elles sont, par nature, imprévisibles, mais certainement pas insignifiantes. Il suffit que le nez de Cléopâtre se pointe, au bon endroit et au bon moment, pour que le cours de l'histoire se trouve changé. Où en serions-nous si les Français avaient préféré Raymond Barre à Jacques Chirac ? Si Bruno Mégret avait réussi son putsch contre Jean-Marie Le Pen ? Je n'oublie pas la loterie des circonstances, mais, s'il lui revient de tout chambouler, il nous appartient de prévoir l'essentiel.

L'inévitable

Nous sommes donc confrontés à :

– Une progression du FN qui, à moins d'une crise majeure à l'intérieur même du parti, a toutes les raisons de se poursuivre.

– Un décrochage de la France qui n'a aucune raison de s'inverser.

– Une mise hors service de l'alternance droite-gauche.

– Une convergence des politiques suivies par les partis de gouvernement.

– Une convergence des propositions faites par les partis extrémistes.

– Une décomposition du corps électoral.

– Une difficulté à former des majorités d'un côté comme de l'autre.

Ces évolutions annoncent dans les cinq prochaines années les étapes suivantes :

– Un FN en position d'arriver au pouvoir.

– Une France proche de la cessation de paiement entre la faillite et la mise sous tutelle.

– Une recomposition du corps électoral délaissant l'alternance droite-gauche.

– Une coalition des extrêmes pour prôner le repli sur soi de la France.

– Une grande coalition de droite, de gauche et du centre pour garder une France ouverte et accepter la discipline internationale.

– Un renfermement implosif et suicidaire de la France si les forces populistes gagnent.

– Une gouvernance de salut public pour mobiliser le pays sur un programme de redressement si la grande coalition l'emporte.

Notre système politique apporte chaque jour une nouvelle preuve de son inefficacité, le Front national gagne à chaque élection des voix dans les urnes et les finances de la France se dégradent inéluctablement à chaque bilan. Ce triple mouvement se poursuit depuis des années et continuera jusqu'à buter sur les ruptures attendues : la crise de régime paralysant la Ve République, la victoire de Marine Le Pen à l'échelon national, la mise en cessation de paiement de la France. Alors, et alors seulement, l'échiquier sera renversé et nous commencerons une autre partie. Voici précisément ce qui pourrait se passer dans ce cinquième et dernier acte.

La France à nu

Des deux chocs annoncés dans un proche avenir, la mise sous tutelle financière de la France et l'arrivée au pouvoir du Front national, le premier est probable, le second n'est que possible. Marine Le Pen a beau être poussée par des vents favorables, elle est encore bien loin de l'Élysée. À supposer qu'aucun scandale ne vienne briser son élan, que le FN ne s'enlise pas dans des questions de financement, ne se décrédibilise pas, après les élections de 2014, dans cette deuxième tentative de gestion municipale et que, en sens inverse, le système d'alternance rende son dernier soupir, elle butera toujours sur le mur des 50 %. Une ascension qui ne se réussit pas en solitaire. Les Français ont beau être excédés, déprimés, découragés, ils ne remettront pas si facilement leur sort entre les mains de la PME Le Pen. Mais tout changerait, et en premier lieu leur comportement, s'ils se trouvaient emportés dans un tsunami financier ou autre. Puisque le FN va bien lorsque la France va mal, il pourrait triompher si elle était au bord de l'abîme. De fait, pour une partie de l'opinion, Marine Le Pen fait figure de recours « en cas de malheur ». Or, des malheurs, il s'en annonce un certain nombre.

L'événement déclencheur est imprévisible, mais il serait européen que cela ne surprendrait pas. Il faudra bien, un jour ou l'autre, que notre bras de fer traditionnel avec la Commission finisse mal. En 2014, au prix de cette humiliante comédie entre l'Europe qui ne voulait pas sanctionner et la France qui ne pouvait se redresser, un accord de dernière minute a été trouvé qui ne trompe personne. Ce sera encore pire l'année prochaine et les années suivantes. Nos partenaires ne pourront pas se cacher éternellement la triste réalité française. La mort dans l'âme, ils devront sanctionner ce qu'ils ont si longtemps toléré, les marchés prendront peur, les taux d'intérêt s'envoleront… on connaît la suite.

Mais, avant d'en arriver là, nous pourrions être entraînés dans une tempête venue d'ailleurs. Jacques Attali s'est fait une spécialité d'identifier les multiples crises qui menacent le monde ; il en parle avec une lucidité qui fait froid dans le dos : « Il faut vraiment se voiler la face, comme le font trop de dirigeants politiques, pour ne pas voir que quelque chose de majeur va se passer en Europe dans les mois qui viennent : l'une ou l'autre des multiples épées de Damoclès suspendues au ciel de l'histoire tombera sur nos têtes[1]. » En ce début de troisième millénaire, le pire a vraiment toutes ses chances et sous toutes ses formes. Des ruptures se produiront dont les ébranlements mettront tous les pays à l'épreuve. Les plus faibles ne résisteront pas et craqueront. Au nombre des plus menacés se trouve une France rendue fragile par les taux anormalement bas dont elle bénéficie. Il suffirait d'un rien, d'un simple prétexte, pour que la situation se renverse et que se déclenche un maelström dévastateur.

---

1. Jacques Attali, « Quelque chose va se passer », *L'Express*, 15 octobre 2014.

Oscar Wilde disait que la prévision est difficile, surtout concernant l'avenir. Il est facile d'annoncer ce qui va arriver. Mais quand ? C'est toute la difficulté, car le cours des événements peut être ralenti ou accéléré de façon inattendue. Qui donc savait, il y a quatre ans, en pleine crise des dettes souveraines, que les banques centrales arrêteraient le compte à rebours de la faillite en installant le goutte-à-goutte de la fausse monnaie ? La France aurait dû mettre ce délai à profit pour se réformer. Elle n'en a rien fait. Faut-il s'en étonner ? Sans doute en ira-t-il de même avec les nouvelles facilités monétaires annoncées par la BCE. Ce délai n'a donc été qu'un expédient pour retarder l'échéance. Que se passera-t-il lorsque les banques centrales reviendront à une gestion orthodoxe ? Quand cesseront-elles de financer à tout-va les États ? Question de date, on ne peut répondre. Mais la France, tel le roi du conte, se retrouvera nue et le triste état de ses finances sera exposé aux yeux du monde entier.

La Troïka à Bercy

La séquence qui suit est assez facile à imaginer. La France ne trouve plus auprès des marchés les 200 milliards d'euros dont elle a besoin pour boucler ses budgets et refinancer sa dette à des conditions supportables. S'ouvre alors une période d'extrême tension au terme de laquelle, en contrepartie d'une aide financière, les autorités financières internationales exigeront des réformes, celles qu'ont toujours refusées les Français, et surveilleront leur bonne mise en œuvre. Que deviendrait une France sur le point de faire défaut et contrainte d'appliquer la potion amère de la Troïka ?

Face à la mise sous tutelle du pays, l'alternance droite-gauche perdra toute pertinence, les partis de gouvernement ne seront plus seuls à décider. Ils devront compter avec un Front national qui sera au plus haut quand le crédit de la France sera au plus bas. Il nous faut donc le faire entrer dans le jeu. On peut imaginer de nombreux scénarios, mais la problématique sera toujours la même, la communauté internationale nous mettra le marché en main : l'argent et l'austérité ou le refus de l'austérité et le refus de l'argent. La seule variante qui nous ferait partir dans une autre histoire et qui ne peut être exclue serait une révolte des peuples européens, jetant à bas tout l'édifice de la finance européenne et mondiale. Mais, dès lors que le cadre international reste inchangé, le choc financier est le même, que le Front national soit encore dans l'opposition ou qu'il se soit installé à la tête du pays. Au reste, sa victoire ne ferait que précipiter l'événement.

Le Front national au pouvoir

Marine Le Pen ne saurait se faire élire à la présidence de la République si longtemps que perdure l'insouciance de l'opinion face au péril financier. Elle ne peut parvenir à l'Élysée que si, et seulement si, les deux chocs politique et financier conjuguent leurs effets. Si les marchés se mettent à gronder, si la pression internationale sème le trouble et l'angoisse dans les esprits, si les mots « défaut », « faillite », « Troïka », « mise sous tutelle », envahissent le discours politiques, si les signes avant-coureurs de krach se font entendre, alors une majorité d'électeurs, prise de panique, pourrait céder au vertige lepéniste. Mais une victoire du FN aux élections législatives est, en tout état de cause, exclue. La présidente n'aurait certainement pas un parlement à sa dévotion. Un tel bouleversement politique plongerait les Français dans un état de sidération bien plus que d'euphorie. En un vote, ils auraient changé tous les repères, sans avoir la moindre visibilité sur la suite des événements. Le jeu politique serait bouleversé. La gauche, qui s'est servie pendant trente ans du Front national contre la droite, serait obligée de lui faire face. L'impossible grande coalition se constituerait *de facto* puisque gauche, droite et centre se retrouveraient dans l'opposition. Un regroupement qui ne durerait pas l'instant d'un feu de paille comme en 2002, mais le temps nécessaire pour circonscrire et éteindre un incendie dévastateur. Il n'est rien qui invite à la sagesse qu'une grande frayeur, rien qui ne pousse au rapprochement qu'un ennemi commun. Les partis auront donc toutes les raisons d'enterrer leurs querelles et de nouer une alliance de circonstance.

Marine Le Pen perdrait son atout maître : celui de n'avoir jamais rien fait. Elle devrait gouverner, c'est-à-dire confronter son programme à la réalité. Tous les vainqueurs connaissent cet instant de vérité, d'autant plus difficile qu'ils ont davantage menti. En évoquant ce basculement dans l'alternative, les commandos anti-Le Pen pensent d'abord aux suites idéologiques. Ils imaginent la mise en place de mesures limitant les libertés publiques, assignant à résidence les étrangers, supprimant les subventions à la culture, plaçant des responsables lepénistes à tous les postes-clés, etc. Je doute fort pour ma part que les nouveaux arrivants commencent par là, car ils n'auraient pas la majorité pour une telle politique et l'exercice du pouvoir hiérarchise les urgences. La situation économique et financière d'abord, les questions de société, les choix culturels, plus tard.

Imaginons donc que la France ait poursuivi son parcours de mauvais élève, toujours réprimandé, jamais sanctionné. Imaginons encore que l'environnement international et financier permette à la présidente Marine Le Pen de former un gouvernement. Une période d'extraordinaire incertitude commencerait. L'économie, qui déteste ce genre d'insécurité, entrerait dans une phase de glaciation. Les entreprises seraient tétanisées par les répercussions d'un retour au franc. Investisseurs, consommateurs, chefs d'entreprise abattraient la voile et se mettraient en position d'attente, tandis que les syndicats prépareraient le troisième tour social. Effet catastrophique garanti sur tous les indices. Les frontistes se précipiteraient sur les manettes dirigistes oubliées depuis des décennies : blocage des prix, des salaires, des capitaux, droits de douane et contingents, etc.

Car il est peu probable que le nouveau pouvoir dispose d'un quelconque « état de grâce ». Face au choc de l'alternative, le temps ne suspendra pas son vol, bien au contraire. Surtout sur le plan international. Les marchés financiers et les autorités internationales auraient retenu leur souffle le temps de l'élection. Sitôt la victoire de Marine Le Pen ou du Front national connue, la défiance s'installerait, les taux d'intérêt partiraient à la hausse, les capitaux quitteraient le pays. La nouvelle présidente n'aurait de choix que d'imposer le contrôle des changes. La France, inévitablement, se couperait du monde en oubliant qu'elle se trouve sur le tabouret du pendu avec la corde autour du cou. Elle aurait de plus en plus de difficultés à placer ses emprunts ; en quelques semaines, elle frôlerait la cessation de paiement. Durement sanctionné par les marchés financiers, l'État connaîtrait très vite ses premières ruptures monétaires ; de nombreuses entreprises seraient étranglées. La révolte serait générale contre les effets dramatiques et totalement inattendus de la crise. Dans un tel climat, la sortie de l'Europe et de l'euro ne serait pas difficile mais cataclysmique.

Bien avant l'échéance électorale, les hauts fonctionnaires de Bercy et les fonctionnaires internationaux auraient anticipé cette situation et préparé un schéma d'accord prévoyant que la France bénéficie d'une intervention financière massive pour éviter un défaut de paiement avec, en contrepartie, des conditions extrêmement dures et contraignantes, non pas des engagements de principe, mais des mesures précises, datées, quantifiées et contrôlées.

Après avoir si durement fustigé la soumission de nos gouvernements aux diktats de l'Europe ou du FMI, Marine Le Pen ne pourrait se soumettre à de telles conditions. Mais elle ne pourrait pas non plus prendre sur elle de mettre la France en situation de faillite, de rompre avec la communauté financière internationale ; l'Assemblée ne la suivrait pas sur ce point. Ainsi qu'elle l'a d'ailleurs annoncé, elle devrait soumettre une telle décision au verdict du peuple.

Que ce soit au terme d'un scénario de ce type ou d'un scénario différent, peu importe, nous en arriverons toujours au même point. Aucun président, aucun gouvernement n'assumera seul une telle décision. Le peuple français devra donc trancher entre l'ouverture et la fermeture du pays, la mise sous tutelle ou la mise en faillite. Pour les Français, ce sera le rendez-vous du destin, le choix binaire que l'on diffère depuis trente ans : rompre avec la logique des droits acquis et s'astreindre aux disciplines d'une économie ouverte, ou bien se couper du monde et faire le choix d'un nationalisme implosif et suicidaire. Pour entrevoir un tel avenir, nous ne pouvons pas nous reporter à notre passé, car nous n'avons rien connu de semblable. En revanche, l'histoire récente nous offre l'exemple d'autres peuples ayant traversé de tels épisodes. Parmi les pays qui nous ont précédés dans cette voie, j'en retiendrai trois : l'Argentine, la Grèce et le Portugal, trois scénarios qui couvrent le spectre du possible.

Le malheur argentin

L'Argentine, minée par un demi-siècle de gouvernance désastreuse, s'enfonce dans une crise sans fin à partir de 1998. Elle multiplie les plans d'austérité pour satisfaire aux exigences du FMI, tandis que le statut de la monnaie est remis en cause. À la fin de 2001, la situation sociale devient explosive. Les Argentins se ruent sur les banques pour retirer leur argent ; dans la capitale, des émeutes et des pillages font trente-neuf morts et des milliers de blessés. L'état de siège est décrété. C'est alors, à la veille de Noël 2001, que le pays s'engage dans la restructuration de sa dette – façon technique de désigner la faillite. L'Argentine fait défaut, ne rembourse plus et suspend la parité peso-dollar. Le pays sombre dans le chaos, cinq présidents se succèdent en quelques jours.

L'Argentine a donc choisi la faillite, pour quel résultat ? Au cours de 2002, la production baisse de 16 %, le taux de chômage atteint 24 %, l'inflation 40 %, celle des médicaments 200 %, plus de la moitié des Argentins se retrouvent sous le seuil de pauvreté, le nombre des suicides explose. Les patrons ne peuvent plus payer les salaires, l'État ne peut plus payer les allocations chômage, les banques ne peuvent pas rembourser les dépôts, les routes sont prises d'assaut par des *piqueteros*, sans travail et sans ressources. Le cyclone a fait sombrer le peuple dans la misère, la classe moyenne dans la pauvreté. Les plus riches Argentins, qui, depuis toujours, placent leur argent à l'étranger, n'ont évidemment pas trop souffert. En 2015, l'économie argentine est encore très fragile et, sous la pression des marchés, menacée d'une nouvelle faillite.

La France, Dieu merci ! n'est pas l'Argentine, ni sur le plan économique ni sur le plan politique, mais un défaut de paiement est un défaut de paiement. Jean-Luc Mélenchon et ses amis donnent à croire que, si la France refusait d'honorer ses dettes, le poids en serait supporté par les banquiers, tandis que le peuple n'aurait plus rien à payer. C'est évidemment une ânerie. Une faillite d'État, outre qu'elle provoque le chaos politique, ruine le peuple et la classe moyenne, et affecte moins les plus riches.

La colère grecque

La crise grecque a commencé en 2009, lorsque Georges Papandréou a été contraint de reconnaître que le pays vivait sur une fausse comptabilité. Sa véritable situation était désastreuse, n'en donnons qu'un chiffre : 15,6 % du PIB de déficit. La Grèce a été contrainte de demander l'aide internationale, d'accepter une mise sous tutelle. Le premier plan d'aide de 2010 lui apporte 110 milliards d'euros, mais est totalement insuffisant et doit être complété en 2012 par un second plan de 130 milliards. Chaque plan est évidemment assorti de réformes inscrites dans un mémorandum. Comme le résume Alexia Kéfalas : « Le FMI est arrivé en Grèce en 2010 avec pour seul remède l'orthodoxie financière. En accord avec l'Europe, il n'y est pas allé de main morte. La Grèce s'est vu imposer des plans de redressement budgétaire drastiques, un triple électrochoc : social, économique, politique[1]. » Les inspecteurs de la Troïka viennent sur place pour vérifier à chaque étape la bonne exécution des engagements qui conditionne le versement des fonds.

1. Alexia Kefalas, *Survivre à la crise : la méthode grecque*, Paris, La Martinière, 2013.

Un remède de cheval, donc ; encore eût-il fallu qu'il existât un cheval pour le supporter. Pour être efficaces, ces mesures exigeaient un État, une administration et des citoyens. Rien de tout cela n'existe dans un pays qui, pourtant, a inventé la démocratie il y a 2 500 ans. Les Grecs, qui ont connu dans leur histoire de longues périodes d'occupation, considèrent toujours leur État comme une puissance étrangère et l'incivisme comme une forme de résistance, d'autant qu'une oligarchie prédatrice détourne à son profit les richesses du pays. Le premier mémorandum adopté, la population entreprend d'en saboter l'application. La Grèce va de crise en crise sans que sa situation économique et financière s'améliore. La dette ne cessant d'augmenter, l'Europe et le FMI mettent très difficilement sur pied un nouveau plan d'aide. Celui-ci, qui impose, dans un deuxième mémorandum, des mesures d'austérité encore plus dures, soulève un fort mécontentement populaire.

La vie politique grecque a été dominée par l'opposition entre deux partis, on pourrait dire deux clans, les conservateurs de la Nouvelle Démocratie et les socialistes du Pasok, aussi médiocres l'un que l'autre. En 2012, le pays est gouverné par un ministère de technocrates soutenu par le Pasok et la ND. L'un comme l'autre militent pour l'adoption du mémorandum, les autres partis sont contre. Mais la crise a fait surgir des mouvements extrémistes. À droite, c'est le groupe néonazi Aube dorée, en comparaison duquel le Front national est une très timide association de bons Français. Il végétait depuis 1993 et remporte ses premiers succès électoraux en 2010. À l'extrême gauche, un jeune leader charismatique, Aléxis Tsípras, a réuni tous les opposants au mémorandum dans une nouvelle formation, Syriza. La campagne électorale opposait donc partisans de l'ouverture contre partisans de la fermeture. L'extrême gauche exigeait la rupture avec l'Europe et le FMI. Mais Tsípras promettait, entre autres, de mettre un terme aux licenciements dans la fonction publique, de relever fortement le salaire minimum et les pensions, de supprimer la nouvelle taxe d'habitation et d'annuler les dettes des débiteurs infortunés.

La campagne de juin 2012 est plus centrée que jamais sur la mise sous tutelle du pays. Pour chaque Grec, les choses sont parfaitement claires. Au soir du 17 juin, Syriza confirme sa progression en atteignant près de 27 % des voix, mais la ND réalise un excellent score, avec près de 30 % des voix. Au total, les partisans du mémorandum gagnent 162 sièges. Dans les capitales européennes, on peut sabler le champagne. Malheureusement, la Grèce n'est toujours pas sortie d'affaire.

La coalition victorieuse est en perte de vitesse dès l'été 2012 et se fait doubler dans les sondages par Syriza. Arrive, en janvier 2015, l'heure de vérité. Le peuple grec recru d'épreuves, après quatre années d'austérité, choisit l'aventure de la rupture. Il est vrai qu'Aléxis Tsípras a mis beaucoup d'eau dans son vin pour survivre et progresser. Il ne veut plus sortir de l'euro, n'affiche plus son anticapitalisme radical et, surtout, annonce qu'il veut renégocier et non plus rejeter purement et simplement le mémorandum. Comme, entre-temps, la communauté internationale est convenue qu'elle y était allée trop fort avec la Grèce, il devrait être possible d'échapper au tout ou rien et de reprendre la discussion. Au risque pour Tsípras d'appliquer son programme et de mettre son pays en faillite ou de ne pas l'appliquer et de mettre ses électeurs en fureur.

Là encore, la situation de la France n'est en rien comparable à celle de la Grèce. Mais l'épisode électoral peut être riche d'enseignements. En premier lieu, on a vu le système des partis basculer de l'alternance droite-gauche à la configuration ouverture contre fermeture mais aussi classes dominantes contre peuple dominé. D'autre part, on observe que les peuples poussés à bout par les difficultés matérielles, ayant perdu toute confiance dans le personnel politique, peuvent se laisser séduire par les promesses les plus irréalistes. Enfin, la seule coalition de partis usés par l'exercice du pouvoir ne suffit pas à assurer le succès du redressement. Il faut renouveler l'offre politique, se placer dans une logique de salut public, car des politiciens réduits au rôle d'administrateurs judiciaires ne peuvent gouverner des peuples colériques dans de telles tourmentes. Ce succès de Syriza ne sera pas sans conséquences sur la vie politique française. Marine Le Pen, Jean-Luc Mélenchon et l'extrême gauche lui ont apporté un soutien enthousiaste. Ce faisant, ils se sont donné une référence. Ils se targuent des succès d'Aléxis Tsípras, ils devront en assumer les suites et ne se verront plus opposer seulement des arguments mais des faits. Passée l'euphorie de la victoire, les Français pourront observer en grandeur nature cette « autre politique » qui va passer de la théorie à la pratique, de l'énonciation à la démonstration. Ceux qui ont voulu faire de ce succès leur victoire devront aussi faire d'un éventuel échec leur défaite.

Les bons élèves portugais

Alors que les Grecs se sont rendus, il faut bien le dire, assez insupportables, les Portugais, à l'inverse, ont choisi d'être les bons élèves de l'Europe. Lorsque, en 2011, le Premier ministre socialiste José Sócrates doit appeler au secours l'Europe et le FMI, un accord est trouvé en faisant l'économie des psychodrames grecs. À Athènes, on fulmine, on proteste, on enrage ; à Lisbonne, on serre les dents, on se résigne, on se met au travail. Car les contreparties aux 78 milliards accordés sont très rigoureuses : coupes budgétaires, baisse des traitements et des effectifs dans la fonction publique, érosion du pouvoir d'achat, augmentation des taxes, gel des pensions, allongement du temps de travail, réduction des prestations sociales, il y en a pour tout le monde. Là aussi, les Européens veulent des assurances quant à l'avenir. Qu'à cela ne tienne, le leader de l'opposition, Pedro Passos Coelho, s'engage lui aussi à pratiquer l'austérité et même à la renforcer. De fait, les Portugais, s'ils manifestent parfois leur colère, ne cherchent pas à tricher et tiennent strictement leurs engagements. En 2013, les premiers signes de redressement apparaissent, encore extrêmement fragiles. Le déficit ne se réduit qu'avec une désespérante lenteur et, après trois ans d'austérité, c'est encore son renforcement et non pas sa réduction qui est à l'ordre du jour. Nul ne sait aujourd'hui de quels résultats et, surtout, à quelle échéance seront payés les efforts portugais.

La méthode portugaise est assurément meilleure que les méthodes argentine ou grecque. Son peu d'efficacité tient pour une large part à la faiblesse structurelle de l'économie portugaise. Là encore, la comparaison ne serait pas de raison. La France dispose de tous les atouts économiques qui font défaut au Portugal. Nul doute que, le jour où elle se résoudra, de gré ou de force, à sortir de son déclin, ses capacités de résilience seront bien supérieures.

Un précédent doit nous inquiéter, celui du peuple grec, qui, instruit par quatre ans de crise, a choisi, en toute connaissance de cause, de faire le saut dans l'inconnu. Je pense pour ma part que les Français sont beaucoup plus proches des Grecs que des Portugais. Acculés par la crise financière, soumis aux injonctions étrangères, ils seraient tout à fait capables de suivre Marine Le Pen dans sa volonté de rompre avec le monde ouvert du XXIe siècle et de revenir au monde fermé du XIXe. Une folie d'autant plus dangereuse qu'elle nous entraînerait dans une fuite en avant sans fin. Car la dynamique d'un tel projet est beaucoup plus inquiétante que le programme lui-même. Ce n'est pas le patriotisme ouvert et généreux qui est au bout du chemin, c'est le nationalisme hargneux et fermé. Il est donc vital que, le jour venu, les Français fassent le bon choix. Mais, là encore, l'exemple grec est riche d'enseignements. Le pays n'a fait que louvoyer de crise en crise, car les grands partis grecs n'ont pu opposer à la démagogie populiste que la continuation d'une démocratie clientélaire et corrompue à bout de souffle. Voilà précisément ce qu'il importe d'éviter pour notre pays.

Entre la peur et la colère

Les Français seront confrontés à un choix binaire, un choix d'autant plus dramatique que les deux termes de l'alternative représenteront, l'un comme l'autre, un saut dans l'inconnu. Que deviendrait une France soumise, se voyant imposer, sous la férule étrangère, les efforts qu'elle n'a jamais acceptés ? Que deviendrait une France rebelle, lançant son refus au risque de la faillite, comme un défi au monde entier ? Nul ne peut répondre aujourd'hui, nul ne le pourra le moment venu. Le choix se fera moins sur une analyse que sur un engagement.

Aujourd'hui, la réponse semble évidente. La rupture avec les autorités financières étrangères, le refus de payer nos dettes, représentent une politique du pire, la pire des politiques. Les Français n'ont aucune envie de se lancer dans une telle aventure. Mais cet état de l'opinion n'a pas grande valeur prédictive, car la réponse dépendra des circonstances autant que de la question.

Celles-ci seront assez apocalyptiques, avec la conjugaison des crises financière, politique et sociale alimentant un sentiment de panique dans la population. Des Français mis en demeure d'accepter la potion amère de la Troïka seront emportés par la peur et la colère. La première leur recommandera d'éviter le trou noir de la faillite, la seconde de se révolter contre la soumission aux « maîtres de la finance ». Sommé de venir à résipiscence, le coq gaulois pourra-t-il résister à son irrépressible envie de dire « merde » au monde entier ? Le pourra-t-il alors que les haut-parleurs du nationalisme dénonceront sur tous les tons le parti de la trahison qui vend la patrie à l'étranger ?

Dans une telle confusion des passions et de la pensée, les électeurs se déterminent en toute ignorance de cause : ils font confiance. Si les partis de gouvernement continuent à s'entre-déchirer, à se rejeter la responsabilité, à n'assumer ni leur bilan, ni le mémorandum, ils perdront le peu de crédibilité qui leur reste. Les électeurs penseront que les naufrageurs ne peuvent pas être les sauveteurs ; ils tenteront l'alternative. Nous rejouerons le référendum constitutionnel de 2005, avec le même résultat. Seule différence : il s'était agi d'un vote blanc, qui d'ailleurs n'a eu aucune conséquence réelle, alors que, face à l'ultimatum financier, le scrutin se fera à balles réelles. Si elle refuse les accords internationaux, la France sera durement atteinte et basculera, au-delà de l'horizon, dans un chaos totalement imprévisible.

À supposer que, au terme d'une campagne exécrable, le camp de l'acceptation l'emporte sur celui du refus, qui donc mettra en œuvre une telle politique ? Ce genre de « victoire » confère-t-elle l'autorité pour imposer les « diktats de l'étranger » à un peuple en pleine révolte ? Sans doute n'y aura-t-il même pas de candidat pour un tel jeu de massacre. D'autant que la partie est perdue d'avance. Si le débat est réduit aux mesures comptables, l'économie ne se redressera pas, les finances non plus, mais les Français se révolteront. L'austérité est une nécessité, pas une finalité ; le libéralisme est un moyen, pas une politique. Or l'étranger instaure une tutelle financière, mais il ne gouverne pas. Il peut exiger des mesures d'austérité financière et des réformes libérales, c'est tout. Pour devenir une politique, les exigences budgétaires doivent être intégrées dans un vaste programme de rénovation, permettant de mobiliser le pays, de rendre l'espoir et de faire renaître la confiance. C'est la condition d'une résilience possible mais nullement certaine.

Si notre système politique permettait un tel rebond, cela se saurait. Comment les mêmes hommes, dans le même cadre, pourraient-ils, du jour au lendemain, tenir un langage de vérité qui discréditerait tous leurs discours antérieurs ? Les Français ne voudront plus de ces partis qui placent leurs querelles politiciennes et leurs intérêts particuliers au-dessus de l'intérêt général, qui ne regardent pas l'avenir au-delà des échéances électorales. Le système politique actuel serait incapable de gérer le pays dans des circonstances pareilles. En l'absence de l'homme providentiel, l'alternative au Front national suppose un renouvellement de l'offre politique, le choc du salut public.

L'heure du salut public

Principe intangible, la légitimité émane du peuple, donc de ses représentants, le président comme les députés. En revanche, dans une période critique, une période de guerre, par exemple, l'exercice du pouvoir peut échapper à la logique parlementaire, aux règles de l'alternance, pour gagner en efficacité. Concrètement, il doit être confié à un gouvernement qui ne suit plus les règles politiciennes : un gouvernement civique. Ses membres ne pourraient être désignés qu'*intuiti personnae*, sur leur compétence, et indépendamment de toute appartenance politique, de toute considération électorale. Il lui faudra un large soutien parlementaire qui englobe tout à la fois la droite, la gauche et le centre. Cette gouvernance hors norme ne saurait être que temporaire. Elle se fondera sur une lettre de mission d'une période de trois ans, fixant des objectifs bien précis, comportant l'application des mesures prévues par nos accords internationaux, mais aussi la réduction des oligopoles syndicaux, corporatistes, administratifs, politiques, qui tiennent et étouffent le pays. Il ne s'agit plus de réformer la France, mais de la changer. Ce n'est pas affaire de savoir, mais de pouvoir. Tout le monde connaît les mesures à prendre, elles sont détaillées dans des dizaines de rapports, mais personne ne s'est risqué à les appliquer. Pour mener à bien de telles réformes, il faut conférer à des gouvernants l'autorité nécessaire et les libérer de tout souci électoral. C'est une offre de ce type qu'une grande coalition doit proposer aux Français pour contrer un Front national porté à l'incandescence par les exigences de la finance internationale.

Une solution de salut public est indissociable d'un état d'extrême urgence ; c'est pourquoi elle semblera totalement irréaliste si longtemps que le système politicien sera en état de diriger le pays. Mais, dès lors que la République est en panne, que la France est en péril, elle devient la seule formule possible. Condamnés à se battre contre les mêmes ennemis, à appliquer la même politique, les partis de gouvernement n'ont de choix que de changer les règles du jeu politicien. C'est alors qu'ils joueront la France à quitte ou double. Car ce choc doit devenir une opportunité, la seule possible, qui permettra, en redoublant d'efforts, de libérer les forces vives du pays et de trouver enfin le chemin du renouveau. Quant aux partis, ils reprendront, passé cet épisode, la plénitude de leur rôle démocratique avec la confiance des électeurs en plus. Mais le renouveau ne s'improvise pas dans la tourmente, en l'espace de quelques jours. C'est maintenant que la classe dirigeante doit se mettre en ordre de bataille pour livrer et gagner cette guerre qui, pour n'être pas militaire, n'en est pas moins une lutte pour la survie.

Nous savons ce qui va se passer, nous savons comment y faire face, le rendez-vous est pris. Lorsque la France se verra remettre le mémorandum, s'ils en sont toujours à s'entredéchirer sous le sourire carnassier de Marine Le Pen, les partis seront battus d'avance. Pour rassembler les Français autour d'un nouveau pacte républicain, dégagé des calculs partisans, au service du seul intérêt général, il leur faut se préparer dès aujourd'hui. La politique politicienne a fait son temps, mais elle ne le sait pas encore. S'il vous plaît, messieurs les politiques, surmontez votre atavique procrastination, et ne remettez pas à demain un salut public qui, seul, assurera la défaite du Front national et la victoire de la France.

POUR LA FRANCE

« Il faut faire rêver les Français », conseillent les communicants. Il faut donc faire le contraire : les réveiller. Car la menace n'est pas à long terme, mais à court terme, et elle ne naît pas d'un enfermement dans le quotidien, mais d'une ignorance de la réalité. Du fond des âges nous viennent les statuettes des trois singes se bouchant les oreilles, les yeux et la bouche. Car il n'est rien de si naturel que ce refus de voir, d'entendre et de dire. Tous les peuples le pratiquent pour se donner un monde à leur convenance. La particularité de l'aveuglement français, c'est d'être pratiqué par ceux-là mêmes qui devraient nous révéler ce que nous voudrions ignorer. Que les Français soient brouillés avec la comptabilité, qu'ils s'accrochent à leur façon de vivre et s'illusionnent sur la vie à crédit, cela n'a rien de surprenant. Que nos maîtres à penser professent que le surendettement n'affecte pas les États, que l'inertie des habitudes et l'attachement à une identité sont des restes de colonialisme et des marques de racisme, voilà qui est plus inquiétant.

Une certaine intelligentsia s'est donné un monde conforme à ses présupposés idéologiques, un monde dans lequel « l'argent à ne pas rendre » existe à volonté, un monde dans lequel l'homme s'attache au différent plus qu'à son semblable et n'aime rien tant que voir la place de son village transformée en carrefour cosmopolite. Sur ce mur de la caverne, il devient possible d'édifier une économie sans peine, une société sans affrontements, de rejeter les contraintes et les contrariétés dans le camp du mal. Mais la réalité finit toujours par s'imposer. C'est elle qui prend la parole dans ce dernier acte qui commence, c'est elle que les Français et, en premier lieu, la classe dirigeante devront entendre.

Face à la menace d'un choc financier, cessons de masquer les risques mortels de l'insolvabilité, de prôner la fuite en avant dans les facilités du crédit. Face à l'inquiétude de Français qui ne se reconnaissent plus dans les changements de leur environnement, cessons de pratiquer le mépris et la haine qui les poussent vers le Front national. Le sentiment « d'être français », de se sentir « chez soi en France », n'a rien de coupable, ni même de réactionnaire, c'est un sentiment humain, tout simplement.

Quant au Front national, il nous confronte moins au fascisme, à l'antisémitisme, qu'au plus grand péril de l'heure : la démagogie. C'est par là qu'il peut gagner, c'est par là qu'il peut nous perdre, c'est par là qu'il doit être combattu. Il prospère sur tous les errements de notre classe dirigeante. La remise en cause de l'identité nationale, la prescription de la mixité pluriculturelle, l'incertitude sur la laïcité, l'instrumentalisation de l'antiracisme, l'ignorance du communautarisme qui s'installe, font le jeu de Marine Le Pen.

Pour avoir tant maltraité notre patrie, nous ne savons plus la voir comme elle est : le pays béni des dieux. Le monde entier en est convaincu et nous envie. Nous n'avons pas à conquérir de nouveaux espaces, il nous suffit de regagner l'héritage que nous avons gaspillé. Nos capacités de résilience sont intactes, tout comme nos capacités d'autodestruction. La résistance victorieuse ne s'improvise pas. Elle se prépare. Nous n'aurons de salut public demain que celui que nous aurons préparé aujourd'hui. En n'oubliant pas que nous, Français, sommes bienheureux, car, à l'heure des cauchemars, notre part de rêve, c'est le retour à la réalité.

Le 5 janvier 2015.

Remerciements

Un tel livre ne s'écrit pas dans une tour d'ivoire. Plongeant au cœur même de l'actualité, il naît dans la grande bousculade des événements. Pour tenir son propos en surfant sur les vagues de l'information, dans l'imprévisible tourbillon des faits, l'auteur doit être accompagné dans son travail. Sophie de Closets a tenu ce rôle ; son aide précieuse et son intraitable gentillesse m'ont permis de tenir le cap. L'auteur et père l'en remercie chaleureusement.

Cet ouvrage s'est fait dans l'urgence. Il a pu être mené à bien grâce à la compétence et à l'engagement des équipes de Fayard supervisées par Jérôme Laissus. Juliette Lambron a su parfaire ce manuscrit, Sandrine Palussière le relire avec une précieuse minutie, Chantal Marion m'accueillir chaque jour ou presque avec bienveillance, David Strepenne et les équipes commerciales s'assurer de sa présence en librairie, Florence Ameline et Marie Stolinski veiller à sa fabrication, Marie Lafitte et Pauline Faure en assurer la promotion, Carole Saudejaud lui donner une vie sous d'autres formats. Qu'ils soient tous ici grandement remerciés !

Jean-Paul Betbèze, dans son ouvrage *2011, la France à quitte ou double*, avait pressenti l'urgence de ce rendez-vous. L'aphorisme étant plus que jamais d'actualité, je l'ai repris avec son aimable autorisation. Qu'il en soit remercié.

Table des matières

Composition et mise en pages
Nord Compo à Villeneuve-d'Asq

Impression réalisée par
CPI BRODARD ET TAUPIN
La Flèche

pour le compte des Éditions Fayard
en février 2015

PAPIER À BASE DE
FIBRES CERTIFIÉES

Fayard s'engage pour l'environnement en réduisant l'empreinte carbone de ses livres. Celle de cet exemplaire est de :
0,800 kg éq. CO_2
Rendez-vous sur
www.fayard-durable.fr

Dépôt légal : février 2015
N° d'impression : 3009049
11-5562-7/01
Imprimé en France